# La Juventud Hispana
# y la Respuesta Pastoral
# de la Iglesia

**Profetas de Esperanza**
Volumen 1
*La Juventud Hispana y la Respuesta Pastoral de la Iglesia*
Volumen 2
*Evangelización de la Juventud Hispana*

**Prophets of Hope**
Volume 1
*Hispanic Young People and the Church's Pastoral Response*
Volume 2
*Evangelization of Hispanic Young People*

❦ Profetas de Esperanza ❦

Volumen 1

# La Juventud Hispana y la Respuesta Pastoral de la Iglesia

Equipo Editorial de Profetas de Esperanza

Saint Mary's Press
Christian Brothers Publications
Winona, Minnesota

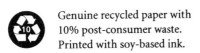

**ESPERANZA**

TESTIGOS DE

Genuine recycled paper with
10% post-consumer waste.
Printed with soy-based ink.

El equipo de trabajo para la publicación de este volumen incluye a Pedro Castex, Eduardo Arnouil, edición; María Teresa Macías, corrección de estilo; Amy Schlumpf Manion, producción y tipografía; María Alicia Sánchez, ilustraciones; Jayne L. Stokke, de Romance Valley Graphics, diseño de portada; Francine Cronshaw, índice temático; preimpresión, impresión y encuadernación por la división gráfica de Saint Mary's Press.

Saint Mary's Press agradece de manera especial a ACTA Foundation por su ayuda financiera para subsidiar esta publicación.

Los permisos se encuentran en la página 289.

Impreso en los Estados Unidos de América

Impresión: 9 8 7 6 5 4 3 2 1

Año: 2002 01 00 99 98 97 96 95 94

ISBN 0-88489-326-X

Library of Congress, tarjeta de catálogo número: 94-066204

# Equipo Editorial de Profetas de Esperanza

| | |
|---|---|
| **Editora general:** | Carmen María Cervantes, EdD |
| **Escritores:** | Alejandro Aguilera-Titus |
| | Carlos Carrillo |
| | Pedro Castex |
| | Carmen María Cervantes, EdD |
| | Juan Díaz-Vilar, SJ |
| | Juan Huitrado, MCCJ |
| **Asesores:** | José Ahumada, CSC |
| | María de la Cruz Aymes, SH, PhD |
| | Rigoberto Caloca-Rivas, OFM, PhD |
| | P. Ricardo Chávez |
| | Juan Cruz, PhD |
| | William McDonald |
| | Gelasia Márquez |
| | Isabel Ordoñez, STJ |
| | Angeles Pla-Farmer |
| | Elisa Rodríguez, SL |
| | William Sousae |
| | Carmencita Villafañe |
| | Isabel Vinent |
| **Secretarias:** | Aurora M. Dewhirst |
| | María Teresa Macías |

# ❧ Índice ❧

A los líderes jóvenes, ministros de pastoral juvenil y agentes de pastoral, que están dando su vida por llevar a Cristo a los jóvenes hispanos en los Estados Unidos de Norteamérica.

# ❧ Prólogo ❧

1  La Iglesia Católica en Estados Unidos tiene cada día más personas hispanas o latinas, la mayoría de las cuales es menor de veinticinco años. Estos jóvenes representan un reto y una esperanza para la Iglesia y sociedad. Desafían a la Iglesia porque millones de ellos no están recibiendo la atención pastoral necesaria. Son una esperanza, porque, al encarnar el evangelio en sus vidas, pueden renovar la iglesia, transformar los valores culturales y construir el Reino de Dios. Para enfrentar este reto y hacer realidad esta esperanza se necesitan hispanos, jóvenes y adultos, que cumplan con su misión de cristianos en el mundo.

2  Para apoyar estos esfuerzos, en 1987, Saint Mary's Press, en Winona, Minnesota, decidió publicar libros de pastoral juvenil hispana. Para identificar las necesidades más urgentes, representantes de Saint Mary's Press realizaron una consulta con líderes de la pastoral hispana en todo el país. Esta investigación llevó a desarrollar una serie bilingüe de evangelización para la juventud y nombró a la Dra. Carmen María Cervantes como directora del proyecto.

3  La necesidad de tener un marco teológico-pastoral que diera consistencia y dirección a estas publicaciones, originó el primer borrador de este libro. En agosto de 1988 se realizó un encuentro de discernimiento en Saint Mary's Press, con veinticuatro agentes de pastoral representando a once grupos hispanos y diversos ministerios. Estos agentes de pastoral trazaron las líneas fundamentales del proyecto, planearon los materiales a desarrollar y revisaron el primer borrador del marco teológico pastoral. Un mes después se formó el Consejo Editorial, con algunas personas que participaron en la reunión de discernimiento y con representantes de Saint Mary's Press. El Consejo ha realizado un papel clave para planificar y revisar las publicaciones, así como para identificar a personas idóneas para escribir los materiales.

4  El segundo borrador fue revisado por treinta personas de todo el país, a quienes agradecemos su cuidadoso análisis y oportunas sugerencias. El tercer borrador fue traducido al inglés y sometido a una consulta bilingüe que dio origen al borrador final.

5       El proceso de desarrollo que se llevó a cabo al ir escribiendo el marco teológico-pastoral fue complejo y apasionante. La amplia visión teológica-pastoral compartida por el equipo de escritores se enraizó en la realidad de los jóvenes hispanos y se convirtió en un recurso para la dirección de su evangelización, después de muchas horas de reflexión, oración e intercambio de experiencias. Siete personas escribieron importantes partes del manuscrito y varias más contribuyeron con su consejo y habilidad editorial, haciendo un trabajo en conjunto que configuró al Equipo Editorial de la serie Profetas de Esperanza.

6       Consultas con expertos en diferentes especialidades, pastoralistas, agentes de pastoral, jóvenes líderes, en español y en inglés, hispanos y no hispanos, proporcionaron la extensa perspectiva necesaria en una publicación que está en contacto con la realidad de los jóvenes hispanos en Estados Unidos e intenta proporcionar un marco teológico-pastoral para su evangelización. Se condujeron dos encuestas en áreas claves para la evangelización de la juventud hispana. La primera identificó la realidad de la juventud hispana en el país. La segunda clarificó quién es Jesús, cómo es el proceso de evangelización y cuál es el significado de iglesia para los jóvenes hispanos.

7       Las reflexiones y las observaciones hechas por el traductor y los editores en inglés fueron muy valiosas. La traducción fue bicultural, lo que significa que varios conceptos, teorías, acercamientos filosóficos y teológicos identificados como difíciles de entender o fácilmente malinterpretados por un lector no hispano fueron aclarados. Las reacciones respetuosas, sensatas y cuidadosas de Yvette Nelson y Charles Capek, quienes hicieron la corrección de estilo de este ejemplar en inglés, sin estar familiarizados con la cultura hispana y su vida religiosa ayudó al equipo editorial significativamente en dos aspectos: ver y valorar los muchos puntos de unidad entre la corriente principal y los acercamientos pastorales hispanos, y aclarar más las diferencias entre ellos. Este diálogo intercultural dio origen a nuevas secciones en el marco teológico-pastoral que refuerzan la identidad y la visión teológica-pastoral de los hispanos en Estados Unidos, cuando se enfrentan con preguntas honestas y con el deseo de aprender de los agentes de pastoral americanos de ascendencia no hispana.

8      La complejidad de la realidad de los jóvenes hispanos y la necesidad de proporcionar un marco teológico-pastoral para su evangelización hizo que Saint Mary's Press decidiera publicar dos volúmenes de Profetas de Esperanza. El primero, que ahora tiene en sus manos, se enfoca en la realidad de la juventud hispana y la respuesta pastoral de la iglesia. El segundo, se enfoca en la evangelización de la juventud hispana.

9      De manera muy especial, como equipo editorial, queremos expresar nuestra profunda gratitud a Saint Mary's Press por hacer posible la publicación de estos dos libros; al hermano Damian Steger, FSC, presidente de Saint Mary's Press, por su paciencia y motivación y a Stephan Nagel por su constante dirección y apoyo como director editorial. También queremos agradecer a aquellas personas que ayudaron a dar forma al manuscrito con sus valiosos aportes, y a todas las demás que hicieron posible estos libros de la serie Profetas de Esperanza.

# ❧ Introducción ❧

## Jeremías: profeta de esperanza

1 Hace muchos años existió un joven llamado Jeremías, que vivía en un pueblo perdido por su egoísmo e idolatría y amenazado por las guerras. Dios hizo profeta a Jeremías y le dio la misión de llamar a la gente a convertirse, dejando a un lado la avaricia, la infidelidad y la injusticia que caracterizaban a su sociedad, pero la gente no lo escuchó pues las verdades muchas veces hieren y molestan.

2 Quizás más de una persona pensó callar a aquel muchacho, ponerlo en su sitio de joven; en el silencio y la obediencia a sus mayores, hasta que aprendiera a hablar con la sensatez de una persona mayor. Sin duda, varias personas de buena voluntad trataron de educar a Jeremías para hacer de él un buen judío, respetuoso de la ley y de las costumbres de la época. Además, ¿qué podía decir un joven a los adultos, a los sabios y a los poderosos?

3 Siempre ha sido difícil escuchar la palabra de Dios cuando llama al cambio. Cuando esa palabra sale de los labios de la juventud, la dificultad es aún mayor. Sin embargo, los gritos de Jeremías no eran propiamente suyos, eran palabras de Dios, quien le encomendó la misión de proclamar la esperanza que nace de la conversión. Sus palabras no eran simplemente de protesta y denuncia, sino gritos de esperanza para los políticos, los jefes religiosos y también para jóvenes como él. Era una esperanza para todos los que escuchándolo volvían sus corazones a Dios y corregían el rumbo de su vida.

4 Ante el llamado de Dios, Jeremías sintió miedo, inseguridad, falta de experiencia:

"Ay, Señor, Yavé, ¡cómo podría hablar yo, que soy un muchacho!".

Y me contestó Yavé: "No me digas que eres un muchacho. Irás a dondequiera que te envíe, y proclamarás todo lo que yo te mande". (Jeremías 1, 6–7)

Una vez convencido y con el apoyo de Dios, Jeremías cumplió con su misión, a pesar de ser incomprendido, despreciado y perseguido por la mayoría de su pueblo.

5     ¿Estará también hoy llamándonos Dios a través de nuestros jóvenes? ¿los escuchamos? ¿nos llaman a conversión los retos y gritos de esperanza que ellos nos presentan? No escuchar las palabras de los jóvenes hispanos, no considerar sus acciones es, una vez más, estar sordos a nuevos gritos proféticos de Dios. Hoy en día, en Estados Unidos, los jóvenes hispanos, como lo hiciera antaño el joven Jeremías, traen un grito de esperanza, a una sociedad frecuentemente dirigida por la avaricia, el egoísmo y la idolatría.

## Profetas de Esperanza

6     Profetas de Esperanza es una obra en dos volúmenes que propone una visión teológica y pastoral para el ministerio con los jóvenes latinos en Estados Unidos. Esta obra recoge el análisis de la realidad, las prioridades pastorales, la visión y la mística que animan la pastoral juvenil hispana, según el espíritu de los tres Encuentros Nacionales Hispanos de Pastoral, el *Plan pastoral nacional para el ministerio hispano* y el llamado a una Nueva Evangelización de las Américas hecho por el papa Juan Pablo II y ratificada en la Cuarta Conferencia General de los Obispos Latinoamericanos en Santo Domingo, 1992.

7     El análisis de la realidad, los elementos de reflexión y las sugerencias concretas que constituyen la visión teológica y pastoral de Profetas de Esperanza está dividida en los dos volúmenes de la siguiente manera:

- **El volumen 1,** titulado *La juventud hispana y la respuesta pastoral de la iglesia*, está dividido en ocho capítulos que tratan de la realidad personal, social y religiosa y de la respuesta de la Iglesia a las necesidades pastorales de los jóvenes hispanos.
- **El volumen 2,** titulado *Evangelización de la juventud hispana*, está dividido en ocho capítulos que tratan de la evangelización de los jóvenes hispanos, el proceso de evangelización, un modelo de evangelización en pequeñas comunidades y el papel de María en estos esfuerzos evangelizadores.

8     Los dos volúmenes de Profetas de Esperanza intentan ser una guía para el trabajo pastoral y para la formación de animadores jóvenes de las pequeñas comunidades y de los agentes de pastoral. La

presentación de la realidad de la juventud hispana, que se hace en el volumen 1, es sólo un comienzo que continuará afinándose en la medida en que se continúe estudiando y analizando esta realidad. Esta visión teológica y pastoral está evolucionando y siendo cristalizada a través de la praxis cristiana y será renovada conforme los jóvenes hispanos y quienes hacen labor pastoral con ellos pongan esta visión en la práctica y reflexionen sobre ella. Por lo tanto, para aprovechar al máximo estos libros, los lectores deben adaptarlos a su realidad específica. También deben evitar usar estos libros como si fueran un texto de estudio o un manual de técnicas.

9    Al usar este libro, es importante recordar que los conceptos latinos de *juventud* y *adultos jóvenes* no corresponden a los conceptos de *young people* y *young adults*, aunque esta es la traducción literal. En este libro, cuando hablamos de la juventud o los jóvenes hispanos nos referimos al espectro total de adolescentes y jóvenes adultos si son solteros.

10    La primera vez que aparecen términos especiales como *animación* y *mestizo* en este libro, están resaltados. Una definición de estos términos se puede encontrar en el glosario, al final del libro. Sugerimos que, antes de leer el libro, revise el glosario para familiarizarse con el vocabulario que se usa en él. Los párrafos del libro han sido numerados al principio de cada uno, al margen izquierdo, para facilitar a los líderes el uso simultáneo de los volúmenes en inglés y español en una situación bilingüe.

11    Escribimos y dedicamos este libro a los agentes de pastoral juvenil, a los jóvenes líderes y a los asesores adultos de jóvenes. Profetas de Esperanza también pueden ser de gran utilidad para cualquier persona que desea comprender mejor la realidad de los jóvenes hispanos y mejorar su formación humana y cristiana. Esperamos que estos libros también estimulen el diálogo, la reflexión y la pastoral de conjunto no sólo entre los latinos sino en la Iglesia entera.

12    Pedimos a María que, de modo especial, bendiga a los jóvenes hispanos y a todas las personas que los acompañan en su jornada de fe. Oramos para que el Espíritu Santo nos llene de entusiasmo y esperanza, para que nuestro trabajo continúe el camino comenzado por Jesús, nuestro hermano y profeta del Reino de Dios. De esta manera realizaremos junto con él, su sueño y su misión: instaurar el reinado de Dios entre nosotros.

# Los Jóvenes Hispanos y su Proceso de Madurez

# Los Jóvenes Hispanos y su Proceso de Madurez

❧

*C*ada uno de vosotros, jóvenes amigos, sois los predilectos de la creación de Dios. Por ello habéis sido capacitados por Dios para inundar la tierra de su gloria, de su amor, justicia, vida y verdad.

—Juan Pablo II,
"Santa Misa con los jóvenes"

1   El clamor de la juventud latino se puede escuchar a diario en innumerables ciudades y pueblos de Estados Unidos. En los ambientes **hispanos** este clamor es especialmente fuerte, pues el pueblo **latino** es muy joven, siendo el 49% de su población menor de veinticinco años. Este clamor se escucha con tonos de esperanza y angustia, desafío y reproche, motivación y promesa. En este capítulo presentamos los desafíos y esperanzas que los jóvenes hispanos traen a la iglesia, revisamos la historia de la **pastoral** juvenil hispana y reflexionamos sobre los principios que guían los esfuerzos para evangelizar a los jóvenes hoy en día.

## Desafíos y esperanzas

2   Es inspirador y motivante encontrar grupos de jóvenes hispanos que luchan a diario por ser discípulos fieles de Jesús, por participar activamente en la iglesia, por superarse y por construir un mundo mejor. Es esperanzador ver que muchos de estos jóvenes cuentan con el apoyo de su familia o ministros juveniles. Es alentador, pero doloroso, ver que otros perseveran aún sin la ayuda adecuada. Estos jóvenes son un don de Dios para la iglesia y para el mundo. ¿Cómo no percibir a través de ellos la presencia de Dios? ¿cómo no oír su voz pidiendo dirección y apoyo en su peregrinar en la fe?

3   ¿Qué pensar del clamor de los jóvenes cuya vida ha sido dañada por la droga, la desintegración familiar, la discriminación, el crimen, el **consumismo** y la promiscuidad? ¿qué mensaje nos envían los jóvenes que se han detenido en su proceso de desarrollo

personal, que son indiferentes a Dios, quienes no lo conocen o tienen una idea equivocada de Dios? Las vidas e inquietudes de estos jóvenes, frecuentemente producen situaciones lamentables, pero esas mismas vidas son gritos de desafío. Necesitamos escuchar a estos jóvenes y llevarles a Jesús, para que sus lamentos y gritos de desafío se conviertan en gritos de esperanza.

## Llevar a Jesús a todos los ambientes

4 Los gritos de los jóvenes alienados son voces proféticas que hablan de una vida alejada de Dios y claman por la salvación en Jesucristo. Necesitamos desafiar esta alienación ofreciéndoles una alternativa de vida que sea real y atrayente. También, necesitamos agentes de pastoral juvenil y jóvenes comprometidos, que den testimonio de amor y fe, para los jóvenes hispanos que tengan problemas encuentren a Dios y se animen a seguir a Jesús. Pero sobre todo, necesitamos jóvenes latinos que den testimonio de la esperanza que los anima, gritando el Evangelio con sus valores y modo de vivir, y haciendo presente a Jesús en las calles, escuelas, hogares, trabajos y lugares de recreación.

5 No se puede limitar la **evangelización** y el trabajo pastoral a los jóvenes que participan en los movimientos juveniles y en los grupos parroquiales. La evangelización debe empezar con ellos, pero debe salir al encuentro de aquellos jóvenes que han olvidado o nunca han recibido la Buena Nueva. Esta misión es responsabilidad de toda la iglesia, pero sobre todo de los jóvenes. Ellos son la voz profética que será escuchada. Ellos son los mensajeros de la Buena Nueva para su propia gente. Como misioneros, son enviados por Dios para invitar a los hermanos y hermanas de generación a gozar de la liberación en Jesucristo, a participar en una comunidad de discípulos y a construir la cultura en la que están insertados los valores del **reinado de Dios.** Ellos pueden llenar con fe la vida de otros jóvenes que sin saberlo buscan a Dios.

## Unidos para transformar

6 La acción pastoral debe lograr que los jóvenes encuentren al Dios que buscan, aún cuando no se dan cuenta que lo están buscando. Debe cambiar su vacío y desesperación en vida y esperanza. Aunque el éxito de hacer presente a Dios, entre los jóvenes, depende del celo evangelizador de la juventud cristiana, los adultos son una fuente

necesaria de apoyo, tanto para los jóvenes evangelizadores como para los que están alienados.

7    La calidad del **acompañamiento pastoral** de parte de los adultos es vital para el desarrollo cristiano de los jóvenes latinos. Por eso, los adultos que quieren participar en la pastoral con los jóvenes deben estar conscientes de varias realidades:

- comprender profundamente la manera de ser de los jóvenes latinos, sus conflictos culturales, cuestionamientos y anhelos religiosos;
- dirigir a los jóvenes con un estilo de liderazgo cristiano;
- identificar y capacitar a líderes juveniles;
- planear actividades que respondan a la **realidad** de los jóvenes, para facilitar la encarnación del Evangelio en su vida y motivarlos en su proceso de formación y en su misión de cristianos;
- apoyar a los jóvenes en momentos de crisis, aconsejarlos oportunamente, compartir su alegría, orar y celebrar la fe y la vida con ellos.

8    Jóvenes y adultos, juntos, han de enfrentar los desafíos que la juventud actual trae a la iglesia. Así, la juventud, animada y apoyada por adultos con más experiencia, podrá cumplir su papel dinámico y su función renovadora en la iglesia, tal como señaló el papa Pablo VI:

> Creemos que tenemos toda la razón para tener confianza en la juventud cristiana: la juventud no abandonará la Iglesia si dentro de la Iglesia hay suficientes adultos capaces de entenderla, amarla, guiarla y abrirle el futuro.[1]

## Construir una nueva sociedad

9    Aunque muchos jóvenes profetas de hoy no son escuchados, como le sucedió al profeta Jeremías en su tiempo, sus voces resuenan de todas maneras, dando testimonio de Jesús resucitado, salvador de toda la humanidad. Tarde o temprano, las vidas de estos jóvenes, también darán fruto, como lo dio la vida del joven Jeremías. El desafío dado a Jeremías, de construir una sociedad diferente, ahora le toca a los jóvenes latinos:

> Entonces Yavé extendió su mano y me tocó la boca, diciéndome: "En este momento pongo mis palabras en tu boca. En este día te encargo los pueblos y las naciones:

> Arrancarás y derribarás,
> perderás y destruirás,
> edificarás y plantarás".
>
> (Jeremías 1, 9–10)

10    La edificación de una nueva sociedad requiere creatividad y rebeldía. Esta rebeldía no significa violencia ni odio, sino un inconformismo ante el pecado y los falsos valores de la sociedad. Jesús fue rebelde e inconformista. Protestó contra el fariseísmo, el comportamiento de una secta religiosa que daba más importancia a la ley que a las personas. También rechazó el elitismo, que marginaba a los pobres; el machismo, que alienaba a las mujeres; el ritualismo, que mataba al espíritu. Jesús se opuso a la hipocresía, al **materialismo**, al egoísmo y a la violencia. Sin embargo, su protesta, al igual que la de Jeremías, no consistió en simples gritos de denuncia, sino en voces de esperanza que se hacían realidad al anunciar el Reino de Dios en la tierra.

11    La juventud hispana, en unión con los jóvenes cristianos de otras culturas y con todas las personas de buena voluntad, debe protestar contra los pecados y los falsos ídolos de la sociedad actual. Los jóvenes han de proclamar el Evangelio que los inspira, y denunciar todo aquello que oprime a la juventud y al resto de la humanidad. Como en el caso de otros profetas de antaño y de hoy en día, la misión de los jóvenes no consiste básica y exclusivamente en protestar, sino en anunciar la Buena Nueva y en crear un nuevo modo de vivir que haga realidad la esperanza. Los jóvenes presentes en el Tercer Encuentro Nacional Hispano de Pastoral reconocieron públicamente esta misión:

> Como jóvenes hispanos, como miembros de la Iglesia Católica, queremos elevar nuestra voz profética para anunciar los valores del Evangelio, denunciar el pecado, convocar a los jóvenes a luchar por el Reino de Dios.[2]

## ¿Quiénes son los jóvenes hispanos?

12    En este libro, cuando hablamos de los jóvenes, generalmente nos referimos a los adolescentes entre los quince y los dieciocho años, y a los jóvenes solteros entre los dieciocho y los veintinueve años, ya

que ellos son los que participan en la pastoral juvenil hispana. Sin embargo, en este capítulo, dedicado al proceso de madurez, incluimos jóvenes desde los doce años, edad en que empieza la adolescencia.

13     La adolescencia y la juventud son etapas de transición, caracterizadas por cambios emocionales, intelectuales, físicos y biológicos. La formación de la identidad es particularmente significativa a lo largo del crecimiento de los adolescentes y de los jóvenes.

14     Probablemente la pregunta principal que todo ser humano se hace respecto a su identidad es: ¿quién soy? Los jóvenes se hacen frecuentemente esta pregunta porque *cada* joven es una incógnita viviente —un horizonte abierto a la vida—, con preguntas profundas y difíciles de contestar, como las siguientes: ¿por qué existo? ¿para qué existo? ¿por qué existe el dolor, la enfermedad y los problemas? ¿qué será de mí cuando crezca y después de la muerte? Los jóvenes van conociendo la respuesta a estas preguntas conforme se conocen mejor, identifican sus necesidades y descubren su identidad como seres humanos y cristianos.

## Hijos e hijas de Dios

15     En su búsqueda de identidad y de respuestas a las preguntas profundas de la vida, los jóvenes necesitan estar conscientes de que las personas somos los seres de mayor dignidad de toda la creación, que cada uno fue creado a imagen de Dios, como lo indican las Escrituras:

> Dijo Dios: "Hagamos [a la humanidad,] al hombre [y a la mujer,] a nuestra imagen y semejanza. Que mande a los peces del mar y a las aves del cielo, a las bestias, a las fieras salvajes y a los reptiles que se arrastran por el suelo".
> Y creó Dios [a la humanidad] a su imagen.
> A imagen de Dios [la] creó.
> Macho y hembra los creó.
>
> (Génesis 1, 26–27)

16     Los jóvenes necesitan verse a sí mismos en relación con Dios, consigo mismos y con las demás personas. Al verse a sí mismos como hijos e hijas de Dios, los jóvenes adquieren conciencia de que ellos, como personas, pertenecen tanto a este mundo como a Dios, en quien está enraizada su existencia y por quien viven, mueren y

resucitan a la vida eterna. Al ver a *toda* la gente como hijos o hijas de Dios, los jóvenes pueden comprender que ser persona consiste en aceptar la responsabilidad de buscar el propio bien y el de los demás. Al verse a sí mismos a imagen de Dios, los jóvenes pueden encontrar mayor respeto por sí mismos, moldear sus actitudes interiores, según el plan de Dios, y llevar cada día una vida más coherente y cercana al Evangelio.

17   La formación de la identidad de cada joven es vital. Los jóvenes necesitan conocerse a sí mismos para identificar sus sentimientos, cualidades y talentos; sus limitaciones y debilidades; sus ideales y aspiraciones. En base a estos descubrimientos, los jóvenes pueden interiorizar y ordenar sus valores, aclarar sus ideales y forjar la disciplina necesaria para actuar libre y responsablemente. Este proceso de descubrimiento no se da solo, ni de la noche a la mañana, sino mediante la reflexión y la influencia de otras personas. Por eso, la convivencia con un grupo cristiano de jóvenes y el apoyo de los adultos son claves en esta etapa de la vida.

18   Los agentes de pastoral juvenil y otros adultos cristianos comprometidos, deben motivar a los jóvenes para que reflexionen sobre el misterio de la existencia humana y el valor de todo ser humano. Sin esta reflexión, la juventud fácilmente se deja influir por las falacias del materialismo y del egocentrismo, que asignan valor a la persona por lo que posee y lo que produce y no por quién es. Sin una fe que reconozca lo sagrado de la vida humana, la juventud queda al aire, sin dignidad ni sentido de la vida, expuesta a ser manipulada y dominada por los valores destructivos presentes en la sociedad. Sin embargo, cuando cuentan con el apoyo necesario, los jóvenes pueden aprovechar su idealismo y energía para responder de manera creativa y positiva a estos desafíos destructivos, convirtiéndose en signos visibles del Reino de Dios.

## Signos de esperanza

19   Los obispos latinoamericanos, cuando se reunieron en su Tercera Conferencia General del Episcopado Latinoamericano en Puebla, México, 1979, describieron a la juventud de esta manera:

> [La juventud está caracterizada por] un inconformismo que lo cuestiona todo; un espíritu de riesgo que la lleva a compromisos y situaciones radicales; una capacidad creativa con respues-

tas nuevas al mundo en cambio que aspira a mejorar siempre como signo de esperanza. Su aspiración personal más espontánea y fuerte es la libertad, emancipada de toda tutela exterior. Es signo de gozo y felicidad. Muy sensible a los problemas sociales. Exige autenticidad y sencillez y rechaza con rebeldía una sociedad invadida por hipocresías y antivalores. Este dinamismo la hace capaz de renovar las culturas que, de otra manera, envejecerían.[3]

20    Vivimos en un período de la historia marcado por cambios socioculturales profundos y acelerados, que frecuentemente alteran los puntos de referencia en la formación de los valores. Estos cambios son tan dramáticos que, entre jóvenes separados por cuatro o seis años de edad, se pueden percibir diferencias significativas, casi generacionales, en sus valores y experiencias. Estas diferencias agrandan el abismo generacional y agravan los problemas de comunicación y comprensión entre los jóvenes, sus padres y otros adultos.

21    Muchos aspectos de la vida actual son difíciles de entender porque la sociedad ofrece mensajes claramente contradictorios:

- Enfatiza el valor de la persona y del ambiente en que vive y trabaja, pero pone la técnica y la ganancia económica encima de ellos.
- Habla de la dignidad humana, pero sólo valora a la persona con poder, prestigio social, educación académica y dinero.
- Habla del amor, pero promueve el egoísmo, el libertinaje sexual y la comercialización del placer inmediato.
- Proclama el valor de la familia hispana, pero vive crisis y rupturas familiares muy fuertes.
- Menciona la vitalidad y el potencial de la juventud, pero los ignora y menosprecia.
- Ha desarrollado muchas técnicas de comunicación, pero hay un vacío de diálogo y relaciones interpersonales.
- Se describe a sí misma como una comunidad donde todos sus miembros pueden participar y ser responsables de ella, pero la discriminación social y el racismo marginan a muchas personas.
- Habla de conciencia multicultural, pero no respeta los derechos y anhelos de cada cultura.
- Promueve públicamente la libertad de crítica y expresión, pero manipula el pensamiento y falsifica o suprime información.

• Multiplica los grupos religiosos y el evangelismo a través de los medios masivos de comunicación pero, en su vida diaria, muchas personas sienten la ausencia de Dios.

*(22)*     Como los obispos de América Latina señalaron, la gente joven tiene cualidades valiosas para enfrentar las confusiones e hipocresías de la sociedad. El espíritu crítico, el inconformismo y el deseo de ser responsables de sus propias decisiones llevan a los jóvenes a proponerse ideales, descubrir caminos nuevos y responder creativamente a situaciones problemáticas. Su autenticidad, sinceridad y búsqueda del sentido de la vida, los ayudan a luchar contra los convencionalismos sociales y a ser protagonistas de la historia. Su amistad, alegría y solidaridad con los **compañeros** facilitan que formen comunidades cristianas. Su disposición a trabajar y sacrificarse para alcanzar sus metas; su valentía y arrojo ante los retos; su energía, esperanza y apertura de espíritu, los motivan a involucrarse en empresas grandes y nobles. Estas características, que definen a la juventud en sus diferentes etapas de desarrollo, hacen que los jóvenes sean miembros productivos y **agentes de cambio** en la sociedad.

## Etapas de desarrollo en los jóvenes hispanos

23     Los jóvenes latinos, como los de cualquier otra cultura, pasan por las etapas propias de la adolescencia y de la juventud, mostrando las características típicas de esas etapas. Además, debido a su cultura y psicología hispanas, y al ambiente en que viven, presentan particularidades que deben ser consideradas en la pastoral. En esta sección reflexionamos sobre la naturaleza de la juventud en general y analizamos las características principales de los jóvenes latinos: su psicología, su filosofía de la vida, sus relaciones sociales, sus formas de expresión y su proceso de madurez.

24     La formación de la personalidad y la integración productiva de los jóvenes en la sociedad, requieren un desarrollo continuo a lo largo de diversas etapas, que varían según la cultura y el ambiente social en que viven. Por ejemplo, los estadounidenses de origen europeo tienden a definir a la juventud principalmente por su nivel escolar, mientras que los latinos lo hacen de acuerdo a su edad y responsabilidades familiares, considerando a los hijos e hijas como jóvenes hasta que se casan o salen del hogar paterno, o asumen responsabilidades importantes para ellos mismos o para sus familias.

25    El concepto de adolescencia también varía. Algunos estadounidenses de origen europeo definen la adolescencia hasta los veinticinco años, dividiéndola en: temprana (de trece a quince años);
media (de dieciséis a veinte años), y tardía (de veinte a veinticinco
años). En el mundo latino, la adolescencia se considera más corta y
se define en base a los fenómenos fisiológicos y sicológicos que se
dan entre los trece y los dieciocho años. A partir de los dieciocho
años, los muchachos son considerados jóvenes o adultos, según sea
su papel en la familia y sociedad.

26    Las edades que abarca la pastoral juvenil también son diferentes entre hispanos y no hispanos. La pastoral juvenil hispana incluye jóvenes desde los trece hasta los veintitantos años, si no están
casados. En la cultura dominante, *youth ministry* (pastoral juvenil)
atiende a muchachos entre los trece y diecisiete años de edad o sea
a quienes asisten del séptimo al décimo segundo grado escolar.
*Young adult ministry* (pastoral con adultos jóvenes) atiende a los jóvenes mayores de dieciocho años hasta los treinta y cinco, estén solteros o casados.

27    Aunque los jóvenes latinos se parecen al resto de los jóvenes en
muchos aspectos, en otros, presentan particularidades debidas a su
cultura y ambiente social. No todos los jóvenes pasan por las mismas etapas a la misma edad, ni manifiestan con igual intensidad las
características típicas de esa etapa. En general, los jóvenes hispanos
terminan la adolescencia antes que los estadounidenses de origen
europeo. Muchos jóvenes latinos ni siquiera pueden identificar las
diferentes etapas, pues pasan muy rápido de niños a jóvenes y a
adultos, debido a la necesidad de enfrentar las responsabilidades de
la vida a muy temprana edad.

## Adolescentes hispanos

28    Según el concepto de adolescencia, como se entiende en el mundo
hispano, este período de la vida se caracteriza por grandes cambios
en la fisiología sexual y en la psicología, entre los doce y los dieciocho años de edad. Sicológicamente, la adolescencia es una época de
egocentrismo, idealismo, inestabilidad emocional, desajuste social
y **conscientización** progresiva sobre los problemas del mundo. Fisiológicamente, los cambios principales son el crecimiento físico y
la madurez sexual. Debido a la importancia que el proceso de

madurez sexual tiene en la vida de los jóvenes, la siguiente sección de este capítulo está dedicada a su proceso de integración sexual.

29     La adolescencia puede subdividirse en tres subetapas: la adolescencia inicial, que va de los doce a los catorce años; el corazón de la adolescencia, entre los catorce y los dieciséis años, y el final de la adolescencia, entre los dieciséis y dieciocho años. Cada una de estas subetapas presenta ciertas características preponderantes.

### La adolescencia inicial

30     Entre los doce y los catorce años, los jóvenes hispanos, generalmente presentan las siguientes características:

31     **Empiezan a preocuparse de su personalidad.** Los jóvenes, quienes aún no se conocen a sí mismos, se sienten confundidos o inconformes. Tienden a ser retraídos, a centrarse en ellos mismos y a pensar que sus padres y maestros no los quieren o no los comprenden. Se sienten inseguros ante la vida y, para compensar esta inseguridad, ponen énfasis en la moda, tratan de comportarse como adultos y buscan amigos o amigas con quienes identificarse y sentirse bien. Se limitan a pocas amistades, generalmente del mismo sexo. Esos amigos se convierten en el espejo donde se miran.

32     **Son muy sensibles emocional y socialmente.** Los jóvenes se sienten románticos, alegres, optimistas, tristes, taciturnos o pesimistas con facilidad. Algunas muchachas suelen superar estos cambios emocionales antes que los muchachos y pueden establecer un noviazgo más estable y con miras al matrimonio.

33     **Se vuelven más independientes de los adultos.** Los jóvenes que entran en la adolescencia empiezan a mostrar más capacidad de tomar iniciativas y responsabilidades. No aceptan fácilmente las normas impuestas por los adultos, sino que piden razones poderosas para aceptarlas. Rechazan el paternalismo y el maternalismo y exigen que se les deje de considerar como niños. Por su inseguridad, suelen ser muy susceptibles al ridículo y prefieren que se les corrija en privado y no en público.

34     **Son dinámicos e inquietos.** Se aburren y desesperan fácilmente ante la falta de actividad. Necesitan estar ocupados y terminar con éxito sus proyectos para sentirse contentos consigo mismos. Si leen, escuchan o dialogan, les gustan temas nuevos y diversos que los ayuden a comprender el significado de sus experiencias.

35    **Muestran signos de ir formando su carácter moral.** Durante la etapa inicial, los adolescentes aún ven el mundo y la sociedad en que viven como realidades lejanas y misteriosas. Debido a que sus habilidades analíticas apenas se están desarrollando, son poco críticos del mundo que los rodea y se dejan influir fuertemente por él. Empiezan a reconocer la injusticia humana y a ampliar su visión sobre los derechos humanos, al reflexionar sobre sus intuiciones y experiencias concretas.

36    **En condiciones favorables, tienden a desarrollar una relación personal con Dios.** Los jóvenes que participan en grupos juveniles o viven en un ambiente familiar religioso, buscan la comprensión y la ayuda de Dios. Suelen rechazar y cuestionar normas morales que no tienen sentido para ellos y consideran muy aburridas las prácticas religiosas de los adultos. Quienes viven alejados de Dios, simplemente ignoran la religión o sólo se acuerdan de Dios en necesidades extremas.

37    **Fisiológica y sicológicamente, las chicas se desarrollan más rápido que los muchachos.** Las muchachas tienden a madurar más temprano que los chicos tanto fisiológicamente como en sus actitudes hacia el sexo opuesto. Debido a que los cambios que sufren son drásticos y rápidos, las chicas tienden a experimentar más inestabilidad afectiva que los muchachos en esta etapa de la adolescencia inicial.

### El corazón de la adolescencia

38    Entre los catorce y dieciséis años, los jóvenes hispanos muestran estas características:

39    **Están en pleno proceso de identificación personal.** La gente joven se convierte en protagonista del proceso de formación de su propia identidad, atrayendo la atención sobre sí mismos y buscando la afirmación de lo que van descubriendo en ellos. Tienden a centrarse en sí mismos, a observar constantemente su comportamiento y apariencia física, y a pasar mucho tiempo gozando o preocupándose por lo que descubren sobre sí. A esta edad, son especialmente vulnerables a las presiones de sus compañeros y siempre buscan quedar bien con ellos.

40    **Desarrollan su capacidad de reflexión lógica.** Los adolescentes exigen explicación y razones a las conductas, ideas y normas de

sus padres y de la sociedad. Si no las ven lógicas, tienden a rechazar-
las. A pesar de que exigen esta lógica en los adultos, los adolescentes
aún no son capaces de actuar de manera congruente con lo que
creen o piensan. Sin embargo, pueden reconocer la inconsistencia
de su conducta.

41     **Necesitan un grupo de compañeros.** Los adolescentes necesitan un grupo de jóvenes de la misma edad, un grupo donde puedan
afirmar y expresar libremente su rebeldía y criticismo contra el
mundo adulto. Su sentido de fidelidad y lealtad se acrecienta, sobre
todo en relación a su grupo de compañeros.

42     **Empiezan a buscar a personas del otro sexo.** Los adolescentes
pasan una cantidad de tiempo considerable hablando de sus compañeros del otro sexo. Les gusta tener novio o novia, pero les cues-
ta trabajo mantener amistades, noviazgos y compromisos estables.
En esta época suele incrementarse la conciencia de su orientación
sexual.

43     **Su relación con Dios y con las personas se intensifica.** Los
adolescentes amplían su interés por la naturaleza, los problemas humanos y los acontecimientos sociales. Empiezan a comprometerse
con los valores que van haciendo suyos. Continúan identificándose
con un Dios que gira alrededor de ellos, les da seguridad y remedia
sus problemas e inquietudes. Comienzan a ver el impacto de la religión sobre la vida de la gente y empiezan a personalizar su fe, idea-
lizando e interiorizando lo religioso o rechazando las creencias y
prácticas religiosas de su niñez.

### El final de la adolescencia

44     Cuando llegan a los dieciocho años, la mayoría de los jóvenes
hispanos han terminado su desarrollo fisiológico, pero aún no han
alcanzado su madurez. Los jóvenes a esta edad:

45     **Viven intensamente su deseo de libertad.** Tratan de afirmar
su personalidad oponiéndose a los demás, siendo originales y buscando la admiración de otras personas. Aumentan su independencia y la crítica a sus padres. Rechazan las estructuras y la disciplina
impuestas por los adultos, pero no logran encontrar otras que los
satisfagan. Discuten para probar sus ideas, manteniéndose firmes en
sus puntos de vista para reafirmarse como adultos. Sus actitudes

hacia sus amigos, su familia y otras personas son frecuentemente inconsistentes.

46     **Descubren la dimensión comunitaria de la persona.** En la etapa final de la adolescencia, los jóvenes pueden ver mejor su relación con el resto de la sociedad y empiezan a comprender otros puntos de vista. Se preocupan más por los problemas humanos y ecológicos y comienzan a interesarse en la psicología, la economía y la política. Fluctúan entre un idealismo revolucionario y un pesimismo derrotista. No es fácil que tomen responsabilidades de trabajo social ellos solos, pero pueden hacerlo, con éxito, en grupo.

47     **Desarrollan su capacidad de pensamiento abstracto.** A partir de esta etapa, desarrollan su capacidad de pensamiento abstracto y pueden identificar las causas y efectos de sus acciones. También pueden *anticipar* las consecuencias que sus propias acciones y las acciones del grupo social pueden tener. Empiezan a discernir y a especificar mejor sus ideales, metas y valores. Esta habilidad de reflexión abstracta representa un avance clave para aprender a analizar la vida objetiva y críticamente.

48     **Frecuentemente experimentan una fuerte crisis religiosa.** Los jóvenes suelen expresar sus dudas sobre la fe de su infancia y sobre la validez de las prácticas religiosas. Tienden a rechazar a la iglesia como institución y tratan de construir una religión a su gusto. Siguen personalizando su experiencia con Dios. Piensan que Dios comprende su rechazo a la religión, pero a veces se sienten culpables por sus dudas de fe y por el abandono de las prácticas religiosas. Aumenta su comprensión de Jesús como modelo y amigo del que sufre. Empiezan a tomar conciencia de la presencia de Dios en el mundo. Pueden percibir las presiones del materialismo, egocentrismo y **hedonismo,** y pueden encontrar en Jesús y en la comunidad cristiana el apoyo para vencerlas.

## Los jóvenes hispanos

49     Una vez superada la etapa de la adolescencia, los jóvenes entran en una etapa de mayor estabilidad física y emocional. Su capacidad para mantener relaciones sociales estables y para reflexionar y actuar responsablemente se incrementa. Por eso, los jóvenes que están entrando a la vida adulta, pueden convertirse en agentes de cambio

—una fuerza positiva y significativa— dentro de la sociedad y de la iglesia. En esta etapa, los muchachos:

50      **Se preocupan por descubrir sus ideales.** Los jóvenes adultos tienen mayor conocimiento, comprensión y aceptación de sí mismos y de los demás. Están más conscientes de su lucha por una identidad personal y la enfrentan con más firmeza. Suelen tener relaciones más estables con jóvenes de ambos sexos. Su deseo de tener una relación más íntima y complementaria con una pareja se intensifica. Pueden tomar decisiones y responsabilidades sin depender del grupo de amigos.

51      **Empiezan a jerarquizar los valores.** Los jóvenes adultos tienen ideales más definidos y pueden ordenar sus valores, reconociendo unos como más importantes que otros. Tratan de definir su vocación profesional y pueden elegir su estado de vida como laicos, religiosos o sacerdotes. Son capaces de hacer análisis críticos más objetivos y con perspectivas más amplias, relacionando los problemas humanos y sociales con las realidades económicas y políticas.

52      **Intensifican su apropiación de la fe.** Los jóvenes que empiezan su vida de adultos reaccionan menos negativamente a las creencias y prácticas religiosas de sus padres, reflexionan más sobre su propia fe y se interesan por las Escrituras y por la historia de la Iglesia. Se relacionan mejor con Dios, principalmente a través de Jesús, a quien pueden ver no sólo en otras personas, sino en los sistemas sociales, culturales, económicos, políticos y religiosos. Tienen mayor capacidad para formar una comunidad cristiana, pues no necesitan que el grupo gire alrededor de ellos.

### Diversidad en el concepto de "joven adulto"

53      Por influencia de la cultura dominante, la pastoral hispana en Estados Unidos ha empezado a hablar de "jóvenes adultos", para referirse a los jóvenes mayores de dieciocho años. Sin embargo, en el ambiente latino es importante especificar diversos énfasis, actitudes y experiencias de vida, englobados en el concepto de joven adulto:

• Primero, se considera como jóvenes adultos a los adolescentes, que a la edad de catorce o quince años, inmigraron sin familia y asumen responsabilidades de adulto. Muchos de ellos se enfrentan solos a la vida y buscan el apoyo de jóvenes, ligeramente mayores que ellos. Algunos de estos jóvenes inmigrantes, son acogidos por su familia extensa; otros se convierten en campesinos migrantes, que comparten su vida con grupos de hombres mayores.

- Segundo, hay que reconocer a los adolescentes o jóvenes adultos que han asumido la responsabilidad financiera de su familia y que sostienen a sus padres o hermanos menores, total o parcialmente. De igual modo, hay que reconocer a quienes han asumido la responsabilidad paterna o materna de sus hermanos menores.

- Tercero, hay que enfatizar y promover el potencial de todos los jóvenes —mayores de dieciocho años— que han adquirido los derechos y obligaciones que corresponden a la personalidad jurídica y responsabilidad cívica de los adultos.

54     Cada una de estas realidades merece una atención especial, pues sus implicaciones a nivel personal y social son muy diferentes. Es muy importante apoyar y dar formación a los adolescentes que no tienen el apoyo de sus padres y que llevan el peso de la responsabilidad familiar. Por otro lado, hay que reconocer y enfatizar el cambio radical que se da a los dieciocho años, cuando los muchachos pueden tomar decisiones y responsabilidades que antes recaían sobre sus padres.

55     La pastoral juvenil debe evitar prolongar actitudes adolescentes que retrasan el proceso de madurez de los adolescentes mayores y de los jóvenes adultos. Hay que promover las habilidades de los jóvenes para que, como adultos, transformen la sociedad en la que viven. Cuando no se desarrolla este potencial, los jóvenes adultos carecen de la fuerza para llegar a ser agentes de cambio efectivos para la renovación de la iglesia y la transformación de la sociedad. También hay que considerar las diferencias significativas que existen entre los jóvenes de dieciocho años, quienes apenas están estrenando su libertad como adultos, y los muchachos de veinticinco años, que tienen más experiencia y responsabilidades en la vida.

## El proceso de integración de la sexualidad

56     Debido a la importancia de la sexualidad en la vida de la persona, es necesario tratar el proceso de integración sexual. La sexualidad humana incluye cuatro dimensiones esenciales: *la relacional*, que se enfoca en el compañerismo y en las relaciones entre personas del

mismo o diferente sexo; *la reproductiva,* que se enfoca en el aspecto biológico y en su capacidad para procrear; *la erótica,* que se relaciona con el placer sensual, y *la religiosa,* que relaciona a hombres y mujeres con su Creador. La integración sexual se refiere al entretejido de estas cuatro dimensiones de la sexualidad humana. La integración sexual está influida por los demás aspectos del desarrollo humano e impacta la integración total de la persona.

57      La sexualidad humana comienza desde el momento de la concepción del ser humano. El proceso que conduce a la integración sexual es una dimensión del desarrollo **integral** de la persona. Este proceso evoluciona continuamente a través de la vida de la persona y presenta características específicas en sus diferentes fases. Cuando esta evolución no sigue un camino normal, los jóvenes corren el riesgo de tener fijaciones sexuales o regresiones que pueden dificultar su desarrollo integral e impedir sus relaciones con otras personas, especialmente con las del sexo opuesto. La formación cristiana sobre la sexualidad —especialmente durante la adolescencia y juventud— debe enfocarse en facilitar el proceso de integración sexual.

58      El proceso de desarrollo normal de la integración sexual consiste de cinco fases: el comienzo de la vida, la niñez, la adolescencia, la juventud y la opción de estado civil.

## Primera fase: el comienzo de la vida

59      La primera fase de la vida prepara a la persona para su integración sexual. Esta etapa está marcada por la combinación de los cromosomas sexuales que determinan el género. Cada ser humano tiene dos cromosomas sexuales. En las mujeres, los dos cromosomas sexuales son femeninos. En los hombres, un cromosoma sexual es masculino y el otro es femenino. Cuando un hombre y una mujer conciben un hijo, el bebé recibe un cromosoma sexual de la madre y otro del padre. Debido a que la madre siempre contribuye con el cromosoma sexual femenino y el padre puede contribuir ya sea con el femenino o el masculino, el cromosoma del padre es el que determina el sexo del bebé.

60      El proceso de diferenciación sexual ocurre en el feto debido a la influencia genética, sea de los dos cromosomas femeninos o de un cromosoma femenino y otro masculino. Alrededor de ocho semanas después de la concepción, el sistema genital del feto ya se

puede identificar como masculino o femenino. Antes de que un niño nazca, el sistema genital está totalmente formado.

## Segunda fase: la niñez

61  Tan pronto como un niño nace, comienza su segunda fase de integración sexual. Esta etapa consiste en la integración de su sexualidad en su vida afectiva e intelectual y en su comportamiento. A medida que un niño crece, los padres tienen una responsabilidad importante de ayudarlo en su proceso de integración sexual. Al hablar en forma abierta sobre las diferencias entre los sexos y acerca del proceso de engendrar una vida, los padres establecen las condiciones para un diálogo más profundo durante los años de la adolescencia. En la medida en que las familias comparten sus ideas sobre la vida como regalo de Dios, y sobre la belleza y las funciones del cuerpo humano, comienzan un proceso de formación cristiana sobre la sexualidad.

62  El abuso sexual, la violación y el incesto son factores importantes que pueden obstaculizar la integración sexual durante la niñez y la adolescencia. Los jóvenes que han sufrido este tipo de agresiones a su dignidad humana requieren una atención especial debido a las graves consecuencias de tipo físico, sicológico, emocional, moral y social que producen estas experiencias. Los padres y los agentes de pastoral tienen la responsabilidad de identificar estos casos y ofrecer ayuda profesional adecuada a quienes la necesitan. La intervención profesional es de mucha importancia para el desarrollo personal y social de los jóvenes.

## Tercera fase: la adolescencia

63  En la adolescencia, los asuntos relacionados con la expresión sexual son muy importantes y pueden predominar sobre otros aspectos de la vida de los jóvenes, quienes necesitan integrar su sexualidad y sus sentimientos en forma gradual. Los adolescentes lo logran, apreciando la fuerza de sus sentimientos, pensando positivamente acerca de su sexualidad y haciendo decisiones en su vida sexual que sean consecuentes con los valores cristianos.

64  Durante la adolescencia, el sistema reproductivo madura permitiendo que los jóvenes sean capaces de engendrar vida. El proceso de integración sexual pasa por un período de ajuste y, por lo tanto,

requiere especial atención de parte de los padres y de los agentes de pastoral. El hecho de que los adolescentes sean capaces físicamente de tener hijos, no significa que estén lo suficientemente maduros, sicológica y espiritualmente, para tener relaciones sexuales, que son propias de la vida matrimonial.

65    La fascinación de los adolescentes por el placer sexual, sus ansias de crecer y madurar, y su temor a ser rechazados por personas que los atraen, los hace más conscientes de su sexualidad. Su susceptibilidad de excitarse con el contacto físico, frecuentemente genera en ellos una excitación genital. Algunos adolescentes, asustados por esto, pueden tratar de evitar toda expresión afectiva.

66    Cuando los adolescentes han aprendido a diferenciar entre las expresiones de afecto y las acciones que llevan a una excitación sexual, pueden expresar apropiadamente sus sentimientos, como hombre o mujer, en todas sus relaciones personales, especialmente con sus amistades del sexo opuesto. Para esto, deben aprender a diferenciar manifestaciones de afecto tales como abrazar o besar a otra persona para expresar cuidado, compasión y amistad, de las manifestaciones que producen exitación sexual.

67    Cualquiera que sea su situación, los adolescentes necesitan buenas razones para no tener relaciones sexuales. Las normas morales que ubican la actividad sexual sólo dentro del contexto del matrimonio no son suficientes; los adolescentes requieren directrices claras, motivos fuertes y argumentos poderosos. Además, necesitan un ambiente cristiano en el que se valore la castidad y no se ridiculice la virginidad, para superar la presión de los compañeros de grupo y la influencia de los medios masivos de comunicación.

68    Los ideales y valores relacionados con la sexualidad, según nuestra fe cristiana y tradición católica, deben ser presentados a los adolescentes y a los jóvenes, de manera que ellos lleguen a la convicción de que las relaciones sexuales son sagradas y que deben dejarse para la vida matrimonial. Imponer normas que no tienen sentido o generar sentimientos falsos de culpabilidad, generalmente provocan rebeldía, vergüenza y una actitud poco sana hacia la sexualidad.

69    Algunas razones poderosas para mantener la castidad en la adolescencia, son las siguientes:

• desarrollar las cualidades necesarias en toda relación humana: la propia identidad, la autovaloración y el amor propio, la seguridad

y el respeto a sí mismo, la habilidad para comunicarse y el manejo de la libertad;
- valorar el amor hacia todas las personas y reservar la relación
  sexual como una expresión del amor en el matrimonio;
- decidir, como pareja, mantener una relación de intimidad basada
  en la comunicación, el respeto, la confianza y la fidelidad mutua;
- tener la fuerza de voluntad que capacita a las personas a alcanzar
  otras metas nobles y vivir de acuerdo con sus valores;
- distracción que puede ocasionar una vida sexual activa, mientras
  se educan para tener éxito en su carrera o vocación;
- fomentar la responsabilidad de la pareja para evitar relaciones
  sexuales que pueden originar un embarazo no deseado;
- evitar el riesgo de enfermedades de transmisión sexual especialmente el SIDA.

## Cuarta fase: la juventud

70  La integración de la sexualidad y de las otras dimensiones del desarrollo personal y social, deben alcanzar cierto grado de madurez durante la juventud. Los jóvenes pueden alcanzar una integración
sexual madura, la cual no está reservada exclusivamente a parejas
casadas.

71  Las personas siempre se relacionan entre ellas como seres se-
xuados, por lo tanto, *todas* sus relaciones tienen una connotación
sexual. Sin embargo, no todas las relaciones entre hombres y mujeres implican o conducen a una relación sexual. La amistad íntima
entre un hombre y una mujer es más común a partir de la juventud.
En la medida en que este tipo de relación se desarrolla, los amigos
del sexo opuesto pueden convertirse en amigos íntimos y fuente de
apoyo mutuo. Algunas veces, esta amistad lleva al romance y después al matrimonio, pero, la mayoría de las veces se queda en amistad.

72  Al integrar la sexualidad en su vida afectiva, los jóvenes se dan
cuenta de que el amor es capaz de generar vida física y espiritual. Al
adquirir la madurez sexual necesaria, entender la fisiología de la sexualidad y asumir la responsabilidad que conlleva, los jóvenes se capacitan para relacionarse sanamente con personas del sexo opuesto
y eventualmente enfrentar los desafíos del matrimonio.

73  En la tradición católica, los solteros están llamados a vivir su
sexualidad integrándola con el proyecto de extender el reinado de

Dios, dando vida a otras personas de manera distinta a la procreación, la cual está reservada para el matrimonio. Es en este contexto,
que el celibato tiene sentido. Las relaciones de una persona célibe
tienen todas las dimensiones de la sexualidad humana, con la sola
excepción de su expresión genital. Al igual que Jesús, muchos jóvenes llevan una vida fecunda y construyen sus vidas llenas de amor y
compromiso. Los cristianos han visto en este tipo de vida un signo
del compromiso radical de Jesús con su Padre y con la misión que le
fue entregada.

74      La etapa de la juventud está marcada por la búsqueda de intimidad y de un fuerte deseo por tener una relación sexual como expresión del amor. Estos deseos naturales hacen de la práctica de la
castidad, un verdadero desafío. A esta edad, e incluso desde la adolescencia, algunas parejas de jóvenes se acarician para estimularse
sexualmente pudiendo llegar al orgasmo, pero sin penetración. Estas prácticas presentan serios problemas —desde una perspectiva
cristiana y sicosocial— ya que alientan el uso de la sexualidad por
placer y como objeto de consumo. Además, este tipo de actividad
sexual puede distraer a los jóvenes de la difícil tarea de aprender a
comunicarse con profundidad, y obstaculiza el diálogo significativo
que conduce a relaciones de intimidad.

## Quinta fase: la opción por el estado civil

75      La mayoría de las personas identifica su vocación y escoge su estado civil durante sus años de juventud. Para hacer eso, los jóvenes
necesitan tener confianza en sí mismos y la habilidad de discernir el
tipo de vida adecuada para ellos.

76      Aunque en la actualidad, muchas personas se están casando a
una edad más tardía en la vida o están decidiendo vivir como pareja
sin casarse, el matrimonio es todavía una meta común entre los jóvenes y el ideal de las parejas cristianas. Aún así, algunos jóvenes deciden permanecer solteros y otros se comprometen al sacerdocio o
a la vida religiosa. Cada una de estas opciones implica un camino
especial de la integración de la sexualidad en sus vidas.

77      Independientemente de la decisión que se tome en relación
con el estado civil, el ideal cristiano es madurar en la virtud de la
castidad. La castidad es expresión de una espiritualidad que valora
el regalo de la sexualidad y aumenta el respeto por sí mismo y por
los demás. La castidad es una actitud que está en estrecha relación

con la integridad de la persona y con su vida de amor. Ayuda a los jóvenes a darse a los demás, a amar, a ser amado, y a relacionarse con mucha gente, sin tener relaciones sexuales fuera del matrimonio.

78     La castidad apoya el amor entre marido y mujer y refuerza la exclusividad de las relaciones sexuales en el matrimonio. El signo más perfecto de integración es la relación sexual entre marido y mujer, generalmente conocida como acto conyugal o acto matrimonial. La plenitud del amor marital o conyugal requiere que ambas personas tengan un nivel de madurez suficiente para integrar su sexualidad personal en la realidad matrimonial, sin comprometer su propia identidad; además, implica una actitud de apertura a la procreación.

79     La relación sexual adquiere su significado más pleno en el matrimonio, donde llega a ser un medio clave para la comunicación interpersonal. La intimidad sexual nutre el amor de los esposos, intensifica y complementa el encuentro de un *yo* con un *tú,* tiene el potencial para crear una familia y hacer fecundo el amor entre ambos, proporcionando satisfacciones que compensan las dificultades de la paternidad. En sus relaciones sexuales, la pareja aprende a dar y a recibir placer. Este intercambio de placer está enraizado en el regalo de la sexualidad dado por Dios a cada persona y está unido a la responsabilidad, generosidad y fecundidad del amor.

80     La virginidad consagrada también encuentra su sentido en un contexto similar de amor, fidelidad, compromiso, generosidad, fecundidad y castidad. El celibato puede ser escogido por algunas personas como el mejor camino para trabajar por el reinado de Dios en la sociedad y profundizar su relación con Jesús, sea bajo una vocación al sacerdocio, a la vida religiosa o porque tienen la convicción de que el celibato es el único camino para realizar un trabajo pastoral.

## Masturbación y homosexualidad

81     En el proceso de integración de la sexualidad en la vida personal, la masturbación y la homosexualidad merecen especial atención. La primera consiste en buscar placer sexual mediante una autoestimulación; puede provenir de impulsos sexuales estimulados en forma intencional o no intencional por la persona; puede tener diversas causas y es importante ayudar a los jóvenes a identificarlas. En

algunos casos, la masturbación es una reacción sicológica a un des-orden sexual, como resultado de experiencias sexuales negativas, ta-les como el incesto o la violación sexual.

82      En general, la masturbación no causa daño biológicamente, pero, sicológica y socialmente, puede contribuir a centrarse en sí mismo, llevar al hedonismo y causar dificultades para tener relacio-nes heterosexuales. La masturbación es más común entre los hom-bres y entre los jóvenes que no tienen amistades sanas, o que tienen un padre o madre dominantes. En resumen, la masturbación puede ser destructiva y comprometer seriamente el proceso de desarrollo y madurez de los jóvenes.

83      En cuanto a la homosexualidad, es importante que los padres y los agentes de pastoral la traten con sinceridad y sensibilidad, ha-ciendo lo siguiente:
- educando a los jóvenes para relacionarse con sus compañeros ho-mosexuales con una actitud cristiana de respeto;
- ayudando a erradicar prejuicios que califican a los homosexuales como personas enfermas, pecadoras o criminales, y trabajando para crear una sociedad que no los oprima;
- ayudando a los jóvenes, que puedan sentirse confusos acerca de su sexualidad, a identificar y a aceptar su orientación sexual;
- apoyando a los jóvenes homosexuales en sus luchas interiores, ayudándolos a sanar de la violencia sicológica, emocional, espiri-tual e incluso física que puedan haber sufrido.

84      La homosexualidad es una condición personal del ser humano. La homosexualidad incluye todos los aspectos de la persona y está marcada por una atracción exclusiva hacia personas del mismo sexo. La ciencia no ha logrado un conocimiento claro y completo de la homosexualidad, pero generalmente es aceptado que no es una enfermedad ni una forma desviada de sexualidad. Aunque la inci-dencia relativa de la homosexualidad proveniente de causas genéti-cas, sicológicas o sociales es desconocida, se sabe que existe un tipo de homosexualidad genética y otros tipos que resultan de proble-mas sicológicos y de la influencia del medio ambiente.

85      La visión cristiana de la dignidad del ser humano se aplica también a las personas homosexuales. Ellos son hijas e hijos de Dios, igual que las personas heterosexuales. Por lo tanto, las perso-nas homosexuales deben ser tratadas con el mismo respeto y amor, y deben tener los mismos derechos humanos y sociales que las

personas heterosexuales. La iglesia no considera a la homosexualidad como un pecado. Sin embargo, mira a la actividad homosexual como pecado. Por lo tanto, las personas homosexuales están llamadas a practicar la virtud de la castidad y abstenerse de relaciones sexuales, al igual que las personas no casadas.

86     Por razones culturales, el comportamiento homosexual en público —como se conoce en la cultura dominante en algunos lugares de Estados Unidos— no es común o aceptable entre los hispanos. Por lo tanto, los jóvenes hispanos pueden generar un alto nivel de ansiedad cuando descubren sentimientos de atracción sexual hacia personas del mismo sexo. Quienes son homosexuales, suelen experimentar un rechazo muy fuerte, burla, malos entendidos y marginación en sus familias y entre sus compañeros de grupo, lo que produce en ellos una baja autoestima, un sufrimiento profundo y un sentido de culpabilidad que puede amenazar con destruirlos. La atención pastoral de jóvenes hispanos que son homosexuales requiere una formación especial y profesional, y una atención pastoral a sus familias.

## Desafíos que enfrentan los jóvenes hispanos

87     Aunque los jóvenes latinos enfrentan, en general, desafíos similares a los que tienen jóvenes de otras culturas, algunos retos y su grado de importancia varía mucho entre los latinos. Esta variación resulta principalmente de los diferentes ambientes en que vive cada uno de los siguientes grupos de jóvenes hispanos:
* inmigrantes recientes;
* ciudadanos que han estado en Estados Unidos por generaciones;
* estudiantes de secundaria;
* estudiantes en *colleges* y universidades;
* jóvenes en bases militares;
* miembros de pandillas y jóvenes que viven en barrios con pandillas;
* obreros;
* campesinos migrantes;
* técnicos y profesionales.

88     La pastoral juvenil hispana debe evangelizar a partir de estas realidades, tomando en cuenta los retos principales a que se enfrentan *todos* los jóvenes latinos en su desarrollo como personas.

### Desafíos positivos

89    Entre los desafíos positivos más importantes que enfrentan los jóvenes hispanos destacan los siguientes:

90    **Formación de identidad:** suele ser emocionalmente muy difícil para los jóvenes latinos debido a que el ambiente cultural los impulsa en direcciones opuestas y les causa mucha confusión.

91    **Proceso de madurez:** los jóvenes avanzan en su madurez conforme enfrentan las realidades de la vida y aprovechan sus dones personales y las oportunidades que les ofrece la sociedad. Sin embargo, este proceso es coaccionado frecuentemente por la discriminación socioeconómica, los valores hedonistas y materialistas, la evasión de la realidad y las problemáticas sicosociales del mismo joven.

### Desafíos negativos

92    Entre los desafíos negativos más importantes que tienen que superar los jóvenes hispanos, están:

93    **Visión tradicionalista de la mujer en las familias latinas:** Los padres de familia que fueron educados con una perspectiva tradicionalista y conservadora sobre el papel de la mujer, a menudo no dejan que sus hijas salgan de la casa para continuar estudios superiores. Estos padres frecuentemente se oponen al deseo de sus hijas de asistir a grupos juveniles mixtos y a que sus hijas acepten posiciones de liderazgo.

94    **Explotación de la mujer en el hogar y en el trabajo:** En el hogar, esta explotación sucede cuando los padres exigen que sus hijas entreguen su salario completo a la familia para que sus hermanos varones puedan estudiar. En el trabajo, especialmente en el servicio doméstico, las muchachas trabajan largas horas por un sueldo muy bajo; carecen de libertad, y además, con frecuencia son acosadas sexualmente por sus patrones. En casos extremos, hay jóvenes que se ven obligadas a trabajar como prostitutas para generar ingresos para sus familias.

95    **Falta de seguridad:** Las condiciones familiares y sociales en que viven los jóvenes frecuentemente les causan sentimientos de inseguridad en la familia, debido a los pocos recursos que tienen sus padres para darles la educación y el apoyo que necesitan. En la

sociedad, esta falta de seguridad se debe al ambiente de pobreza, falta de servicios médicos, desempleo, adicciones y pandillerismo en que muchos jóvenes viven.

96     **Desintegración familiar:** Los mismos factores que suelen ocasionar la falta de seguridad, causan que las familias se desintegren. En un círculo vicioso, las familias desintegradas, a su vez, tienden a empeorar la alienación de los jóvenes en sus relaciones y los dejan a merced de las drogas y las pandillas.

97     **Marginación y discriminación:** Al discriminar y marginar a los hispanos, la sociedad disminuye la autoestima de los jóvenes, aumenta su frustración y reduce sus expectativas personales y alternativas vocacionales. Este problema es más grave en los barrios hispanos empobrecidos de las ciudades, entre los campesinos migrantes y entre los jóvenes que han estudiado en Latinoamérica y sólo pueden encontrar trabajo por abajo de sus aspiraciones, preparación y potencial.

98     **Conflicto con la cultura y religiosidad de los padres:** Los padres de muchos jóvenes hispanos fueron educados dentro del **catolicismo popular** latinoamericano, con una formación catequética limitada y con una visión de fe previa al Concilio Vaticano Segundo, lejana a la experiencia de los jóvenes.

### Un reto a la pastoral juvenil hispana

99     El desarrollo humano y el crecimiento cristiano están tan íntimamente relacionados que no puede haber madurez cristiana si no hay madurez humana. Sólo a través de un proceso de formación humana integral, los jóvenes hispanos pueden experimentar el Evangelio como fuente de vida que los libera de las opresiones, los reconcilia en sus relaciones personales, los sana de sus heridas interiores y fomenta en ellos el desarrollo de su potencial.

100     La madurez hacia la que queremos llevar a los jóvenes hispanos, requiere una atención pastoral enfocada a:
• lograr la integración armónica de la identidad y de la personalidad de los jóvenes;
• promover el desarrollo y la utilización de sus talentos personales;
• facilitar un proceso continuo de conversión y de formación en la fe, enfocado en la disponibilidad de servir a otros;

- brindar espacios y oportunidades apropiadas para que los jóvenes puedan expresar sus sentimientos, articular sus experiencias y compartir su creatividad;
- mantener viva la esperanza, fomentando su crecimiento humano en los momentos de crisis, en las experiencias conflictivas y en la lucha contra los desafíos que la vida les presenta.

El segundo volumen de Profetas de Esperanza, *Evangelización de la juventud hispana,* se enfoca en el impacto de la evangelización en los diferentes aspectos del proceso de madurez de los jóvenes hispanos.

101    Haciendo eco con los obispos latinoamericanos, quienes en su Cuarta Conferencia General del Episcopado Latinoamericano, en Santo Domingo 1992, dijeron lo siguiente:

> [Nosotros también] nos proponemos ejecutar las siguientes acciones pastorales:
> —Reafirmar la "opción preferencial" por los jóvenes proclamada en Puebla [y en el *Plan nacional pastoral para el ministerio hispano*] no sólo de modo afectivo, sino efectivamente.
>
> Para cumplirla proponemos una acción pastoral:
> —Que responda a las necesidades de maduración afectiva y a la necesidad de acompañar a los adolescentes y jóvenes en todo el proceso de formación humana y crecimiento en la fe.[4]

# Las Relaciones Humanas del Joven Latino

## ❦ 2 ❦

# Las Relaciones Humanas
# del Joven Latino

*L*a Iglesia se abre a los jóvenes como lugar de encuentro con Cristo amigo, que les mira y les llama (cfr Mc 10, 21); lugar de encuentro con los hermanos, en particular con otros jóvenes; camino de encuentro con el Padre.

—CELAM, *Sí a la civilización del amor*

1   Los jóvenes latinos valoran de manera especial las relaciones humanas, el cariño, la convivencia amistosa, la comprensión, el diálogo y el apoyo mutuo. Ellos muestran su buena disposición y su capacidad para relacionarse socialmente, cuando se abren a otras personas y forman amistades y grupos juveniles. Desafortunadamente, debido a las tensiones, incomprensiones, intransigencias, indiferencia, frustraciones y desajustes sociales que los rodean, muchos jóvenes viven en ambientes que contradicen estos valores. En este capítulo, hablamos del espíritu comunitario de los jóvenes hispanos y cómo aprovecharlo para mejorar sus relaciones familiares, entre amigos y como novios.

## El espíritu comunitario hispano

2   Todo ser humano es sociable por naturaleza. Además, los jóvenes son "inquietos buscadores", con una ambición especial para entrar en contacto con diferentes personas, ambientes sociales y culturas. Los jóvenes ansían comunicarse, sentir, acoger, conocer, identificarse, descubrir y encontrar a los demás. Al mismo tiempo, anhelan que otros se fijen en ellos, les den importancia, los necesiten y les muestren cariño.

3   Además de estos sentimientos comunes a todo joven, los jóvenes latinos sienten las demandas propias del espíritu comunitario hispano. La gente hispana, en general, expresa un espíritu comunitario y cooperativo en casi todos los aspectos de su vida, particularmente en:

- el apoyo a la familia, la lealtad con los amigos y la colaboración con los compañeros;
- la convivencia espontánea, la comunicación fácil, el acercarse y acoger a los demás, incluso a personas desconocidas;
- la necesidad de compartir y recibir apoyo, generosidad, servicio y hospitalidad;
- la identificación con otros, que lleva a llorar con los que lloran y a reír con los que ríen, haciéndolos parte integral de sí mismos;
- la apertura a los demás en reuniones, fiestas y celebraciones, de modo que se creen grupos inclusivos, abiertos y amistosos;
- la solidaridad, el compañerismo y los sentimientos de hermandad que llevan a defender los derechos de otras personas; el organizar cooperaciones en casos de necesidad, y el sacrificarse por los amigos y por los ideales.

4    Quizá, este espíritu comunitario es el regalo más grande que Dios ha dado a los pueblos latinos, para lograr un mundo más humano en medio de las tensiones, el dolor y la pobreza que sufren. Cuando este don es valorado, nutrido y bien dirigido, fácilmente da origen a una solidaridad cristiana, que tiene gran potencialidad para revitalizar a la iglesia y a la sociedad.

5    Cuando los jóvenes latinos se encuentran ante personas y estructuras que cohiben o destruyen su espíritu comunitario, tratan de darles un ambiente de calidez humana, informalidad, alegría y apertura que les permitan formar comunidad. Si los obstáculos para formar dicha comunidad son demasiado fuertes, sea por el individualismo, legalismo o la presencia de *cliques* en las escuelas, el trabajo y la iglesia, los jóvenes tienden a automarginarse, a encerrarse en grupos exclusivamente hispanos, a hacerse ariscos o a reaccionar con amargura o venganza.

6    La pastoral de jóvenes debe aprovechar las tendencias comunitarias del pueblo hispano. Favoreciendo su espíritu comunitario, los agentes de pastoral juvenil pueden iniciar y reforzar la participación de los jóvenes en la iglesia; promover su compromiso cívico y cristiano, y mejorar las relaciones interculturales e interraciales. Las convivencias juveniles e intergeneracionales a nivel parroquial y diocesano, son recursos muy valiosos para contrarrestar el individualismo y motivar la interdependencia de los jóvenes con su familia y comunidad.

# El joven hispano y su familia

## El concepto latino de familia

7    Generalmente, los latinos valoran fuertemente a la familia como fuente de cariño y apoyo, como continuadora de las tradiciones y como foco de evangelización. El concepto de familia abarca tanto a la familia nuclear —constituida por padres e hijos— como a la familia extensa, formada por abuelos, tíos y primos hasta de segundo, tercero o cuarto grado, compadres y amigos íntimos. De hecho, la familia extensa incluye muchas familias nucleares, lo que hace que los hispanos tengan una experiencia muy rica del significado de ser familia. La familia latina mantiene la relación con sus parientes, aunque vivan lejos, incluso en otro país. Normalmente, la familia como una unidad, es más importante que cada uno de sus miembros y que el resto de las instituciones sociales. Como resultado, las obligaciones familiares suelen tener prioridad sobre otros compromisos y aspiraciones personales.

8    La familia es un sistema social complejo donde la gente interacciona entre sí constantemente, en todas las dimensiones de su vida, influenciándose fuertemente unos a otros de muchas maneras. Las relaciones familiares evolucionan a lo largo del tiempo. Cualquier cambio en la familia o en algún miembro de ella afecta la vida y la vitalidad de la familia y de cada uno de sus miembros. Como regla general, la familia cumple ciertas funciones y asigna ciertos papeles a cada uno de sus miembros:
- define y da significado a las experiencias de cada persona;
- establece la posibilidad de vivir con alegría, paz y optimismo;
- consolida la personalidad de sus miembros;
- es el sistema más eficiente de apoyo mutuo ante la vida;
- es el ambiente más propicio para la formación humana y para el desarrollo de niños y jóvenes;
- es el medio natural para introducir a la persona en la familia humana (sociedad) y en la familia de Dios (iglesia).

9    Idealmente, la familia debe ser la fuente en donde la gente joven se desarrolle, madure y se prepare para formar su propia familia. Los tres elementos esenciales para la familia, como lugar de formación, son: unidad, armonía y amor. Sin amor, los miembros de la familia no pueden convivir, crecer, ni ayudar mutuamente a superarse. Sin armonía, los miembros de la familia rara vez se

sienten suficientemente seguros para compartir su vida unos con otros. Sin unidad, no es posible convivir de un modo significativo, lo que es vital para el crecimiento de las personas.

10　　　La unidad familiar y el compromiso fuerte con la familia han sido parte integral de la cultura hispana. Sin embargo, como indicó la Conferencia Católica de los Obispos Norteamericanos en su carta pastoral *Presencia hispana*, las presiones sociales que se viven en Estados Unidos pueden dañar esa unidad y compromiso tradicionales:

> La unidad de la familia hispana está amenazada, en particular, por el desarraigo causado por los cambios, especialmente del estilo de vida del campo a la ciudad y del estilo de los países latinoamericanos al nuestro; por la pobreza que sufre una gran proporción de las familias hispanas y por las presiones causadas por el proceso de asimilación que, a menudo, llevan a una separación entre las generaciones dentro de la familia y a una crisis de identidad entre los jóvenes.[1]

## Diferentes tipos de familias

11　　En general, las familias hispanas están en desventaja respecto a las familias norteamericanas de origen europeo en su posibilidad de proveer a sus miembros de los recursos básicos necesarios para vivir bien. Las familias hispanas tienen menos oportunidades para tener buen cuidado médico; sus bebés tienen menos probabilidades de sobrevivir el primer año de vida, y sus ancianos tienen menos medios para vivir confortablemente. Su educación escolar tiende a ser en menor cantidad y de menor calidad, y los padres enfrentan muchas dificultades para ayudar a que sus hijos tengan una carrera profesional. Entre los hispanos, en general, son pocas las probabilidades de que uno de los padres permanezca en el hogar para cuidar a sus hijos, de que entre ambos padres puedan pagar un buen centro de desarrollo infantil e incluso, de que la familia tenga los medios suficientes para vivir en un vecindario libre de violencia y tráfico de drogas. El nivel de ingresos de la familia hispana tiende a ser más bajo que el de las familias de la sociedad predominante, aunque tengan el mismo nivel de educación escolar.[2]

12　　　Muchas familias hispanas se encuentran a diario haciendo esfuerzos sobrehumanos para sobrevivir en medio de estas problemáticas, a las que se añaden las presiones normales que sufre toda familia actual y las causadas por el choque cultural y la discriminación social. Es admirable ver el tesón con que muchas familias tratan de preservar un ambiente de cariño y seguridad, a pesar de las tensiones; así como de mantener un sentido de comunidad y hospitalidad, a costa de grandes sacrificios. A la vez, es desalentador constatar que los esfuerzos y la buena voluntad no siempre son suficientes para superar estas presiones y brindar a los jóvenes el ambiente que necesitan para su desarrollo humano y para su formación cristiana.

### La familia nuclear

13  La Iglesia Católica valora fuertemente a la familia nuclear como la célula natural de la sociedad, enfatizando la sacramentalidad del matrimonio y la responsabilidad de los padres en la procreación y en la educación de los hijos. Los jóvenes hispanos, que han sido formados en familias donde reina la armonía y el cariño, tienen experiencias muy bellas y enriquecedoras. Otros jóvenes, menos afortunados, que viven en hogares con fuertes tensiones debidas a la pobreza, el divorcio, la infidelidad, el abuso físico, la adicción al alcohol u otras drogas, y al abuso sexual, generalmente sufren inestabilidad emocional, baja autoestima, falta de confianza, angustia, desesperación y crisis de fe.

14  La situación socioeconómica en Estados Unidos, frecuentemente empuja a los padres a trabajar largas horas para superarse o simplemente para sobrevivir. Esto disminuye el tiempo que pasan los padres con sus hijos, su interés por escuchar los problemas o éxitos de sus hijos y su posibilidad de apoyarlos en sus estudios. Además, esta falta de relación de los padres con sus hijos, provoca en los jóvenes un vacío que no se llena con las mejoras económicas, ni con los lujos ocasionales con que muchos padres tratan de expresarles su cariño y preocupación.

15  En la sociedad de Estados Unidos, el aceleramiento del cambio cultural, la rapidez en que se vive hoy en día y el acceso a las drogas y al sexo fácil acarrean consecuencias devastadoras a las familias nucleares. Muchos padres sienten que cuando sus hijos llegan a la adolescencia, la influencia de sus compañeros del colegio o del barrio es más fuerte que la de ellos. Generalmente, los padres suelen ver su propia influencia como una fuerza estabilizadora y formadora, pero

poco convincente para los jóvenes; en contraste, perciben la influencia de los compañeros como instigadora de rebeldía y promotora de conductas riesgosas, pero más atractiva para sus hijos. A estas percepciones de los padres, se añaden sentimientos de inseguridad provenientes de sus propias limitaciones para formar a sus hijos en un ambiente extraño para ellos. Esto hace que, algunas veces, los padres abdiquen su responsabilidad hacia sus hijos, dejando a los adolescentes a merced del medio ambiente juvenil.

16    La unión familiar, sólo puede ser conservada y perfeccionada con gran sacrificio, ya que exige de todos sus miembros una disposición generosa al diálogo, la comprensión, la tolerancia y la reconciliación. Los jóvenes hispanos, algunas veces, consideran a sus padres ignorantes, tradicionalistas o desubicados en este país. Ellos necesitan un apoyo fuerte para eliminar las actitudes de superioridad y rebeldía que sienten hacia sus padres. Los padres también necesitan un apoyo especial para dialogar con sus hijos, comprenderlos, tenerles confianza, no malinterpretar sus acciones y poder ofrecerles el apoyo y consejo adecuados. Las actitudes y conductas de los padres *son* influencias decisivas sobre la dirección de vida que toman los hijos. Por lo tanto, es imperativo que la pastoral con muchachos adolescentes involucre a los padres de familia y colabore con las **pequeñas comunidades eclesiales,** con las asociaciones escolares y con otros grupos de apoyo para padres de familia.

### La familia extensa

17    La familia extensa, generalmente capacita mejor a los jóvenes para vivir en sociedad, más que la familia exclusivamente nuclear, pues ofrece a sus miembros oportunidades de tener lazos afectivos con parientes, amigos y padrinos con o sin similaridad de caracteres, intereses e ideales. Los jóvenes que tienen una familia extensa son muy afortunados, especialmente debido a las funciones comunitarias de este tipo de familias, entre las que destacan:
- ofrecer alojamiento, consejo, comida o ayuda económica en casos de necesidad, a veces por períodos de tiempo sin límite;
- cuidar a los padres, nietos o hijos de parientes;
- dar apoyo moral, material o espiritual a personas viudas, divorciadas, abandonadas, huérfanas y enfermas;
- suplir las funciones de la familia nuclear en situaciones de crisis;

- ayudar a conseguir trabajo o educación para los parientes, utilizando el sistema de intercambio de favores con la familia extensa, amigos, conocidos y paisanos;
- brindar un ambiente intergeneracional en donde se celebren los eventos sociales y religiosos.

18    Muchos jóvenes que llegan a este país solos, son acogidos o apoyados por su familia extensa, mientras logran abrirse camino en la vida. Estos jóvenes necesitan tener cuidado de no causar tensiones por abuso de confianza o por ser una carga económica. Tampoco deben dejarse explotar ni manipular por parientes sin escrúpulos; en estos casos, necesitan apoyo para confrontar esas situaciones o buscar otras alternativas.

19    El ambiente social en Estados Unidos no favorece la vida de la familia extensa. En primer lugar, al inmigrar a este país, las personas rompen los lazos con la familia extensa que tenían en su lugar de origen. Esto hace que los padres de familias inmigrantes experimenten un sentido de discontinuidad que afecta sus buenas costumbres y sus valores, lo que a su vez, tiene consecuencias negativas en los hijos. En segundo lugar, la mayoría de los jóvenes latinos en Estados Unidos crecen en un mundo más estrecho de relaciones sociales que en Latinoamérica. Esta limitación debilita el espíritu comunitario hispano, lo que incrementa la vulnerabilidad de los jóvenes y disminuye su disposición para obtener apoyo cuando tienen conflictos.

20    La formación de pequeñas comunidades es una manera de reforzar la familia extensa y de reemplazarla para aquellos que la han perdido. Las pequeñas comunidades añaden la dimensión de fe a la riqueza de las relaciones de tipo familiar que se forman en ella, brindando así a los jóvenes un ambiente comunitario muy valioso.

### Familias incompletas y familias compuestas

21    Casi un cuarto de las familias hispanas son mantenidas sólo por uno de los padres, siendo, la inmensa mayoría, sostenidas por la mujer.[3] La cantidad de divorcios es muy alta y existe un número creciente de madres solteras y de familias abandonadas por el padre. Entre los hispanos, también es común que un padre mantenga a una familia en su país de origen y a otra aquí. Estas situaciones causan muchas presiones económicas y sicológicas que dificultan la educación y el desarrollo de los jóvenes.

22    Cerca de un tercio de los matrimonios iniciales y *más* de la mitad de los segundos matrimonios en Estados Unidos terminan di-
vorciándose.[4] El divorcio es especialmente difícil para los hijos
adolescentes porque se sienten responsables de haberlo causado. En
muchos casos —tanto antes como después del divorcio— el diálogo familiar es muy difícil; aumentan las incomprensiones, se
minimiza la disciplina, se reduce el tiempo para convivir y se intensifican las dificultades económicas. Cuando los padres divorciados
se vuelven a casar, crean hogares con padrastros, madrastras, her-
manastros y medios hermanos. Estas familias compuestas exigen
nuevos ajustes sicológicos, sociales y económicos en los muchachos.

23    La pastoral juvenil debe ser una fuente segura de apoyo para
los jóvenes que enfrentan estos conflictos, ya que suelen ser demasiado fuertes para que los puedan manejar ellos solos. En circunstancias de mucha tensión familiar, como las causadas por el cambio
de su estructura, la falta de comprensión y apoyo contribuyen a que
los adolescentes traten de evadir esa realidad mediante el uso del alcohol u otras drogas, incorporándose a una pandilla, teniendo relaciones sexuales o fugándose del hogar.

### Familias con problemas serios

24    Normalmente, toda familia experimenta diversas crisis; algunas son previsibles y otras inesperadas. Estas crisis pueden alterar
drásticamente el funcionamiento de la familia. El apoyo a la familia
y a cada uno de sus miembros es clave para que puedan superar la
crisis antes de que les haga un daño serio, especialmente a los niños
y a los adolescentes que tienden a ser los más vulnerables.

25    Cuando la familia enfrenta problemas tales como el alcoholismo, la adicción a otras drogas, la pobreza, el desempleo, el abuso sexual y otros actos de violencia que crean dificultades internas que
desnivelan la armonía familiar y desequilibran sus funciones habi-
tuales, con frecuencia, los jóvenes creen que pueden resolver los
conflictos y se echan sobre sí responsabilidades por encima de sus
capacidades. Si no logran solucionar la situación, se sienten culpables y pierden su autoestima. También es común que los padres
evadan su responsabilidad, culpando a los jóvenes de los conflictos
causados por ellos mismos. En estos casos, es esencial que los jóvenes cuenten con un apoyo fuerte fuera de la familia.

26      **Alcoholismo y adicción a otras drogas:** el abuso del alcohol u otras drogas incrementa considerablemente los problemas y las rupturas familiares. Muchos estudios comprueban que la adicción de los padres tiene una influencia considerable en las actitudes de los hijos,[5] esto es: cuando los padres son adictos, los jóvenes tienen la tendencia a seguir su ejemplo; si los jóvenes se hacen adictos al alcohol u otras drogas, sus padres frecuentemente los rechazan y les cierran las puertas de su corazón y su hogar; o al contrario, tapan su adicción con excusas y esperanzas infundadas de que es sólo una situación pasajera. Ambas actitudes dificultan la rehabilitación de los jóvenes y los exponen al crimen o al suicidio.

27      **Pobreza y desempleo:** la pobreza y el desempleo tienen un impacto muy poderoso en el bienestar de toda la familia, especialmente en los niños y en los adolescentes. El alimento, la vivienda, el cuidado médico y la educación escolar dependen en alto grado del ingreso económico familiar. Pero la pobreza y el desempleo pueden causar otros daños, además de la falta de satisfacción de estas necesidades básicas. La inestabilidad emocional y económica en los padres, frecuentemente causa problemas de abuso físico y moral en el hogar:

> La explicación estructural más común del abuso de los padres a sus hijos, señala como causas principales, las tensiones económicas asociadas con la desigualdad económica, la pobreza y el desempleo. . . .
>
> . . . en un estudio de padres que abusan de sus hijos, el 48% sufrió desempleo en el año anterior.[6]

28      **Abuso sexual y otros tipos de violencia:** aunque la familia puede ser un paraíso donde se ofrece amor, seguridad, casa, vestido, sustento y ayuda mutua, también es el contexto de violencia más común. De acuerdo a las estadísticas del *Federal Bureau of Investigation*, cerca del 20% de todos los asesinatos en Estados Unidos, se cometen entre los miembros de la familia, y cerca del 33% de las mujeres que han sido víctimas de homicidio son asesinadas por su esposo o novio.[7] En relación al abuso sexual, un estudio de adolescentes en Estados Unidos reportó que el *American Medical Association* declaró que:

En Estados Unidos, aproximadamente un 6% de varones y 15% de mujeres han sido abusados sexualmente antes de haber cumplido dieciséis años. . . . El incesto es un problema fuerte para muchos adolescentes. Del 60% al 70% de los *foster children*, los hijos que abandonan su hogar y los drogadictos con problemas serios, confiesan haber sufrido de incesto en sus vidas.[8]

### El machismo en la familia hispana

29     Mucho se ha hablado del machismo como fuente de problemas en las familias hispanas. Debido a que fácilmente se estereotipa a los varones latinos como machistas, es importante distinguir entre una actitud machista y una actitud viril enérgica hacia su familia y el mundo. Esta última incluye valores positivos como la valentía, el honor, el respeto mutuo, el sentirse responsable del bienestar de su familia, el mantener buenas relaciones familiares y el saber defenderse a sí mismo y a su familia. La actitud machista que causa muchos problemas incluye: un sentido de superioridad y de autoridad absoluta sobre las mujeres, agresividad, testarudez o tenacidad irracional para alcanzar una meta, sea importante o no, y una fuerte resistencia al cambio personal.

30     El machismo existe en todas las culturas y presenta ciertas particularidades en cada una de ellas. El machismo se acrecienta en la familia latina de Estados Unidos debido a las múltiples y fuertes tensiones que tienen que enfrentar los varones, entre ellas están: la poca educación escolar que reciben, su falta de medios económicos para proveer a su familia con los bienes y servicios necesarios; su falta de habilidad para dialogar con sus hijos y apoyarlos en un sistema escolar ajeno y desconocido, y las dificultades para educarlos en medio de valores y tradiciones culturales contradictorias. En su lucha contra estas tensiones, algunos hombres latinos pierden su autoestima y su autoridad en el hogar y tratan de compensarlas exagerando las actitudes y conductas identificadas con su papel masculino en el hogar. Las familias en los sectores socioeconómicos bajos suelen sufrir más del machismo, ya que en esos medios los varones generalmente no cuentan con el apoyo y la formación necesaria para enfrentar el ambiente hostil y desafiante en que viven.

31     Las actitudes machistas tienen fuertes repercusiones sobre la libertad de la mujer y sobre el desarrollo integral de hombres y mujeres. En muchos matrimonios, el esposo fuerza a su esposa y, fre-

cuentemente a sus hijas, a asumir todas las labores del hogar y el cuidado de los hijos. Estas exigencias impiden a las mujeres continuar sus estudios, tomar decisiones propias o tener actividades y responsabilidades sociales fuera del hogar. Cuando se lleva el machismo al extremo, las mujeres suelen sufrir muchas degradaciones, manipulaciones sicológicas y abuso moral, sexual o físico. Estas situaciones pueden crear una **codependencia** de parte de las mujeres, que requiera una atención especial para poder ser superada.

32    Un padre machista generalmente se desentiende de la formación de sus hijos y se conforma con darles órdenes y dictar reglas, no desarrollando su capacidad de diálogo y comprensión. Al mismo tiempo, se cree el "rey de la casa" y piensa que ya alcanzó su meta en la vida, cuando de hecho sólo ha logrado estancarse en su desarrollo personal.

33    La pastoral con los jóvenes debe apoyarlos y ayudarlos a manejar el machismo en el hogar de manera que no les haga daño. También debe esforzarse por abolir el machismo entre los jóvenes, promoviendo un cambio de actitudes tanto en los varones como en las mujeres. Los hombres necesitan reconocer la igualdad de la naturaleza y la dignidad de ambos sexos; aprender a relacionarse con las mujeres como compañeras en la jornada de la vida y no como sus servidoras, y dejar de ver la promoción de la mujer como una amenaza a su "supremacía masculina". La mujer debe exigir sus derechos, lo que incluye un balance en las responsabilidades hogareñas por parte de los hombres y las mujeres. Todas las parejas deben prepararse para educar a sus hijos con un enfoque más igualitario, que esté de acuerdo con el espíritu cristiano.

34    En vista de esto, los agentes de pastoral, ministros de jóvenes y líderes jóvenes deben preguntarse sobre el tipo de actitudes que tienen respecto al machismo. ¿Cómo fueron educados? ¿cuál es su actitud hacia el otro sexo? ¿qué necesitan hacer para tener relaciones más sanas como varones o mujeres?

## Pastoral juvenil y vida familiar

35    El desarrollo de los jóvenes depende, en gran medida, de la calidad de su vida familiar y de las relaciones con sus padres y hermanos. La familia es el lugar privilegiado donde los jóvenes se educan, van conociendo a Jesús, aprenden a orar y descubren la práctica cristiana. Cuando el amor, el reconocimiento de la dignidad personal, el

servicio desinteresado y la solidaridad profunda inspiran la vida familiar, los jóvenes experimentan intensamente el valor de la comunidad. Por eso, la familia es la mejor promotora de una comunión auténtica y madura, la primera e insustituíble formadora de la sociedad, un ejemplo y estímulo para que toda relación comunitaria se dé en un clima de respeto, justicia, diálogo y amor.

36    Con el fin de propiciar un contexto familiar sano para los jóvenes y para promover su espíritu comunitario, la pastoral con los jóvenes debe:

- ofrecer un ambiente comunitario de cariño, seguridad y acompañamiento, donde los jóvenes desarrollen un espíritu de entrega, autodisciplina, desprendimiento, sacrificio, servicio y hospitalidad;
- tener una fuerte dimensión familiar que enfatice el valor del sacramento del matrimonio y ofrezca cursos para preparar a los jóvenes para la vida familiar;
- facilitar el acceso a servicios de consejería profesional sensibles a la **idiosincrasia** cultural hispana y a la etapa del desarrollo en que se encuentran los muchachos;
- desarrollar habilidades de consejería entre los jóvenes, para que puedan apoyar a sus compañeros y amigos que experimentan conflictos familiares;
- facilitar el diálogo entre jóvenes de ambos sexos para mejorar la comprensión mutua entre ellos y cultivar el sentido de equidad y reciprocidad sexual necesarios para combatir actitudes machistas.

## La amistad entre los jóvenes hispanos

37    La amistad es un elemento fundamental y vital en la vida de todos los jóvenes. Ser amigo es gozar con la reciprocidad del cariño; estar abierto a la generosidad del otro; compartir mutuamente la propia interioridad e individualidad, y buscar una comunión en los aspectos materiales y espirituales de la vida. Los amigos están siempre dispuestos a compartir cuanto son y cuanto poseen, hallando más alegría en dar que en recibir.

38    Los jóvenes hispanos tienen gran capacidad de establecer amistades duraderas y profundas que los alimentan constantemente con cariño, generosidad y lealtad. El espíritu familiar latino abarca a los amigos y a los novios. Este espíritu se expresa en la disposición

de los jóvenes a poner el bienestar de los amigos por encima del propio. También es común que los jóvenes se animen a casarse motivados por un deseo de ayudar a su pareja. Es común que los muchachos consideren a sus amistades como hermanos y hermanas y las lleven a su hogar, donde se hacen realidad los refranes populares: "de pared a pared todo es colchón" o "donde comen cinco, comen seis".

39    Cuando los jóvenes son verdaderos amigos, hacen de la amistad una extensión de sí mismos, llevando esta experiencia al mundo que los rodea. El amigo de un amigo es considerado como un amigo propio, por lo tanto las familias y los grupos sociales se abren continuamente para recibir a nuevos miembros. Los jóvenes latinos demuestran su calidez y amistad interesándose por lo que ocurre a sus amigos, buscando formas creativas para que estén contentos, solidarizándose en sus penas y ofreciéndoles ayuda y apoyo. Este tipo de amistad pone las raíces para un amor auténtico y duradero.

40    Cuando la amistad se fundamenta en el amor, ésta salvaguarda, impulsa y exalta la autenticidad personal; se vuelve una base para la expresión artística de los jóvenes; fundamenta su filosofía, y los sostiene en sus luchas por un mundo mejor. El actuar, compartir, luchar y platicar juntos, resaltan el aspecto comunitario del amor. Los amigos velan unos por otros y orientan su cariño hacia la intimidad, la confianza y el sacrificio mutuo.

41    Como todo aspecto de la vida, la amistad también enfrenta ciertos peligros y es vulnerable a algunos abusos. Cuando los jóvenes buscan amigos por interés propio o egoísmo, la amistad se corrompe. Cuando los adultos exigen respeto de los jóvenes, pero no los respetan a ellos, no se puede establecer una verdadera amistad. De manera especial, los agentes de pastoral juvenil, necesitan apreciar y respetar la vida afectiva de los jóvenes y evitar una actitud profesionalista, legalista o moralista hacia ellos. Estas actitudes alienan y repelen a los jóvenes, en vez de propiciar su amistad.

42    De manera similar, la creación de grupos o pequeñas comunidades de jóvenes debe ser considerada un aspecto fundamental del **ministerio** con los jóvenes. En estos grupos o pequeñas comunidades, los jóvenes pueden desarrollarse en una actitud de servicio a los demás y compartir su afecto en un ambiente cristiano. En ellos, la gente joven aprende a conocer el modo de ser, pensar y actuar del sexo opuesto, mediante el incremento de la comunicación y la comprensión. Este ambiente comunitario nutre y suscita la solidaridad

y el espíritu misionero de los jóvenes; los motiva a celebrar su fe, y favorece el diálogo y la reflexión en grupo.

## La sexualidad humana y la juventud hispana

43  A pesar de la creencia general de que los jóvenes de hoy en día en Estados Unidos son expertos en materia sexual, la mayoría no tiene una educación sexual adecuada. Entre los jóvenes hispanos, la falta de una comprensión completa sobre la sexualidad se origina en tres grandes limitantes de su formación humana. Primero, el concepto de la sexualidad humana comúnmente se malentiende y se limita a los aspectos relacionados con el sexo genital. Segundo, las diferencias entre ambos sexos han sido tradicionalmente vistas desde una perspectiva patriarcal. Tercero, las tradiciones culturales y religiosas de los hispanos tienen fuertes tabúes para hablar abiertamente sobre la sexualidad, restricción que tiene fuertes consecuencias negativas.

44  Las familias hispanas generalmente sólo hablan de la sexualidad de una manera moralista, lo que da a lo sexual una connotación de vergüenza, prohibición y castigo. Esta posición moralista, añadida a los tabúes causa sentimientos de confusión y culpabilidad en los jóvenes, quienes están en una edad muy sensible ante las cuestiones sexuales. En este ambiente, lo sexual adquiere un tono de curiosidad malsana y de bromas morbosas entre los jóvenes y sus amigos. Estos enfoques contradicen el espíritu evangélico sobre la sexualidad, reduciendo su belleza y dignidad.

### Una perspectiva integral sobre la sexualidad humana

45  Como parte integral de la naturaleza humana, la sexualidad se expresa en casi todas las dimensiones de la vida de las personas: en las relaciones consigo mismas, con los demás, con Dios y con el mundo. Hay tres dimensiones principales en la sexualidad de la persona, todas ellas íntimamente relacionadas:

- La *dimensión biológica* consiste en la existencia de características morfológicas (físicas), genéticas y hormonales que definen el sexo de una persona. La combinación de estos tres factores biológicos determinan la fisiología sexual de la persona e influyen sobre su conducta.

- La *dimensión sociocultural* se refiere a la manera como la gente vive su sexualidad, proyectándola en sus relaciones sociales. Esta dimensión de la sexualidad se debe al tipo de educación sexual que recibe la persona en el hogar y a la manera como la persona es tratada en la sociedad.
- La *dimensión personal* consiste en la manera particular en que una persona combina sus características biológicas sexuales, su educación familiar, su **socialización** y sus rasgos sicológicos, como fuente de su desarrollo personal y como una realidad desde la cual vive sus valores. Las actitudes de las personas hacia la vida y la manera como se comunican con otra gente se deben, en gran parte, a la dimensión personal de su sexualidad.

46     La identidad como personas masculinas o femeninas es parte esencial del plan de Dios al crear a los seres humanos. Al ser creados recibimos la sexualidad como un don de Dios. La Biblia expresa este don de la sexualidad cuando señala que según el plan original de Dios: "Los dos estaban desnudos, hombre y mujer, pero no por eso se avergonzaban" (Génesis 2, 25). Además, la Biblia añade que los dos, hombre y mujer, manifiestan por igual la semejanza con Dios mismo:

> Dijo Dios: "Hagamos [a la humanidad,] al hombre [y a la mujer,] a nuestra imagen y semejanza. Que mande a los peces del mar y a las aves del cielo, a las bestias, a las fieras salvajes y a los reptiles que se arrastran por el suelo".
> Y creó Dios [a la humanidad] a su imagen.
> A imagen de Dios [la] creó.
> Macho y hembra los creó.
>
> (Génesis 1, 26–27)

Para adquirir una visión integral sobre la sexualidad humana, es necesario tomar en cuenta esta igualdad fundamental entre ambos sexos y considerar las tres dimensiones principales de la sexualidad humana.

## Relación entre los dos sexos

### Una historia patriarcal

47     Aunque en las raíces de la tradición cristiana, está claramente establecido que Dios creó al hombre y a la mujer con la misma naturaleza y que ambos reflejan al único Dios, aún las sociedades

"cristianas" rara vez han reconocido o vivido de acuerdo a esta igualdad. De hecho, durante los dos últimos milenios, la mayoría de las sociedades han sido patriarcales, tanto en su imagen como en su funcionamiento. En los sistemas patriarcales, los hombres y las cualidades masculinas son consideradas superiores a las mujeres y a las cualidades femeninas, lo que causa la opresión de los hombres sobre las mujeres. La Iglesia Católica, de acuerdo a su tradición histórica patriarcal, aún favorece una estructura y filosofía que oprimen a la mujer en aspectos que, a cierto nivel, han sido superados ya por la sociedad.

### Conductas y actitudes dañinas

48     Muchos hispanos, incluyendo agentes de pastoral, ministros juveniles, padres de familia y gente joven, han sido educados con actitudes poco sanas respecto a su propio sexo y al sexo opuesto. Para que la gente pueda adquirir actitudes sanas hacia su propio sexo, el otro sexo y la sexualidad en general, la sociedad necesita ser reeducada y luchar abiertamente contra las siguientes conductas y maneras de pensar:

49     **Una actitud de superioridad masculina.** La actitud de "superioridad masculina" viene de la estructura patriarcal de la cultura hispana, en la cual los hombres han sido considerados naturalmente superiores a las mujeres. Las cualidades asociadas tradicionalmente con los varones, como son la fuerza física, la agresividad, la competencia y el pensamiento analítico, han sido tradicionalmente valoradas más que las cualidades de ternura, adaptación, cooperación y pensamiento intuitivo, tradicionalmente asociadas con la mujer. Muchas veces se ha usado una lectura **fundamentalista** de la Biblia para justificar o reforzar la "supremacía masculina"; los capítulos 2 y 3 del Génesis (en los cuales se dice que la mujer se originó de la costilla del hombre y que la mujer fue la causa de que el varón pecara) se usan frecuentemente para racionalizar la opresión de los hombres sobre las mujeres en la familia y en la sociedad.

50     **La represión de las "cualidades femeninas" en los hombres.** En general, los varones hispanos han sido educados con la idea de que no deben mostrar o expresar sus sentimientos de afecto: ternura, cuidado y preocupación, ni tampoco sus sentimientos de "debilidad": angustia, tristeza y apuración, porque supuestamente estos

sentimientos pertenecen sólo a las mujeres. Esta represión, que empieza desde la infancia, restringe a los varones a hablar libremente acerca de lo que sucede en su vida interior, les dificulta el diálogo sobre conflictos interpersonales, los forza a usar una "máscara" de fortaleza falsa y promueve en ellos un autoritarismo como **mecanismo de defensa.**

51    **La subvaloración de la mujer en la sociedad.** A pesar de que las mujeres están adquiriendo más respeto por su participación y su valor para la sociedad, todavía su contribución no es reconocida o es infravalorada. En general, en las familias hispanas se considera que el trabajo de las mujeres en el hogar no tiene valor socioeconómico; los esposos controlan el tiempo de la esposa fuera del hogar; a las mujeres se les permite trabajar fuera de casa sólo en caso de necesidad económica, no para su propio desarrollo o el bien de la sociedad. Estas actitudes, muy comunes entre las familias inmigrantes, crean fuertes conflictos para las mujeres que —influidas por una mayor igualdad que tienen las mujeres en Estados Unidos— quieren continuar su educación escolar y su desarrollo personal y estar activas en los ministerios de la iglesia y en los servicios comunitarios.

52    **La glorificación de la mujer.** Una manera de compensar la baja estima de la mujer es exaltando algunas de sus cualidades "tradicionales" y poniéndola en un pedestal. Esta actitud, aunque de manera inconsciente, es otra forma de no aceptar a la mujer como igual. Al glorificar a la mujer, se le remueve de la realidad y se le considera por encima de sus necesidades básicas como ser humano. Además, se le exigen altas virtudes y una gran fortaleza moral en toda circunstancia, y se le pide que ignore o sublime sus sentimientos de enojo ante estas situaciones. Como resultado, muchas mujeres aumentan su abnegación y sacrificio, lo que contribuye a elevarlas aún más en el pedestal. Esta glorificación ayuda a disfrazar la manera en que las mujeres son explotadas en el hogar y en la sociedad.

53    **Una actitud de desprecio de las mujeres hacia los hombres.** Por diversas razones económicas, sicológicas y sociales muchos hombres hispanos abandonan a su esposa e hijos. Otros, tratan de escapar de las duras realidades de la vida a través del alcohol; y, otros más, incapaces de lidiar con el ambiente, los cambios culturales

y los desafíos que enfrentan, se dan por vencidos ante la vida. Como resultado, muchas mujeres hispanas han sostenido y formado a sus hijos solas. La frecuencia de estas situaciones entre las familias hispanas ha provocado el desprecio de la mujer hacia el hombre, un desprecio sintetizado en el dicho "los hombres son unos buenos para nada". Obviamente, ambos sexos pierden cuando esta actitud negativa se generaliza a todos los hombres.

### Diferentes perspectivas en las relaciones entre hombres y mujeres

54    Para superar las actitudes y comportamientos poco saludables mencionados anteriormente, hombres y mujeres necesitan acercarse y relacionarse entre sí, conscientes de que las características tradicionalmente consideradas masculinas o femeninas, se encuentran en *ambos* sexos. A esta perspectiva se le identifica como la perspectiva de la *reciprocidad,* en contraste con enfoques tradicionales que consideran las diferencias entre ambos sexos desde perspectivas de *superior-inferior; paralela o complementaria.*

55    **La perspectiva superior-inferior:** Corresponde a una posición patriarcal que afirma que los hombres son, como grupo, superiores a las mujeres. A lo largo de la historia los hombres han producido estudios "científicos", teorías sicológicas, ideologías filosóficas y sistemas sociales para "probar" la validez de esta perspectiva, la cual ha sido institucionalizada en estructuras sociales patriarcales. La transformación de estas estructuras supone esfuerzos considerables de parte de mujeres y hombres conscientes de la necesidad del cambio.

56    **La perspectiva paralela:** Asigna un conjunto específico de cualidades a las mujeres, tales como: ternura, afectividad, subjetividad, pensamiento intuitivo, espíritu de aceptación, conservación y abnegación; y otro conjunto de cualidades a los varones, tales como: control de sí mismos, objetividad, pensamiento analítico, asertividad y creatividad. Esta perspectiva lleva tanto a una falta de comprensión y diálogo entre hombres y mujeres, como a una polarización y competencia destructiva. Además, en la perspectiva paralela, las cualidades femeninas también se consideran inferiores a las masculinas.

57    **La perspectiva complementaria:** Ve a cada sexo como poseedor de diferentes características que el sexo opuesto necesita. Con-

sidera que hombres y mujeres necesitan relacionarse entre sí para complementarse o completarse. Desde un punto de vista sicológico, esta perspectiva considera a varones y mujeres como seres humanos incompletos. Desde un punto de vista fisiológico, es necesaria la complementación para procrear nuevos seres humanos. Si estas dos últimas dimensiones diferentes de complementariedad se confunden, la aceptación del celibato se hace difícil aún en el caso de un compromiso pleno en la vida sacerdotal o religiosa.

58     Al igual que las dos perspectivas anteriores, la perspectiva de complementarse tiende a reforzar una actitud de superioridad masculina. Se considera que los hombres complementan a las mujeres con cualidades valiosas que ellas no poseen, mientras que las mujeres tienen que poner sus cualidades "al servicio" de los hombres.

59     **La perspectiva de reciprocidad:** En contraste con las perspectivas superior-inferior, paralela y complementaria, la perspectiva de reciprocidad reconoce que, aunque los hombres son básicamente "masculinos" en cuanto a sus características sicológicas, también tienen rasgos tradicionalmente considerados como femeninos. De igual manera, reconoce que las mujeres son básicamente "femeninas" en sus características sicológicas, pero tienen rasgos tradicionalmente considerados como masculinos. En realidad, en sí mismos, los rasgos no son ni masculinos ni femeninos, simplemente tienden a ser expresados de manera más fuerte y frecuente en los miembros de un sexo y no del otro.

60     En la perspectiva de reciprocidad, hombres y mujeres llegan a conocerse a sí mismos y entre sí, a través del diálogo y de las relaciones recíprocas. Ambos sexos reconocen la plenitud de su propio sexo y la del otro, y valoran el gran potencial para el enriquecimiento mutuo que se da cuando viven, piensan y actúan juntos, en comunión. Las diferencias entre ambos sexos se reconocen, se aceptan y se valoran como elementos constructivos de una comunidad que crece y se desarrolla. En este contexto, las habilidades de las personas para aceptarse y tratarse mutuamente y para formar comunidad entre ellas, a pesar de sus diferencias, constituyen el fundamento de su identidad humana y su personalidad.

61     Los agentes de pastoral juvenil necesitan poner especial atención cuando traten con el desarrollo sexual y con la interacción de los jóvenes hispanos. El impacto que tiene una perspectiva particular en los jóvenes hoy en día, puede tener grandes repercusiones

para el futuro, pues ellos tienen en sus manos la formación de las siguientes generaciones.

## El impacto del cambio social en las actitudes frente a la sexualidad

62    La manera como la sociedad está estructurada y lleva a cabo sus funciones socioeconómicas tiene una influencia considerable en el tipo de actitudes y conductas sexuales de sus miembros. Por ejemplo, las sociedades agrícolas que dependen del trabajo de una familia grande para cultivar la tierra, tienden a tener muchos hijos mientras que las sociedades industriales tratan de controlar los nacimientos. Las sociedades que favorecen más igualdad entre los sexos, permiten una mayor participación social y política de las mujeres, un hecho que influye en la relación entre los sexos.

63    El cambio acelerado y radical que se ha dado en las últimas tres décadas sobre la manera de enfocar la sexualidad por la cultura hispana ha traído aportes positivos y consecuencias negativas. Entre sus frutos positivos sobresale el aumento del conocimiento y comprensión de la sexualidad; un mayor equilibrio de las cualidades femeninas y masculinas, y una reducción de prejuicios sociales y tabúes sexuales. Estos cambios han favorecido un manejo más sano e integrado de la sexualidad; han bajado la intensidad y cantidad de los sentimientos de culpabilidad relacionados con la sexualidad, y han facilitado una ética sexual que corresponde mejor a la naturaleza humana y a los valores cristianos.

64    Desde el punto de vista negativo, la revolución sexual ha reducido las relaciones sexuales a su aspecto genital, haciendo que se use el sexo como un narcótico ante las angustias de la vida y ha favorecido la multiplicidad de relaciones sexuales íntimas como compensación ante la falta de madurez humana. Además, al enfatizar el arbitrio personal en lugar de la sabiduría colectiva o convenciones sociales y un entendimiento egocéntrico en lugar de autoentendimiento comunitario, las actitudes sexuales comunes hoy en día han minado la función del matrimonio y de la familia como reguladores de las relaciones sexuales. En este proceso, se han extendido las relaciones sexuales de una calidad pobre, tanto entre los jóvenes como entre los adultos, y el acto sexual se ha separado de la fidelidad matrimonial. Todos estos cambios han acarreado consecuencias personales y sociales muy perjudiciales para los seres humanos, sobre todo para la juventud.

65    Hoy día, muchos jóvenes se ven a sí mismos fundamentalmente como seres humanos en búsqueda de placer sexual. Consideran el acto sexual como una *necesidad* biológica que debe satisfacerse, como un acto que tiene poca o ninguna conexión con el compromiso matrimonial. Separan la sexualidad de la responsabilidad de la procreación y valoran el placer sexual como un fin en sí mismo. Entonces, los jóvenes se convierten en esclavos de la actividad sexual, porque no la ven como una expresión personalizante y de amor de una relación matrimonial. Los jóvenes piensan que la actividad sexual prematrimonial está bien porque es muy común y se envuelven en ella enfocándola con una perspectiva consumista donde lo importante es "gozar sin tener riesgos". Esta actitud permite a los jóvenes evitar hacer los esfuerzos que se requieren para lograr una verdadera madurez como personas humanas en sus relaciones sexuales. Además, estas relaciones colocan a los jóvenes en una situación de riesgo al poder adquirir enfermedades transmitidas sexualmente o embarazarse sin desearlo.

## Tensiones en el proceso de madurez sexual

66    La sexualidad es un componente esencial de la personalidad humana que influye de manera importante en la forma de sentir, entender y expresar la realidad, así como en la manera de establecer relaciones, vivir el amor humano y resolver problemas. La conciencia sexual surge lentamente a lo largo de la vida y se hace más intensa en la pubertad, adolescencia y juventud, debido a los cambios hormonales que afectan la genitalidad, afectividad, intelectualidad, espiritualidad, conducta y actitudes de los jóvenes. Este proceso de madurez sexual se caracteriza por un aumento de curiosidad sobre temas sexuales y la apariencia física del sexo opuesto; por una creciente atracción sexual hacia personas del otro sexo, y por una excitación sexual rápida. Estos cambios que sufren los jóvenes necesitan ser reconocidos tanto por los jóvenes como por los adultos, y deben ser manejados por los jóvenes de manera que faciliten un proceso sano de autoconocimiento y autoestima, así como una manera apropiada para desahogar la tensión sexual.

67    Los cambios en el sistema reproductivo, en los intereses, actitudes y conductas de los jóvenes son parte importante de su desarrollo durante la adolescencia y en los primeros años de su juventud. Las preocupaciones sexuales, las crisis sicológicas y los

cambios repentinos de estados de ánimo, comunes en la adolescencia, son generalmente temporales. Sin embargo, cuando estas crisis no se superan durante la juventud, pueden originar algunos problemas serios. Esto suele ocurrir cuando los jóvenes aislan la sexualidad del resto de su experiencia humana, se limitan a buscar el placer sexual o enfocan la sexualidad con un tinte moralístico o de tabú que la convierte en algo indigno o inmoral.

68 Los jóvenes en Estados Unidos viven en una sociedad erotizada, con un exceso de actividad sexual comercializada, rápida y barata. Los seres humanos son reducidos a objetos y tanto las personas como los objetos son erotizados para generar ganancias económicas. Este ambiente reduce la sexualidad humana a lo genital, y no considera a la sexualidad como parte integral de la personalidad humana, por lo tanto, devalúa la integridad o plenitud de la persona.

69 Viendo la sexualidad exclusivamente en su dimensión genital aliena a los jóvenes de distintas maneras:

- si las relaciones sexuales se separan de su expresión en el matrimonio, pueden terminar con un compromiso de amor responsable;
- deja a la gente joven vacía e insatisfecha al remover la dimensión afectiva y la trascendencia del amor;
- degrada en los jóvenes su dignidad como personas, haciéndolos presa fácil para la prostitución y la comercialización sexual;
- fomenta la explotación de la mujer y el varón como objetos sexuales y sólo les dan valor como tal;
- enfatiza y promueve relaciones superficiales y sin amor;
- conduce a la procreación de hijos no deseados;
- empuja a los jóvenes a tener relaciones sexuales íntimas con diversas personas e incrementa el riesgo de contraer SIDA y enfermedades venéreas, que los jóvenes, generalmente, sufren en silencio, sin atención médica ni apoyo moral.

70 Más de la mitad de los jóvenes en Estados Unidos han tenido relaciones sexuales antes de los diecisiete años. Más de un millón de chicas adolescentes se embarazan cada año; de las que dan a luz, cerca de la mitad son menores de dieciocho años. Cerca de medio millón de muchachas adolescentes tienen abortos cada año. Los embarazos, abortos y nacimientos entre las adolescentes tienen consecuencias sicosociales, económicas y de salud negativas para los padres adolescentes y sus hijos, y son un factor que contribuye fuertemente a la existencia de estructuras familiares muy débiles.[9]

71        En esta situación, las muchachas son afectadas de manera especial por esta visión limitada de la sexualidad. Ellas enfrentan más traumas físicos, sicológicos y morales relacionados con el embarazo y con los abortos que los muchachos, y son las que suelen quedarse con la responsabilidad de crear a los hijos. Muchas muchachas enfrentan fuertes problemas emocionales, morales y sociales al perder su virginidad, y otras se sienten marginadas porque en su ambiente el ser virgen ha dejado de ser un valor.

72        Para evitar estos problemas es absolutamente necesario que los adultos den a los jóvenes una buena educación sexual como parte integral de su formación humana. Toda educación sexual verdaderamente buena enfatiza la entrega mutua, la fidelidad y el amor transformador, creativo y responsable, que son las cualidades tradicionales en la visión cristiana del matrimonio.

## Los jóvenes hispanos ante el noviazgo y el matrimonio

73    Consideramos el noviazgo como la etapa en la cual un hombre y una mujer que están enamorados se preparan para el matrimonio. El que una pareja salga junta o tenga *dates,* el simpatizarse mutuamente, el pretender a una muchacha o ser buenos amigos, no reúne las condiciones de un noviazgo. Es importante que los jóvenes identifiquen las metas y diferencias cualitativas de sus relaciones afectivas, y es especialmente importante que distingan la diferencia entre el "salir juntos" y el ser novios. Esta conciencia ayuda a los jóvenes a tener distintos tipos de relaciones sanas y enriquecedoras con jóvenes del sexo opuesto.

74        En el noviazgo las parejas descubren lo que tienen en común y se dedican a profundizar y fortificar su relación interpersonal. En esta etapa, los jóvenes desarrollan su potencial para amar y ser amados; se conocen y se comprenden mejor a sí mismos y a su pareja; incrementan sus habilidades para el diálogo y toman conciencia del tipo de vida y responsabilidades que les esperan en el matrimonio, desde una perspectiva de reciprocidad (ver "Diferentes perspectivas de las relaciones entre hombres y mujeres", presentado anteriormente en este capítulo).

75  Es esencial que los novios tengan un diálogo, respeto y comprensión mutua; den lo mejor de sí mismos para ayudar al desarrollo de su pareja; sean leales y sinceros el uno con el otro y traten de alimentar su cariño con un espíritu cristiano en sus relaciones. Estos son los fundamentos que necesitan las parejas jóvenes para crear un hogar donde predominen el diálogo, el respeto y el amor. Las parejas de jóvenes que han tenido un noviazgo sano y están bien preparadas para la vida familiar tienden a tener un matrimonio mejor que aquellas que carecen de estas bases.

76  Los padres de familia tienen una función muy importante al sostener los valores cristianos cuando sus hijos empiezan a salir en parejas y durante el noviazgo. Cumplen con su función, guiando a sus hijos con una actitud abierta y expresando confianza en ellos. Esto es especialmente importante hoy día, en que los jóvenes insisten en tener una libertad responsable. Cuando los padres son muy rígidos, muchas veces las hijas tienden a relacionarse con los muchachos de manera secreta e incluso se llegan a fugar del hogar con el novio.

## Preparación al matrimonio

77  Cuando los jóvenes tienen una formación cristiana sólida, no se conforman ni quedan satisfechos con vivir experiencias románticas ligeras. Saben que cualquier empresa que vale la pena requiere un período de entrenamiento, preparación y formación. Desafortunadamente, los jóvenes pocas veces reciben una buena preparación y formación para el matrimonio y para la vida familiar. Como resultado, pocos jóvenes están conscientes de las responsabilidades, desafíos, dificultades, alegrías y tristezas que se viven en el matrimonio. Muchos se desilusionan o huyen ante las crisis que se les presentan.

78  Es urgente que la pastoral juvenil y el ministerio familiar ofrezcan una formación adecuada para el noviazgo y el matrimonio. Este proceso de formación debe ser gradual y continuo, y debe incluir dos fases: la fase *remota* o a largo plazo y la fase *inmediata*. La fase *remota* debe ayudar a los jóvenes que empiezan su noviazgo a hacer lo siguiente:

• prepararse para vivir como una pareja cristiana en una relación interpersonal y dinámica de comunión, responsabilidad, respeto, conocimiento y crecimiento;

- enfrentar posibles crisis de fe y superar las presiones culturales que invitan a descartar los valores cristianos y católicos sobre la vida matrimonial y familiar
- hacer una elección consciente de su pareja, basada en criterios claros.

79    La fase *inmediata* debe preparar aún más a las parejas para el matrimonio, y debe tener lugar al menos seis meses antes del matrimonio. Esta preparación debe incluir:

- un esfuerzo serio de comunicación y de diálogo que conduzca a los novios a un conocimiento más completo el uno del otro y a un amor mutuo más sincero;
- una reflexión sobre el significado y las responsabilidades del amor conyugal, que ponga la sexualidad de la pareja al servicio del amor;
- una revisión de los procesos biológicos implícitos en la vida matrimonial, no sólo en relación a la procreación, sino en términos del proceso de madurez y envejecimiento;
- una reflexión sobre la relación entre Cristo y su iglesia como modelo del sacramento del matrimonio;
- un crecimiento espiritual continuo como pareja;
- una toma de conciencia de los conceptos y enseñanzas cristianas y católicas sobre el control de la natalidad y la paternidad responsable;
- un análisis de los elementos claves que se necesitan para un manejo efectivo del hogar.

80    Se necesita hacer esfuerzos especiales para proveer un programa más intenso de formación prematrimonial para aquellas parejas que no tienen una buena preparación remota o a largo plazo. La formación de la pareja durante el noviazgo influye no sólo en la calidad de vida del matrimonio, sino también en la de sus hijos.

81    El apoyo de parejas que viven su vida matrimonial cristianamente es muy eficaz para parejas que están en esta etapa de formación. Estos matrimonios pueden compartir con los jóvenes sus experiencias, ayudarlos a descubrir el valor del sacramento del matrimonio y dialogar con ellos sobre los problemas y presiones normales en la vida matrimonial y familiar. Quizá, la colaboración más valiosa de estos matrimonios cristianos es su testimonio de amor, vida, comprensión, perdón, buena comunicación, paternidad responsable y su disposición a mantener a su familia. Si este testimonio es importante para todo joven, es vital para los que vienen de

familias desintegradas o problemáticas y para quienes no han tenido ejemplos de buenos matrimonios y vida familiar.

82    Cuando los jóvenes reciben una buena preparación para el matrimonio y lo entienden como una consagración a Dios del amor que se tienen, encuentran en el amor de Dios el fundamento para su matrimonio y la fuerza para desarrollar su matrimonio al máximo posible. El amor de Dios se convierte en la fuente de donde brotará la generosidad del amor de la pareja hacia su familia, comunidad y sociedad. La encíclica papal *Familiaris Consortio*, enfatiza esto al decirnos:

> La misma preparación al matrimonio cristiano se califica ya como un itinerario de fe. Es, en efecto, una ocasión privilegiada para que los novios vuelvan a descubrir y profundicen la fe recibida en el Bautismo y alimentada con la educación cristiana. De esta manera reconocen y acogen libremente la vocación a vivir el seguimiento de Cristo y el servicio al Reino de Dios en el estado matrimonial.[10]

# La Juventud Hispana y su Cultura

## ❦ 3 ❦

# La Juventud Hispana y su Cultura

❦

*El* reino que anuncia el Evangelio es vivido por hombres profundamente vinculados a una cultura y la construcción del reino no puede por menos de tomar los elementos de la cultura y de las culturas humanas.

—Pablo VI, *Evangelii Nuntiandi*

1 El ser humano vive, crece y se realiza en una cultura. Lo que la tierra es para las plantas, la cultura es para el ser humano. En ella y a través de ella, la gente establece sus raíces, crece, alimenta sus costumbres y valores y se desarrolla hasta alcanzar su madurez. A la vez que las personas son influidas *por* su cultura, ellas son quienes *crean* su cultura. Por lo tanto, hablar de un pueblo y su cultura es hablar de una relación dinámica: la vida humana es un proceso continuo de transformación e influencia mutua entre los seres humanos y su cultura. La realidad cultural en que viven los jóvenes latinos es muy compleja y tiene fuertes repercusiones en su vida.

2 En este capítulo describimos el contexto cultural en que vive la juventud latina; examinamos la dinámica que se da en los jóvenes latinos al estar en contacto con la cultura dominante en Estados Unidos, y reflexionamos sobre la identidad que se está formando como un nuevo pueblo latino en este país. En el volumen 2 de Profetas de Esperanza el capítulo siete está dedicado a la evangelización de la cultura de la juventud hispana.

## El contexto cultural de la juventud hispana en Estados Unidos

3 El concepto de cultura es muy amplio y puede ser entendido de diversas maneras. En este libro, entendemos por cultura el conjunto de significados y valores que definen el modo de vida de un grupo humano. Esta definición implica ciertas funciones de la cultura, como son:

- dar al grupo sus raíces y configuración propia;
- integrar los ideales, valores, intereses, instituciones sociales, tradiciones y costumbres en una visión de la vida compartida por todos los miembros de una cultura;
- formar los símbolos con que la gente se comunica, tanto para trasmitir sus conocimientos, como para desarrollar conocimientos nuevos;
- crear el sistema de normas sociales que guían y dan sentido a la vida;
- limitar la incorporación de elementos ajenos a la cultura.

4    Todas las culturas son trasmitidas de generación en generación, aunque algunos elementos culturales pueden variar según la región y la época. Para entender la cultura de los jóvenes latinos hay que ver el mundo como lo ven ellos; interpretar sus experiencias según los significados que ellos les dan y conocer su entorno cultural y los elementos que lo configuran —la cultura dominante, la cultura hispana, la cultura juvenil y la **cultura "pop"**—; sólo así podemos identificar las potencialidades y desafíos especiales que tiene la juventud latina y planear con ella una pastoral adecuada a sus necesidades e ideales.

## La cultura dominante en Estados Unidos y la cultura hispana

5    La cultura dominante en Estados Unidos tiene, sobre todo, antecedentes noreuropeos, pero con un estilo de vida americano; sus miembros hablan inglés y tienen una perspectiva tecnológica y consumista de la vida. Esta cultura influye poderosamente en otras culturas a nivel nacional e internacional, en parte, porque Estados Unidos es una potencia mundial y, en parte, porque sus productos culturales son vendidos persistentemente en el mercado mundial. Los orígenes y la idiosincrasia de la cultura dominante son difíciles de caracterizar porque incluyen elementos de las culturas de Europa Occidental, de los indios nativos americanos y de culturas de pueblos inmigrantes provenientes de todo el mundo.

6    Muchos aspectos de la cultura dominante en Estados Unidos reflejan una cultura más moderna que tradicional. Esta visión moderna está también presente en Latinoamérica, aunque con menor extensión. Algunos elementos de la cultura moderna aportan valores muy positivos para el desarrollo de la juventud latina y su for-

mación humana, como son las ideas sobre los derechos humanos, la democracia, la dignidad de la mujer y el desarrollo de la ciencia y la tecnología. Otros aspectos, como el capitalismo liberal, el materialismo, el consumismo y el individualismo, pueden ejercer una influencia negativa sobre los jóvenes.

7      El contraste entre una **cultura tradicional** y una cultura moderna es muy fuerte, y el paso de una persona de un tipo de cultura a otro generalmente le causa desajustes significativos. El cuadro que se presenta a continuación señala algunas diferencias importantes entre la cultura tradicional hispana y la cultura moderna estadounidense. Estas diferencias muestran la intensidad del choque cultural que experimentan los jóvenes hispanos en Estados Unidos, especialmente cuando provienen de ambientes tradicionales latinoamericanos. Reconocemos que el cuadro no hace justicia a ninguna de las dos culturas, pues ambas tienen elementos tradicionales y modernos.

## La cultura juvenil y la cultura popular

8      La cultura juvenil comenzó a gestarse en Estados Unidos como una subcultura permanente hace alrededor de treinta años, cuando la sociedad y los jóvenes mismos empezaron a crear una serie de imágenes, símbolos, significados, rituales y ambientes específicos para la población juvenil. El desarrollo de esta cultura es a la vez, causa y efecto de que:

- los jóvenes tengan una vida sexual activa a más temprana edad y las actitudes sobre su vida sexual y sobre las relaciones entre ambos sexos se hicieran más liberales;
- el empleo de los adolescentes en trabajos de medio tiempo empezó a ser aceptado y promovido, por lo que empezaron a tener dinero y tiempo libre para sí mismos;
- los jóvenes empezaron a pasar más años en la escuela.

9      La inserción, cada vez, más tardía de los jóvenes en la vida madura adulta de la sociedad, da a la juventud suficiente tiempo para vivir una cultura juvenil. La industria, el comercio y las comunicaciones electrónicas se han aprovechado de esta exposición larga a la cultura juvenil para promover "valores juveniles" y "productos juveniles" que les reditúan grandes ganancias. Estos valores incluyen el gusto por la moda, la joyería y la música; la rebeldía contra la autoridad; la glorificación del sexo, la droga y la violencia; la

## La cultura hispana y la cultura dominante en Estados Unidos

| Elementos culturales comunes | En la cultura tradicional hispana | En la cultura dominante en Estados Unidos |
|---|---|---|
| 1. Imagen personal de los miembros | • en base a las relaciones personales | • en base al éxito personal |
| 2. Tradición | • importante en el presente y para el futuro | • sin demasiada importancia ni influencia |
| 3. Dinámica cultural | • la persona y la comunidad como coprotagonistas de la historia con Dios | • protagonismo individual en la historia |
| 4. Lenguaje | • concreto y rico en historias, símbolos y mitos | • abstracto, técnico y conciso |
| 5. Organización social | • centrada en la familia extensa y en la comunidad<br>• basada en intercambio y cooperación<br>• fuerte influencia de la cultura rural y de la cultura de la pobreza | • enfatiza la familia nuclear<br>• individualista, funcional y contractual<br>• fuerte influencia de la cultura industrial y de la comunicación electrónica |
| 6. Tierra y casa | • vistas como parte de sí mismo y de su historia personal<br>• lazos afectivos que brindan estabilidad | • vistas como unidades económicas<br>• ocupación transitoria y funcional |
| 7. Tiempo | • enfocado en las personas y en los eventos | • funcional<br>• enfocado cronológicamente como medida económica<br>• importa la puntualidad |

| Elementos culturales comunes | En la cultura tradicional hispana | En la cultura dominante en Estados Unidos |
| --- | --- | --- |
| 8. Religión | • expandida y unida a otros aspectos de la vida | • compartamentalizada y desligada de otros aspectos de la vida |
| | • fluctúa entre un determinismo fatalista y un providencialismo esperanzador | • intelectualizada y controlada por la ciencia |
| | • relación con Dios experimentada y expresada en un ambiente comunitario | • relación con Dios vista como individualista que se manifiesta en privado |
| | • influencia católica fuerte | • influencia protestante fuerte |
| | • sentido de la vida como regalo de Dios | • sentido de control personal sobre la vida |
| 9. Autoridad, control y lealtad entre los miembros | • lealtad al grupo y a convencionalismos | • participación en elecciones y respeto de los derechos individuales |
| | • dominio del varón | • mayor igualdad entre los sexos |
| | • importancia de la sumisión | • importancia de la libertad |

exigencia de gratificación inmediata, y la idea de que "sólo lo que *yo* experimento existe".

10    La cultura juvenil está muy relacionada con la cultura general de Estados Unidos, reconocida como la cultura popular o la cultura "pop", la cual está caracterizada por los siguiente elementos:
- frecuentemente contiene valores que denigran a la persona;
- incorpora valores cuando son convenientes y los desecha cuando causan inconveniencia;
- provoca actitudes materialistas superficiales, muy inestables y poco sinceras hacia las personas;
- es creada para el consumo de la gente, en vez de ser una expresión de la vida de las personas.

11    Los mensajes de la cultura "pop" son trasmitidos a través de la programación y de la publicidad en los medios de comunicación masiva. La cultura "pop" intencionalmente ofrece un curriculum educativo que influye fuertemente las mentes y sentimientos de la juventud al grado de que muchos jóvenes hacen de ella la realidad de su vida. Al hacer esto, los jóvenes invierten sus valores y se convierten en objetos que son manipulados por intereses económicos y mitos sociales. Por un lado, los jóvenes se relacionan con las personas como si fueran objetos utilizables para obtener placer, y desechables cuando ya no sirven. Por otro lado, los jóvenes utilizan los objetos como sustituto de las personas, asignándoles capacidad de dar vida y saciar las necesidades de desarrollo personal.

12    La pastoral juvenil tiene un papel educador de primera importancia frente a la cultura juvenil y a la cultura "pop", cuya influencia negativa es directamente proporcional a la falta de valores positivos y al apoyo de una comunidad. Los agentes de pastoral juvenil deben estar familiarizados con la cultura juvenil; ayudar a los jóvenes a reflexionar sobre sus implicaciones presentes y futuras, y brindarles un ambiente de apoyo y formación para que los jóvenes se puedan liberar de la influencia negativa de la cultura "pop". Las palabras de San Juan, en su primera carta iluminan esta situación, cuando dice:

> Ustedes, hijitos, son de Dios,
> y ya tienen la victoria sobre esa gente,
> porque el que está en ustedes
> es más poderoso que el que está en el mundo.
> Ellos son del mundo y los inspira el mundo,

y los del mundo los escuchan.
Nosotros somos de Dios y nos escuchan los que conocen a Dios,
pero aquellos que no son de Dios, no nos hacen caso.
Así reconocerán al Espíritu de la verdad
y también al espíritu del error.

(1 Juan 4, 4–6)

## Adquisición y formación de la cultura por el joven hispano

13    Toda persona nace dentro de una cultura, pero ninguna persona nace "con" una cultura. La cultura se adquiere a lo largo de la vida mediante el proceso conocido como **enculturación.** La enculturación se realiza de dos maneras esenciales:

- En el hogar, la cultura es adquirida principalmente mediante la acción educadora de los padres, a través de la comunicación de los valores y el ejemplo de su vida. Este proceso se denomina **endoculturación.**
- En la sociedad, la cultura es adquirida principalmente a través de los valores, actitudes y conductas trasmitidos por la televisión, pero también por los grupos sociales, la escuela, la iglesia y otros medios de comunicación social. Este proceso es conocido como socialización.

14    En las generaciones anteriores, estos dos procesos se complementaban y reforzaban mutuamente: el hogar jugaba un papel muy importante en la trasmisión de la fe, los valores y las tradiciones, mientras que la sociedad promovía el desarrollo científico, religioso y sociocultural. Actualmente, estos procesos se apoyan menos, debido al cambio cultural acelerado y a la influencia desproporcionada de la cultura "pop". Entre los latinos se nota una divergencia aún mayor entre la endoculturación y la socialización, debido al choque entre las culturas latinas y dominante en Estados Unidos.

### El proceso de aculturación

15    Cuando dos o más culturas entran en contacto directo, tanto las personas como las culturas se transforman, generalmente al adaptar o adquirir rasgos de la cultura ajena. A este proceso se le conoce

como **aculturación.** Cuando la aculturación se da en un ambiente de diálogo e intercambio respetuoso, puede generar una sociedad pluralista donde es posible la unidad en la diversidad y favorecer el desarrollo personal y cultural. En contraste, cuando el proceso de aculturación está marcado por el dominio y la conquista, las personas y la cultura dominadas son destruidas y los dominadores pierden calidad humana.

16      Los efectos de la aculturación varían según la magnitud de las diferencias y la relación de poder entre las culturas. En Estados Unidos han existido cuatro grandes procesos de aculturación, y hoy en día se vive un quinto proceso. Cada uno de estos procesos presenta características y consecuencias diferentes:

17      **1.** Los primeros colonizadores europeos y sus descendientes invadieron las tierras de los pueblos nativos, mataron a miles de **indígenas** y marginaron al resto a vivir en reservaciones. Ahí los indígenas fueron despojados de su modo de vida y forzados a vivir aislados, menospreciados y explotados.

18      **2.** Desde principios del siglo XVII hasta mediados del siglo XIX, los africanos fueron forzados a emigrar a América en el contexto de una brutal esclavitud. Después de llegar a Estados Unidos, su vida estuvo marcada por una exagerada explotación humana y económica. El reconocimiento de su derecho a la libertad vino vergonzosamente tarde y sólo después de una guerra civil. La discriminación racial y la marginación política contra los afroamericanos continúa hasta nuestros días.

19      **3.** Diversos grupos de inmigrantes europeos llegaron a Estados Unidos a mediados del siglo XIX y principios del siglo XX. Estos grupos experimentaron, relativamente, pocos conflictos con la población ya establecida, porque todos eran miembros de raza blanca; porque se casaron entre sí y con la población ya establecida; y porque su meta era "americanizarse". Además, los inmigrantes católicos contaron con el apoyo de parroquias nacionales y escuelas que suavizaron las presiones causadas por el cambio cultural.

20      **4.** La aculturación de los hispanos empezó con los mexicanos, debido a la anexión política del territorio mexicano a mediados del siglo XIX. Ambas, la anexión del territorio y la aculturación de los mexicanos, estuvieron marcadas por la violación de sus derechos

humanos y civiles. Lo particular de la aculturación de los mexicanos es que fue en su propio territorio donde tuvieron que aculturarse a una cultura invasora. Además, han existido continuas oleadas de inmigración que han incrementado la presencia de más mexicanos en Estados Unidos.

21     La relación política de Puerto Rico con Estados Unidos, desde finales del siglo pasado, representó el segundo proceso de aculturación hispana. Esta aculturación ha sido causada por el movimiento demográfico de puertorriqueños a Estados Unidos y ha estado marcada por las condiciones de pobreza predominante en el pueblo puertorriqueño que vive en este país. Esto ha causado una fuerte dependencia y explotación, al grado de que, hoy en día, es el grupo hispano con mayores problemas socioeconómicos en Estados Unidos.

22     La inmigración de los cubanos, a raíz de la inestabilidad política de su país, en la primera mitad del siglo actual, marcó los inicios de la aculturación cubana, la cual se vio fuertemente reforzada con la numerosa inmigración, debida a la revolución cubana de 1959. Esta aculturación presenta dos características propias, entre las que destacan el alto nivel de educación escolar de los inmigrantes cubanos y el hecho de que, prácticamente, fueron ellos los que crearon la principal "ciudad cubana", en Miami, Estados Unidos. Estos dos factores han favorecido una aculturación más igualitaria con la población dominante en Estados Unidos que en los casos anteriores.

23     En las últimas décadas, la llegada de inmigrantes de toda Latinoamérica, sobre todo de América Central, ha diversificado aún más el proceso de aculturación hispana. La aculturación de estas personas ha sido favorecida por una legislación más abierta a la diversidad racial y cultural, así como por la aceptación general de la pluralidad cultural en Estados Unidos.

24     Sin embargo, el proceso de aculturación hispana se ha caracterizado por la explotación económica, la discriminación racial y la marginación social. En la Iglesia Católica también se ha experimentado la discriminación y marginación en el proceso de toma de decisiones y las oportunidades de liderazgo. Además, la aculturación al interior de la iglesia se ha caracterizado por la imposición del modo euroamericano de vivir la fe.

25      5. El proceso aculturativo en la época actual es muy complejo, dada la presencia de gran diversidad de grupos étnicos y culturales en las mismas zonas del país. La composición multirracial, multiétnica y multicultural de muchas ciudades presenta retos adicionales al desafío tradicional de los problemas del racismo, la discriminación y la explotación de otros grupos minoritarios.

26      Los jóvenes hispanos son fruto del proceso de aculturación y **mestizaje** que empezó en el siglo XVI, cuando los exploradores españoles entraron en contacto con personas y culturas indígenas. Este proceso de aculturación originó sociedades mestizas altamente estratificadas en clases sociales, las cuales oprimían a los indígenas y esclavos africanos. Actualmente, las naciones latinoamericanas difieren en su composición racial, cultural y étnica. Por ejemplo, en México la población es en general **mestiza;** en Bolivia, la mayoría de la población es indígena; en Cuba, donde hubo muy poco mestizaje entre los españoles y los esclavos africanos, aproximadamente dos tercios de la población es descendiente de españoles y un tercio son mulatos (personas provenientes de ancestros africanos y europeos).

27      Hoy en día, el proceso aculturativo de los jóvenes latinos en Estados Unidos varía considerablemente según el nivel de aculturación de sus padres, el estrato socioeconómico de su familia y la edad en que inmigraron. En esta aculturación, los jóvenes hispanos sienten el impacto de la cultura dominante más fuerte, pero también sienten la influencia de las culturas afroamericana y asiáticoamericana, debido al contacto con personas de estos grupos culturales en el trabajo, en la escuela y en la sociedad. Este contacto afecta la búsqueda de identidad de los jóvenes y, con frecuencia, les ocasiona conflictos ante la necesidad de sobrevivir y de competir por prestigio, recursos y servicios sociales.

## Reacciones ante el proceso de aculturación

28      La reacción de las personas al proceso de aculturación puede ser descrita de manera global como "patrones de ajuste cultural". Estos patrones pueden ser positivos o negativos, dependiendo del impacto que tengan sobre las personas y la culturas envueltas en el proceso. En este libro nos enfocamos sólo en las reacciones de los jóvenes hispanos ante la aculturación en la cultura dominante en Estados Unidos.

### Patrones de ajuste negativos

29    Cuando los jóvenes latinos reaccionan de manera impulsiva al choque cultural, sin analizar la naturaleza de las razones y consecuencias de sus reacciones, suelen caer en alguno de los siguientes tres patrones negativos de ajuste cultural:

1. *Asimilación a la cultura dominante.* Esto sucede cuando los jóvenes rechazan su cultura de origen y tratan de adquirir la cultura dominante para integrarse a ella. Al asimilarse a la cultura dominante, los jóvenes latinos pierden su idioma, las raíces de su identidad y los valores de su cultura de origen. Y, no sólo esto, la mayoría de las veces, no adquieran los valores positivos de la cultura dominante ni son aceptados en ella. Sin embargo, la asimilación, frecuentemente, es promovida por maestros, agentes de pastoral y otras personas que creen que la americanización es el único camino aceptable para personas de culturas distintas a la cultura dominante. Además, casi todas las industrias que tienen productos que promover y vender para la juventud alientan la asimilación.

   La asimilación suele ser ilustrada con la imagen del "*melting pot*" (olla de fundición), que motiva a que los diferentes grupos culturales pierdan su sabor propio para crear un "producto mejor". La asimilación *no* beneficia a los jóvenes latinos, quienes con frecuencia se quedan con lo peor de las dos culturas y sienten que no pertenecen a ninguna de ellas.

2. *Rechazo a la cultura dominante.* Al rechazar la cultura dominante, los jóvenes latinos se refugian en su cultura de origen y forman nichos culturales o ghettos étnicos, aislados del resto de la sociedad. Ahí buscan el apoyo de sus parientes y de sus compatriotas. Este patrón de ajuste es más común entre los adultos, pero también sucede entre los jóvenes que viven en barrios latinos; entre los recién inmigrados que no hablan inglés y entre los jóvenes que se proponen mantener su cultura. El rechazo a la cultura dominante no elimina la influencia de la cultura "pop", ni el impacto del racismo, la discriminación económica y la marginación sociopolítica.

3. **Actitud funcionalista** *respecto a ambas culturas.* Para evitar ser rechazados por ambas culturas, los jóvenes suelen adoptar aspectos de su cultura de origen y de la cultura dominante; aspectos que les permiten funcionar en ambas culturas, al menos de

manera superficial. Esta reacción es muy común en la juventud latina, que tiene la necesidad de adaptarse a diversos ambientes, tales como su familia, escuela, iglesia, amistades y trabajo.

Generalmente, los jóvenes adoptan actitudes funcionalistas sin tener en cuenta cómo afectan su desarrollo personal. El adoptar este tipo de actitudes no favorece el desarrollo integral de los jóvenes, ni los hace sujetos de la historia. Al contrario, las actitudes funcionalistas hacen que los jóvenes cambien su modo de pensar y de actuar, dependiendo del grupo cultural en el que se encuentran. Éstas afectan negativamente la identidad, valores y equilibrio de la personalidad de los jóvenes, así como la armonía familiar. También destruyen la coherencia de vida en los jóvenes e inhiben la aceptación de su responsabilidad para la acción sociopolítica en su comunidad.

### Patrones de ajuste positivos

30  Los patrones de ajuste positivos se basan en un análisis cuidadoso de los riesgos y el potencial de la aculturación, y en la posibilidad de elegir conscientemente un modo de vida que promueva el desarrollo personal, cultural y social. Entre los jóvenes latinos, se pueden observar dos tipos de patrones de ajuste positivos que se complementan y que pueden ser considerados como dos dimensiones de un mismo proceso. Estos patrones son los siguientes:

1. *Integración sin asimilación.* Los jóvenes latinos se integran a la cultura dominante sin perder la propia cultura, buscando el respeto mutuo entre ambas y la igualdad de derechos y responsabilidades. Este tipo de ajuste es más común entre los adolescentes recién inmigrados que hablan inglés, mientras conocen y evalúan la cultura dominante. También se da entre los jóvenes, educados en Estados Unidos, pero que tienen un fuerte arraigo a su cultura de origen.

2. *Creación de una cultura mestiza-latino-estadounidense.* Los jóvenes van integrando, libre y conscientemente, un sistema coherente de valores provenientes de ambas culturas, que da origen a una nueva visión cultural. Este ideal despierta entusiasmo en la mayoría de los jóvenes, pues refuerza su identidad, al mismo tiempo que les facilita integrarse *sin* asimilarse a la cultura dominante. También les permite ser sujetos de la historia y autores de una nueva cultura. Esta cultura mantiene vivos los valores

hispanos y va generando un modo de vida latino-estadounidense que responde a la realidad del mundo en que viven.

31     La pastoral juvenil hispana debe promover los patrones de ajuste positivos, fomentando en los jóvenes una identidad cultural clara. También debe ayudar a que los jóvenes tomen conciencia de su papel en la nueva cultura mestiza, para que incorporen en ella los mejores elementos de ambas culturas, según los criterios del Evangelio. Para que esto suceda, se necesita: una formación especial de los agentes de pastoral juvenil hispana, la conscientización de la comunidad hispana adulta, la colaboración de los ministros juveniles no hispanos y un diálogo profundo con jóvenes de otras culturas.

## Identidad como pueblo hispano o latino

### El uso del idioma por los jóvenes hispanos

32     El idioma es un elemento clave en la identidad, el desarrollo, las relaciones sociales y la formación de la fe de toda persona y grupo humano. Entre la juventud hispana, la realidad lingüística es muy variada; algunos jóvenes son completamente bilingües; otros son monolingües —en español o en inglés— ; otros son parcialmente bilingües. Entre estos últimos, algunos hablan sólo una lengua, pero entienden las dos; otros pueden hablar ambos idiomas, pero sólo leen y escriben uno; y otros más, hablan un idioma híbrido, como el "espanglish", entendible sólo por quienes están acostumbrados a él.

33     Esta diversidad lingüística afecta el diálogo entre padres e hijos, especialmente cuando los padres no hablan inglés y los hijos no hablan español. A veces, los padres no captan la gravedad de esta situación y cuando sus hijos llegan a la adolescencia, se incrementa la falta de comunicación, el abismo generacional y el choque cultural entre padres e hijos, y se hace más difícil la labor formativa de los padres. Esta complejidad lingüística también impacta fuertemente la acción pastoral ya que el idioma y la fe están íntimamente relacionados, tanto para recibir la Buena Nueva como para expresar la fe. Esto hace necesario que los agentes de pastoral hablen el idioma del grupo y sean sensibles a las preferencias lingüísticas de los jóvenes.

## Pueblo y población: dos conceptos diferentes

34    Hablar de la *población* hispana o latina es diferente a hablar de los hispanos o latinos como un *pueblo* distinto en el mosaico cultural de Estados Unidos. El término *población hispana* se refiere de una manera amplia a personas de ascendencia ibérica o latinoamericana; y de una manera más limitada a las personas que hablan español como lengua materna. El concepto de *pueblo hispano* implica la adquisición de una identidad colectiva que une la diversidad de personas y culturas iberoamericanas presentes en Estados Unidos, respetando su individualidad propia.

35    La formación del pueblo hispano o latino en Estados Unidos es un proceso lento. Requiere mucho diálogo, conocimiento, comprensión, respeto mutuo entre las personas y los grupos involucrados en este proceso. Además, la gente necesita tener el deseo explícito de crear una nueva identidad latino-estadounidense, con personas provenientes de México, Centro América, Sud América, España y los países del Caribe de habla española. Este proceso no es fácil. Requiere asumir y reconciliar las diferencias históricas, culturales, políticas y económicas entre estos pueblos. También implica hacer una opción personal de identificarse como hispano o latino y hacer un esfuerzo por integrar, sin asimilar, la variedad de tradiciones, costumbres, filosofías, arte y maneras de vivir la fe.

36    El trabajo pastoral con este nuevo pueblo latino-estadounidense supone muchos retos:
- la lucha por el reconocimiento de las fiestas cívicas y celebraciones religiosas de los diversos países de origen de la gente;
- la eliminación de estereotipos entre personas provenientes de distintas culturas;
- usar palabras comunes o fácilmente comprensibles al comunicarse con personas de diferentes grupos culturales;
- tener cuidado al usar modismos;
- equilibrar la tendencia a formar círculos cerrados de amistad entre jóvenes del mismo origen cultural;
- evitar la continuación de la fuerte explotación clasista que predomina en Latinoamérica.

37    El enfrentar estos desafíos e incluso sólo el tratar de superarlos ayuda tanto a la gente joven como a los adultos a lograr la apertura y la unidad de la comunidad cristiana, según la caracterizó San Pablo:

Del mismo modo que el cuerpo es uno y tiene muchos miembros, y todos los miembros, aun siendo muchos, forman un sólo cuerpo, así también Cristo. Todos nosotros, ya seamos judíos o griegos, esclavos o libres, hemos sido bautizados en un mismo Espíritu, para formar un único cuerpo. Y a todos se nos ha dado a beber del único Espíritu. (1 Corintios 12, 12–13)

### Los conceptos hispano y latino

38 En el contexto histórico actual, algunos grupos prefieren usar el término *hispano* y otros el término *latino* para identificar a las personas que provienen de regiones de habla predominantemente española. El término *hispano* enfatiza la importancia de atender en español a los millones de personas monolingües; a personas bilingües que prefieren el español para su formación humana y religiosa, y a quienes necesitan usar el idioma español para mantener la unidad familiar y educar a sus hijos. Otra razón en pro del término *hispano* es que la documentación oficial de la Iglesia se refiere al "pueblo hispano" y no al "pueblo latino".

39 Quienes prefieren usar el término *latino*, señalan que el término *hispano* fue impuesto por la Oficina del Censo de Estados Unidos y no fue creado por la gente a la que intenta describir. Muchas personas piensan que la identificación con España, en el término *hispano*, las desvincula de las raíces latinoamericanas de la inmensa mayoría de los *latinos* en Estados Unidos.

40 Dado que ambas posiciones tienen valor, la serie Profetas de Esperanza usa los términos *hispano* y *latino* indistintamente y confía en que las dos perspectivas se complementen y sean un eslabón más en el proceso de llegar a ser, sentir y actuar como un "pueblo". Esta visión fue expresada de manera similar en el Tercer Encuentro Nacional Hispano de Pastoral:

Tenemos fe en nuestro pueblo porque sabemos que Dios lo ha resucitado, viviendo de manera especial y para siempre entre nosotros. Creemos que las aguas del Río Grande y del Mar Caribe son medios de unión, que al traernos aquí nos permiten ser instrumentos de Dios para fertilizar y enriquecer esta tierra que nos ha recibido.[1]

41 A pesar de que existen preferencias y desacuerdos sobre el uso de los términos *hispano* y *latino*, ambos conceptos incluyen jóvenes

a todo nivel de aculturación e integración, es decir, jóvenes de reciente inmigración a Estados Unidos; aquellos cuyas familias han vivido aquí por muchas generaciones; jóvenes ciudadanos, residentes o indocumentados; hispanohablantes y angloparlantes. Debido a esta gran diversidad, no es tan importante solucionar las disputas sobre la conveniencia de usar un término o el otro, sino ayudar a que los jóvenes entiendan el concepto común en ambos términos y a que se sientan parte del nuevo pueblo latino-estadounidense.

42    Entre las confusiones y tensiones causadas por esta diversidad y complejidad, y que son importantes en la pastoral con los jóvenes, destacan las siguientes:

- Los jóvenes inmigrantes generalmente se identifican con su país de origen y no tienen una identidad como hispanos o latinos. Por lo tanto, no se sienten parte de este nuevo pueblo en formación.
- Los jóvenes que se han asimilado a la cultura dominante o que desean asimilarse a ella, generalmente rechazan el ser identificados como hispanos o latinos. Los jóvenes que están a favor de la asimilación, algunos incluso llegan a oponerse a que otros jóvenes se identifiquen como hispanos o latinos.
- Algunos jóvenes que fueron asimilados en la cultura dominante se encuentran, hoy día, luchando por recuperar su identidad, raíces y valores latinos.

43    Un número creciente de jóvenes está tratando, consciente e intencionalmente, de contribuir a la formación del nuevo pueblo latino-estadounidense. En el pasado, el proceso de los tres **Encuentros Nacionales Hispanos de Pastoral** contribuyó fuertemente a la formación de la identidad hispana y a la integración de los hispanos en la Iglesia Católica en Estados Unidos. Sin embargo, los jóvenes que participaron en el Tercer Encuentro en 1985, son ahora adultos y la mayoría de la juventud latina de hoy en día no ha tenido este tipo de experiencia tan valiosa. Conviene que los líderes de la pastoral juvenil hispana organicen periódicamente encuentros juveniles regionales y nacionales, para ayudar a que los jóvenes se integren a la comunidad eclesial regional y nacional y a que descubran su identidad como parte del nuevo pueblo latino-estadounidense.

## Los conceptos de biculturalismo y multiculturalismo

44    Las maneras como se interpretan y usan los conceptos *bicultural* y *multicultural* tienen diversas consecuencias para el desarrollo de los

jóvenes. Si un joven se identifica como bicultural porque conoce y puede adaptarse consciente y libremente a ambas culturas sin perder su propia identidad cultural, el concepto de ser bicultural es sano. Si piensa que ser bicultural consiste en tener dos culturas o en pertenecer alternativamente a ellas, según convenga, el concepto de ser bicultural es erróneo y altamente nocivo. La persona sólo puede tener una cultura, aunque esté en transición debido al proceso de aculturación. La pastoral juvenil necesita promover una comprensión correcta del biculturalismo y multiculturalismo para evitar una duplicidad o esquizofrenia cultural que dañe la estabilidad emocional de los muchachos y la coherencia de su vida.

45      La sociedad es bicultural cuando coexisten dos culturas diferentes y es multicultural, cuando conviven tres o más culturas en un mismo ambiente social. Esta convivencia de diversas culturas puede ser fuente de enriquecimiento para los jóvenes, pero también puede ocasionar tensiones que necesitan ser analizadas y superadas con una mentalidad y espíritu cristiano.

46      Por último, la pastoral juvenil debe tener cuidado con las interpretaciones del multiculturalismo que pueden llevar a una pastoral juvenil generalizada y amorfa. Esto es, cuando la pastoral juvenil intenta alcanzar un trato igualitario para los jóvenes de los diferentes grupos étnicos, ignorando sus diferencias y enfocándose sólo en las características que todos comparten, esa pastoral no logra satisfacer las necesidades de *ningún* grupo. Las diferentes cualidades e idiosincrasia de cada grupo deben ser aceptadas como parte de la totalidad de la iglesia para lograr una mayor unidad. En esta perspectiva, es importante no separar a los jóvenes latinos de los jóvenes de la cultura dominante o de otros grupos étnicos y culturales, pues ser una iglesia multicultural implica que todos los jóvenes pertenecen por igual a la iglesia y que deben interrelacionarse como hermanos y hermanas.

47      En su visita a los Estados Unidos en 1987, el papa Juan Pablo II se refirió claramente a la unidad de todas las personas y a la importancia de preservar la identidad y dones particulares de cada cultura:

> Es tiempo de pensar en el presente y el futuro. Ahora, la gente está más y más consciente que todos pertenecemos a la única familia humana y que debemos caminar y trabajar juntos respetándonos, entendiéndonos, confiándonos y amándonos

mutuamente. Dentro de cada familia, *cada persona preserva y expresa su propia identidad y enriquece a las demás con los dones de su cultura,* tradición, costumbres, historia, canciones, danza, arte y habilidades.[2]

# Papel de la Juventud Hispana en la Transformación de la Sociedad

# Papel de la Juventud Hispana en la Transformación de la Sociedad

*S*ólo nuestro testimonio personal a través de la acción puede ofrecer dramáticamente una esperanza a un mundo sin esperanza.

—Secretariado para Asuntos Hispanos,
*Segundo encuentro nacional hispano de pastoral,*
*conclusiones*

1   Como miembros de un nuevo pueblo latino-estadunidense y como un sector grande y creciente de la sociedad de Estados Unidos, la juventud hispana tiene un papel importante en el futuro del pueblo hispano y de otros grupos étnicos en este país. Debido a la posibilidad que tienen los jóvenes hispanos de participar y de transformar el mundo económico, político y social en Estados Unidos, ellos tienen el potencial de influir en las relaciones de Estados Unidos con Latinoamérica. En este capítulo, reflexionamos sobre el potencial de los jóvenes hispanos para transformar la sociedad, analizamos los desafíos más fuertes que enfrentan y ofrecemos algunas ideas para incrementar su participación efectiva en la sociedad.

## Participación efectiva de la juventud hispana en la sociedad de Estados Unidos

### Tres sistemas que dan forma a toda sociedad

2   Toda sociedad está dirigida por fuerzas complejas que cambian frecuentemente, entre las que destacan tres sistemas íntimamente interrelacionados: el sistema político, que maneja y regula el poder entre las personas y los grupos; el sistema económico, que está basado en la posesión e intercambio de riqueza, y el sistema social, que organiza la forma en que las personas participan en la sociedad. Del cómo se estructuren y funcionen estos sistemas depende que promuevan el bien común, los derechos humanos y la justicia social.

3    El ideal de todo *sistema político* es que todas las personas y grupos sociales puedan ejercer una influencia efectiva sobre las decisiones y estructuras que afectan sus vidas. La concentración del poder en una persona o grupo, o en muy pocas personas o grupos, crea sistemas dictatoriales, oligárquicos y **caciquistas.** Las dictaduras y oligarquías se caracterizan porque legitiman la centralización del poder en sus manos, mediante un sistema legal que protege sus intereses personales y oprime al resto de la sociedad. Los sistemas caciquistas basan su opresión en el mantenimiento del poder, por medio de coacciones morales o físicas.

4    El ideal de todo *sistema económico* es que toda persona capaz de trabajar tenga un trabajo que la provea lo suficiente para vivir con dignidad. Además, permite que los recursos naturales y los bienes producidos por la sociedad se distribuyan equitativamente en todos los sectores económicos. La concentración de riqueza en pocas manos desequilibra el mercado de trabajo y disminuye el potencial de intercambio de bienes entre los miembros de la sociedad, dejando a ciertos grupos en control de la economía, al tiempo que someten al resto de la población a un nivel de subsistencia o de explotación en el trabajo.

5    El ideal de todo *sistema social* es lograr que todas las personas se relacionen entre sí con igualdad de derechos y obligaciones; considera a cada persona como parte integral de la sociedad, y busca el bienestar de cada persona y el bien común de toda la sociedad. Los sistemas políticos y económicos injustos generan sistemas sociales que favorecen la segregación de ciertos grupos y la injusticia social: las personas que tienen el poder y la riqueza se relacionan con la población explotada y marginada sólo mediante el sistema legal y el mercado de trabajo, pero no a nivel de relaciones informales, amistades cercanas, lazos familiares, relaciones de vecinos u organizaciones sociales con metas comunes.

6    La juventud hispana, como grupo social, tiene fuertes desventajas en los tres sistemas. No tiene poder político en la sociedad, ni tiene la organización necesaria para adquirirlo. Carece de bienes que intercambiar en el mercado económico y tiene pocas oportunidades y dinero para adquirir bienes. También está marginada de los grupos sociales con poder de decisión e influencia en la sociedad. El reconocimiento de esta situación es el primer paso para solucionarla, pues de ahí puede originarse un compromiso serio para una acción transformadora de parte de la misma juventud y de la sociedad.

## El papel de la iglesia en la sociedad

7     El reconocimiento oficial del papel de la Iglesia sobre la manera de ser y organizarse de la sociedad empezó hace más de cien años, con la encíclica papal *Rerum Novarum.* El Concilio Vaticano Segundo y la renovación posconciliar en la Iglesia fueron claves en la formulación de nuevas perspectivas sobre el papel de la Iglesia en la sociedad. Tanto las personas, como la Iglesia como institución, fueron desafiadas a hacer lo siguiente:

- Pasar de una fe cristiana que se concentraba en la persona aislada del mundo, a un cristianismo abierto a las realidades humanas y sociales.
- Promover la colaboración entre todas las personas de buena voluntad, en vez de la separación de estas personas en grupos aislados o el "encerramiento" de los católicos al interior de sus propias instituciones.
- Buscar la reconciliación entre la fe cristiana y los avances científicos y tecnológicos, con el fin de dirigirlos y aprovecharlos para construir una sociedad basada en los valores del Evangelio.
- Incluir la reflexión del pueblo de Dios sobre la realidad de su vida a la luz de la fe como una manera de hacer teología, evitando reducir la teología sólo a la especulación filosófica y a la clarificación de conceptos religiosos por especialistas.

En resumen, el Concilio Vaticano Segundo desafió a los católicos a transformar los sistemas sociales que impiden que la sociedad funcione de manera justa.

8     Toca a todos los cristianos de hoy en día, especialmente a los jóvenes, el buscar con ahínco la coherencia entre el ser, el pensar y el actuar cristiano, teniendo en mente estos tres principios:

1. La fe no es un asunto privado de cada persona, sino que debe ser vivida en comunidad y tener un impacto a nivel de las interrelaciones personales y de la sociedad total.
2. La fe de las personas afecta y es afectada por las relaciones sociopolíticas y socioeconómicas vividas en comunidad.
3. Para lograr una fe comunitaria capaz de transformar el orden social, los cristianos deben analizar críticamente la realidad y comprometerse a construir una sociedad basada en los valores del Reino de Dios.

9     Toda acción pastoral animada por estos principios es fuente de esperanza para transformar la sociedad. De igual manera, los

jóvenes latinos que han recibido una formación cristiana basada en estos principios, representan la misma esperanza y potencial transformador —no sólo para la iglesia y la sociedad actual— sino también para el futuro. Quizá, ningún otro grupo en la iglesia católica representa una fuente tan grande de potencial para una nueva vida, esperanza y transformación como la juventud latina.

## El poder transformador de los jóvenes latinos

10    Debido a una variedad de experiencias, valores culturales y características personales, los jóvenes latinos cuentan con un gran potencial para transformar los sistemas y las injusticias sistemáticas en que viven. Entre las características particularmente valiosas de los jóvenes latinos, sobresalen su apertura y hospitalidad hacia otras personas; la consideración de sus amigos como parte de su familia extensa; su espíritu comunitario y cooperativo, y su experiencia directa de marginación y discriminación. Estas características ayudan a los jóvenes latinos, como individuos y como grupo, a transformar la sociedad a través de su contacto con otras personas, simplemente por el hecho de ser ellos.

11    Individualmente, cada joven latino puede aprovechar las oportunidades disponibles para su formación humana. A nivel comunitario, los jóvenes pueden organizar grupos de presión para mejorar o transformar los sistemas que dificultan su desarrollo; pueden crear nuevos sistemas y organizaciones alternativas para promover su desarrollo. Políticamente, los jóvenes hispanos pueden comprometerse con una causa positiva, unirse en grupos para presionar a que los políticos trabajen por mejorar las condiciones de la sociedad y apoyar a otras personas para que promuevan el bien común.

12    La pastoral juvenil hispana puede y debe contribuir a la transformación del sistema político, económico y social de Estados Unidos, mediante la promoción del compromiso de los jóvenes en esta tarea. Esto es urgente debido a que los retos que confrontan los jóvenes latinos, así como los jóvenes de otros grupos étnicos, son demasiado grandes para ser superados sin un apoyo organizado. Esto ayudará, además, a impulsar la muy necesaria revitalización de la misión de la iglesia católica en el mundo.

## Promoción de una sociedad sin prejuicios

### Factores sobresalientes en la discriminación de los hispanos

13    En general, los hispanos viven marginados de las decisiones económicas, políticas, educativas y religiosas que afectan su vida, principalmente porque son discriminados de los puestos con poder de decisión. Esta discriminación sucede de dos maneras: *inclusiva*, cuando sólo se acepta en posiciones de responsabilidad a personas con características o condiciones que no llenan los hispanos, o *exclusiva*, cuando los hispanos son excluidos sólo por el hecho de ser hispanos. Los jóvenes pueden vencer la discriminación inclusiva con mucho esfuerzo, alcanzando el nivel escolar y las habilidades necesarias para insertarse en ciertos sectores de la sociedad. Sin embargo, sólo con gran dificultad, pueden vencer la discriminación exclusiva, la cual está usualmente basada en posiciones racistas o etnocentristas.

14    De manera general, el *racismo* consiste en creer que, por razones genéticas, la propia raza es superior a otras y, el *etnocentrismo* consiste en la convicción de que el propio grupo étnico tiene más cualidades que los demás grupos étnicos. En Estados Unidos, tanto el racismo como el etnocentrismo están muy unidos y enraizados en la cultura dominante. Ambas actitudes tienen consecuencias muy serias en la vida de los jóvenes hispanos, que tienden a reaccionar al racismo y al etnocentrismo con una resignación pasiva o con una rebeldía destructiva. Por eso, urge que la pastoral juvenil ayude a los jóvenes a canalizar sus reacciones emocionales y conductuales en acciones liberadoras y creativas.

15    El racismo y el etnocentrismo están fundamentados en prejuicios y estereotipos que caracterizan y catalogan a las personas, de acuerdo a imágenes preconcebidas. Los estereotipos y los prejuicios son mecanismos de defensa, que sirven para evadir o manipular la realidad y disculparse para no cambiar actitudes y conductas, aunque dañen a las personas prejuzgadas. En general, los prejuicios tienen cierta base de realidad y nacen de intereses personales o de una experiencia o percepción que no considera todos los hechos, ni analiza la situación desde la perspectiva de las otras personas. Existen muchos prejuicios que urge erradicar para promover el desarrollo de los jóvenes hispanos, construir una sociedad fraternal y crear una cultura del compartir y la paz.

### Prejuicios que tienen que enfrentar los jóvenes hispanos

16    **Prejuicios culturales o etnocéntricos.** El tener prejuicios culturales o etnocéntricos consiste en asumir que el propio modo de vivir, pensar, sentir, relacionarse, escribir o hablar es el mejor o el único válido. Este tipo de prejuicios es común entre muchos estadounidenses de origen europeo, quienes consideran a los hispanos inferiores debido a ciertas "maneras de ser" de los hispanos, como: enfrentar la vida más afectiva que analíticamente; utilizar su tiempo y recursos para mantener sus relaciones familiares y de amistad en lugar de usarlo para mejorar socioeconómicamente; hablar y escribir indirectamente y con frases largas en lugar de abreviar e ir al grano. Aunque son menos obvios, también existen prejuicios culturales entre jóvenes latinos provenientes de distintos países y entre los jóvenes hispanos, afroamericanos y asiáticoamericanos.

17    Todo grupo cultural necesita cierto nivel de etnocentrismo que le de identidad y coherencia, por lo tanto, el etnocentrismo no es en sí mismo malo; de hecho, frecuentemente mantiene una diversidad sana. El problema radica cuando por etnocentrismo, un grupo cultural menosprecia, hiere y discrimina a personas de otros grupos culturales. Por ejemplo, el etnocentrismo se convierte en un prejuicio cuando se considera a los jóvenes hispanos incapaces de realizar estudios académicos de calidad, se les califica a todos como pandilleros o se argumenta que no tienen motivación para superarse y mejorar su situación económica y su estatus social. Otros ejemplos más sutiles de prejuicios etnocentristas incluyen: el aceptar sólo a los jóvenes hispanos que se acomodan a la cultura dominante sin cuestionarla, o el ayudar a los jóvenes de manera paternalista, sin apreciar sus cualidades y potencial.

18    **Prejuicios raciales.** Los prejuicios raciales son conductas y actitudes fundamentadas en el racismo, es decir, el creer que la propia raza tiene más inteligencia, habilidades mentales y físicas y otras cualidades positivas que las demás razas. Los prejuicios raciales hacia los africoamericanos y otros grupos de piel obscura han sido siempre muy fuertes y extendidos en la cultura dominante de Estados Unidos, tan fuerte que fue necesario instituir leyes que aseguren su libertad, promover una acción afirmativa y forzar la disgregación escolar para reconocer los derechos de las minorías étnicas de piel oscura y proveer oportunidades para su autodesarrollo. Estas leyes

han dado mayores oportunidades de escolaridad y trabajo a algunos hispanos, pero el "espíritu" de estas leyes no ha sido integrado de manera equitativa en la sociedad.

19    La Iglesia Católica tampoco está libre de racismo. Uno de los tres temas que se trataron en el Primer Congreso Nacional de Jóvenes, que tuvo lugar en Indianapolis, Indiana, en noviembre de 1991 fue el racismo, resaltando su evolución en este país, su gran incidencia en la Iglesia Católica y sus consecuencias destructivas para las minorías étnicas de piel oscura.

20    Los prejuicios raciales causan muchas frustraciones en los jóvenes hispanos, pues no pueden cambiar su color ni su tipo físico. Las tensiones debidas a los prejuicios raciales son especialmente graves en la adolescencia, cuando los jóvenes están descubriendo su personalidad, forjando su identidad y fundamentando su autoestima y seguridad en sí mismos. La erradicación del racismo puede ser la tarea más difícil que enfrenta la juventud en la Iglesia Católica. La buena voluntad personal, expresiones de preocupación o la indiferencia hacia el racismo no son suficientes para erradicar el racismo, como lo señalaron los obispos en Estados Unidos:

> El racismo no es sólo un pecado entre tantos; es un mal radical que divide a la familia humana y niega la creación de un mundo redimido. Luchar contra él exige una transformación igualmente radical, en nuestras mentes y corazones, así como en la estructura de nuestra sociedad.[1]

21    **Prejuicios clasistas.** Los prejuicios clasistas nacen cuando la sociedad está organizada jerárquicamente según el estatus social, adquirido en base al dinero, al prestigio profesional, a la educación académica, al poder y a la familia. Las personas que viven en sociedades clasistas creen que las personas que tienen más de estas riquezas valen más, saben más y son mejores personas. Por eso, las personas de las clases más altas se rehúsan a relacionarse socialmente con personas de las clases más bajas y se autoasignan el poder de determinar cómo debe vivir la gente de clases inferiores. La mayoría de los jóvenes hispanos inmigrantes han experimentado una fuerte discriminación clasista en Latinoamérica, que les causa inseguridad en sí mismos, los inhibe ante el trato con personas de clases más altas y les origina bajas expectativas para su desarrollo personal.

22        **Prejuicios religiosos.** Las personas que tienen prejuicios religiosos ven su propia religión o manera de vivir la fe como la única
válida y, como consecuencia, desprecian o atacan otras religiones o
expresiones de fe. Muchos jóvenes latinos sienten que la comunidad
estadounidense de origen europeo desprecia el catolicismo hispano.
También experimentan un ataque constante a la Iglesia Católica por
parte de las **sectas proselitistas** y los grupos fundamentalistas que
tratan de convertir a las personas. Estas experiencias pueden ser
muy destructivas durante la adolescencia, que es una etapa decisiva
para la afirmación y formación de la fe.

23        **Prejuicios institucionales.** Al plasmar en leyes y estructuras
sociales los prejuicios antes mencionados, éstos quedan institucionalizados y se convierten en norma general para la sociedad. De esta
manera, los grupos en el poder legitiman la explotación económica
y la marginación social, política o religiosa de las clases pobres y minorías étnicas. Por ejemplo, en Estados Unidos, las mujeres obtu-
vieron el derecho a votar hasta 1920.

24        La Iglesia Católica de Estados Unidos, sea consciente o incons-
cientemente, ha contribuido a la institucionalización de los cuatro
tipos de prejuicios mencionados anteriormente. A no ser que todos
estos prejuicios sean superados, *con* el apoyo de la Iglesia, tanto al
interior de ella como en la sociedad, la juventud hispana continuará sufriendo una discriminación institucionalizada de las estructuras y sistemas que fueron creados para la juventud estadounidense
de origen europeo:
 • *La discriminación escolar* existe cuando los exámenes, técnicas de
   enseñanza, lengua y estilo de aprendizaje ajenos a la cultura hispana, son usados para catalogar a los jóvenes hispanos como len-
   tos de aprendizaje o incapaces de estudios profesionales.
 • *La discriminación en el trabajo* resulta del bajo nivel escolar y de
   los prejuicios sobre la capacidad de los hispanos para trabajos
   bien remunerados o que implican responsabilidad.
 • *La discriminación socioeconómica* obliga a los hispanos, en general, incluyendo a los jóvenes, a vivir en un ambiente de pobreza y
   condiciones de vivienda que son inaceptables para la clase media;
   lo que a su vez dificulta aún más la participación de los jóvenes
   hispanos en escuelas y buenos trabajos.
 • *La discriminación en la Iglesia* deja a los jóvenes hispanos al margen de la mayoría de los servicios pastorales, les ofrece programas
   pastorales de baja calidad y los excluye de posiciones de liderazgo.

25     Todos los tipos de discriminación —y de manera especial la discriminación y prejuicios institucionalizados— ocasionan un encerramiento de los jóvenes en grupos hispanos. Este aislamiento forma parte de un círculo vicioso, que impide la interacción multicultural que ayudaría a aminorar los prejuicios que sufren.

26     La erradicación de los prejuicios nunca es fácil. Las personas con prejuicios, generalmente, encuentran detalles y cuentos con que reforzar sus prejuicios, y tienden a evitar situaciones que las puedan llevar a un cambio de actitudes. El ayudar a que la gente con prejuicios se deshaga de ellos, implica paciencia y esmero. El ayudar a las personas que son víctimas de discriminación y prejuicios implica comprensión, paciencia y apoyo para que *no* respondan de manera destructiva a los prejuicios que sufren.

## Esfuerzos necesarios para erradicar los prejuicios

27     Para superar los prejuicios se requiere tanto de una conversión personal como de la transformación de los sistemas y estructuras que los han institucionalizado. El lograr estos dos resultados en la pastoral juvenil hispana y en la Iglesia Católica, representa una tarea menos gigantesca y con mayores resultados en la sociedad si se tiene en cuenta que la conversión personal y comunitaria frecuentemente llevan a la transformación estructural. Esto es, toda transformación se origina primero al interior de las personas. Esta toma de conciencia hace que los agentes de pastoral juvenil vean la necesidad de una cuádruple tarea:
1. reforzar la autoestima de los jóvenes;
2. ayudar a que los jóvenes perdonen las actitudes de prejuicio en otras personas y luchen por terminarlas;
3. conscientizar a los jóvenes para que no prejuzguen a personas de otras culturas;
4. buscar la comprensión y colaboración de los ministros no hispanos de pastoral juvenil para luchar por la erradicación de los prejuicios.

28     Los agentes de pastoral juvenil hispana deben estar conscientes de que los jóvenes latinos frecuentemente tienen una serie de prejuicios contra la juventud estadounidense de origen europeo y que existen fuertes prejuicios y **antagonismos** entre los jóvenes afroamericanos y los jóvenes latinos en los centros pobres de las ciudades. La falta de comprensión mutua y de unidad entre jóvenes

de diferentes minorías étnicas dificulta la formación de coaliciones o esfuerzos de colaboración para enfrentar los problemas comunes a todos ellos.

29     La pastoral juvenil hispana debe promover proyectos pastorales enfocados en acabar con los prejuicios y con el ciclo desesperanzador de pobreza que sufren tantas minorías étnicas. Los esfuerzos para la justicia social, política y económica deben estar basados en tres principios:

1. la dignidad que tiene todo ser humano, sin diferencia de raza, etnia, cultura, origen nacional, creencia religiosa u orientación sexual;
2. la conciencia de que la persona existe no sólo para sí misma, sino también para los demás;
3. la raza humana fue creada por Dios con una unidad fundamental, para vivir en solidaridad, usando sus diferencias para reforzar su unidad y no para dividirla.

30     De estos principios se desprenden derechos específicos y responsabilidades que tiene el pueblo hispano, como miembro de la gran familia humana y como un grupo étnico que lucha por la justicia. Estos derechos y responsabilidades deben ser promovidos por la pastoral juvenil hispana. Entre ellos destacan:

• gozar de libertad y oportunidades para desarrollar su potencial humano;
• preservar su modo de vida hispano;
• desarrollar su cultura;
• tener libertad de reunirse con otros grupos que compartan la misma herencia histórica y cultural;
• tener libertad religiosa y de manifestar, celebrar y educar su fe;
• contar con el apoyo necesario para cambiar las leyes y estructuras injustas;
• promulgar y aplicar el cumplimiento de las leyes justas.

Las responsabilidades, que son igualmente importantes, incluyen:

• cooperar al bien común con la riqueza de la diversidad cultural hispana;
• promover la libertad y la dignidad de cada grupo étnico;
• respetar la decisión de quien opta por asimilarse a la cultura dominante;
• abogar y luchar por los derechos de sus hermanos, en otros países, que sufren situaciones de injusticia.

31    Jesús confrontó los prejuicios de su sociedad: aceptó a los samaritanos, quienes eran discriminados y menospreciados; se asoció con los pecadores, quienes eran marginados de la religión; reconoció el valor y la misión de la mujer, quien tradicionalmente era considerada inferior al varón. Los discípulos de Jesús deben seguir su ejemplo, esforzándose por eliminar los prejuicios en la Iglesia y en la sociedad, luchando por la dignidad de todas las personas, la superación de la pobreza, la liberación, la conversión y la transformación de los sistemas y estructuras que institucionalizan el pecado.

## Promoción de la justicia y la paz a todos los niveles

32    Muchos jóvenes hispanos han experimentado violencia en sus países de origen, sus barrios, sus escuelas, o sus hogares. La mayoría ha sufrido la opresión y la violencia que suele originarse de la injusticia económica. Y todos sufren, directa o indirectamente, los efectos del alto gasto público armamentista y de los estragos de los conflictos armados. Por eso, el reconocimiento de la injusticia y la promoción de la paz *a todos los niveles* son pasos esenciales en la capacitación de los jóvenes, para que participen en la transformación de la sociedad.

### Injusticia económica y violencia en Latinoamérica

33    El desproporcionado enriquecimiento de los ricos y empobrecimiento de los pobres, tanto en Estados Unidos como a nivel internacional, representa una de las realidades más dramáticas de violencia "silenciosa" en nuestro mundo contemporáneo. Cada año, cerca de veinticinco mil millones de dólares anuales salen de Latinoamérica hacia Estados Unidos, sobre todo por razones de comercio e intereses de préstamos. Mientras tanto, en la década de 1980, el ingreso real de los latinoamericanos pobres bajó entre el 20 y el 50%. Con esto, Estados Unidos y las élites económicas latinoamericanas adquirieron una "deuda social" con el pueblo pobre, pues el bienestar y los lujos de las clases altas han afectado negativamente el empleo, nutrición, salud, higiene, mortalidad infantil, presiones sicológicas y educación escolar de la mayoría de los pobres.[2]

34    La violencia institucionalizada por las grandes potencias económicas y las élites financieras de América Latina han forzado al

pueblo pobre a buscar urgentemente un cambio social. Esto ha generado revoluciones armadas y contrarreacciones militares en muchos países. Los obispos latinoamericanos han cuestionado esta situación desde los años sesenta, como muestran los documentos de la Segunda Conferencia General del Episcopado Latinoamericano en Medellín:

> Si el cristiano cree en la fecundidad de la paz para llegar a la justicia, cree también que la justicia es una condición ineludible para la paz. No deja de ver que América Latina se encuentra, en muchas partes, en una situación de injusticia que puede llamarse de violencia institucionalizada cuando, por defecto de las estructuras de la empresa industrial y agrícola, de la economía nacional e internacional, de la vida cultural y política, "poblaciones enteras faltas de lo necesario, viven en una tal dependencia que les impide toda iniciativa y responsabilidad, lo mismo que toda posibilidad de promoción cultural y de participación en la vida social y política", violándose así derechos fundamentales. Tal situación exige transformaciones globales, audaces, urgentes y profundamente renovadoras. No debe, pues, extrañarnos que nazca en América Latina "la tentación de la violencia". No hay que abusar de la paciencia de un pueblo que soporta durante años una condición que difícilmente aceptarían quienes tienen una mayor conciencia de los derechos humanos.[3]

## Pobreza y violencia en Estados Unidos

35 Muchos jóvenes latinos y sus familias han llegado a Estados Unidos huyendo de la injusticia y la violencia. La inmigración de latinoamericanos a Estados Unidos seguirá siendo un factor constante siempre que continúe representando una esperanza de escapar de esas situaciones, causadas por la injusticia económica. Sin embargo, al llegar aquí, la esperanza no se realiza para muchos de ellos, pues como lo señalan los obispos:

> La pobreza en los Estados Unidos no va disminuyendo sino que, por el contrario, va en aumento. Para un pueblo que cree en el "progreso", este hecho debe ser alarmante. Los que soportan la carga más pesada son los negros, los hispanos y la gente indígena. Aún más alarmante es el gran aumento en el núme-

ro de mujeres y niños que viven en la pobreza. Actualmente los niños forman el grupo más numeroso entre los pobres. Este hecho trágico representa una amenaza seria para el futuro de la nación. El que tanta gente permanezca pobre dentro de una nación tan rica como la nuestra es un escándalo social y moral que no podemos pasar por alto.[4]

36 Los delegados al Tercer Encuentro señalaron la pobreza como un desafío muy fuerte para los jóvenes hispanos. Muchos jóvenes tratan de estudiar una carrera profesional, pero fracasan por falta de consejo adecuado y apoyo financiero; otros tienen que trabajar desde temprana edad para poder sobrevivir; la mayoría de sus padres trabajan largas horas fuera del hogar, lo que debilita la vida familiar, deja a los hijos sin orientación y algunas veces causa el rompimiento de la familia e incluso el abuso de menores.[5] Los desafíos concretos que necesitan ser superados son:

- el abismo entre ricos y pobres, patrones y trabajadores, intelectuales y analfabetas, tanto en Estados Unidos como en Latinoamérica;
- la pobreza persiste, aún cuando las naciones siguen produciendo armamento;
- el estado de aislamiento en que viven los exiliados, refugiados, presos, marginados, inmigrantes, indocumentados, ancianos, incapacitados y familias con sólo padre o madre;
- el abuso hacia los trabajadores por los oficiales de inmigración; la movilización y cierre de fábricas sólo por obtener mayores ganancias; los salarios ínfimos y las condiciones inhumanas en el trabajo y la vivienda;
- la injusta distribución y calidad de los servicios públicos, sobre todo de educación, salud y justicia;
- la opresión e injusticia que sufre América Latina debido a la intervención cultural, económica, militar y política de los países ricos;
- el poco compromiso de la iglesia católica, que predica el Evangelio y la doctrina social, pero no los practica suficientemente;
- la discriminación contra los hispanos en las parroquias, la falta de capacitación de nuevos líderes hispanos y el poco compromiso por la justicia entre el liderazgo hispano actual.

37 El ministerio juvenil debe ser fuente de cariño, reconciliación, sanación y apoyo para los jóvenes que han sufrido en carne propia estas experiencias y situaciones. Al mismo tiempo, la evangelización de la juventud hispana debe ser fuente de energía para promover la

justicia. Los jóvenes, animados por la Iglesia e impulsados por su entusiasmo y su disposición a la lucha y el sacrificio, pueden usar los medios de comunicación para denunciar las injusticias y pueden envolverse en obras de asistencia y justicia social en áreas de urgente necesidad como son: asistencia médica; información y defensa jurídica; alfabetización y capacitación, y formación cívica y política.

## La juventud hispana en ambiente de pandillas

38   Las pandillas bandas o *gangs,* las cuales están unidas frecuentemente al narcotráfico, son una de las experiencias más dramáticas que tienen que confrontar los jóvenes hoy en día. La presencia y la violencia de las pandillas es más aguda en las zonas urbanas pobres, en donde vive la mayoría de la juventud latina. El ambiente económico, familiar, escolar y social en esas zonas urbanas pobres, en lugar de favorecer el desarrollo de los jóvenes —su identidad, autoestima y sentido de pertenencia— facilita el pandillerismo. En cierta manera, la Iglesia contribuye a esta situación cuando no ofrece grupos y ambientes sanos donde los jóvenes puedan socializar, divertirse y trabajar por el bien común.

39   Las pandillas varían según su situación geográfica y el ambiente socioeconómico y racial. Todo buen análisis sobre las pandillas debe evitar un enfoque superficial, funcionalista y moralista que localiza su origen en la inexperiencia, ingenuidad o amoralismo juvenil. La formación, organización, funcionamiento e intereses de las pandillas son complejos y diversos.

40   El pandillerismo actual no se debe sólo a prejuicios raciales o a la adaptación de las minorías inmigrantes a la sociedad dominante, como en el pasado. Tampoco la definición del territorio ni los conflictos pandilleriles son meramente raciales o culturales. Existen pandillas multirraciales y conflictos entre pandilleros aún siendo personas del mismo grupo racial y cultural.

41   Los narcotraficantes promueven, empujan y manipulan a muchas pandillas como consumidores principales de droga y como el elemento básico de sus redes de distribución. Algunas pandillas nacen por la necesidad de autodefenderse ante la violencia que la juventud enfrenta a menudo en las calles y en sus escuelas. El creciente uso de navajas, cuchillos y armas de fuego en las escuelas y en las calles incrementa el miedo y la inseguridad de los jóvenes. Esto obliga a muchos jóvenes a integrarse a una pandilla para obtener su

apoyo y seguridad. Este fenómeno está desensibilizando a los jóvenes en relación a la violencia y "legitima" el uso de armas.

42      No todos los jóvenes son pandilleros, ni el pandillerismo es sólo juvenil. Generalmente, el liderazgo de las pandillas está en manos de personas adultas, sean varones o mujeres; solteros o casados; de edad media o avanzada, que manipulan a los jóvenes y dirigen el pandillerismo por interés propio.

43      Los agentes de pastoral deben comprender con claridad la complejidad y peligros de la problemática pandilleril. Deben desarrollar estrategias pastorales eficaces para superar y prevenir el desarrollo del pandillerismo mediante la evangelización de los jóvenes en estos ambientes. Los agentes de pastoral juvenil con experiencia en esta área de trabajo indican que hay que trabajar directamente con los jóvenes, sus familias y la comunidad del barrio, dedicándoles suficiente tiempo, recursos y personal especializado. Esto es, la tarea pastoral no debe estar al margen del ministerio juvenil y la acción pastoral debe ser directa.

### Acción directa con los jóvenes

44      Determinados elementos y directirices son fundamentales para el trabajo pastoral con los jóvenes en pandillas y en ambientes en donde abundan las pandillas. Los agentes de pastoral juvenil, catequistas y agentes de pastoral, en general, que evangelizan y atienden a estos jóvenes, tendrán mayor éxito en su labor si hacen lo siguiente:

- Ofrecer a los jóvenes un grupo concreto y estable donde puedan reforzar su identidad, sentir un sentido de pertenencia y madurar gradualmente. Las campañas o programas limitados, que no cuentan con la presencia y el apoyo constante del personal pastoral no son una alternativa eficaz.
- Enfocar la acción pastoral dcsde una perspectiva de conscientización, liberación, apoyo y promoción humana, que ayude a los jóvenes a rechazar la presión grupal y a encontrar alternativas creativas de desarrollo personal y comunitario.
- Evitar posiciones moralistas que crean grupos cerrados de jóvenes en la parroquia y que hacen que los muchachos pandilleros rechacen la Iglesia. También, hay que evitar cruzadas o campañas contra las pandillas, así como todo tipo de posición moralista que lleve a los jóvenes a tomar partido, despierte odio en ellos y los enemiste entre sí.

- Poner un cuidado especial en las relaciones afectivas y sexuales entre los jóvenes, pues el libertinaje sexual es un problema grave del ambiente pandilleril y de la pobreza urbana.
- Formar la conciencia política de los jóvenes para que luchen por una legislación federal y estatal que penalice seriamente al narcotraficante, controle el uso de armas, fortalezca la educación escolar, fomente la utilización productiva del tiempo libre, promueva oportunidades de empleo para la juventud y cree programas de rehabilitación para jóvenes.
- Conocer los elementos de organización y reclutamiento pandilleril, como son: los colores, signos, moda y territorio, para evitar que la acción pastoral pueda confundirse con actividades de las pandillas, al usar determinados colores o tener actividades que traspasen las zonas de violencia.

**Acción conjunta con los padres de familia y la comunidad**

45      A pesar de que la tarea pastoral está dirigida a los jóvenes, la colaboración con los padres de los jóvenes y la comunidad es crucial. Según esto, la labor pastoral debe:

- Promover una coalición comunitaria de esfuerzos que rompa la dinámica de reclutamiento y proliferación de pandillas. Este trabajo debe basarse en un análisis del proceso que usan las pandillas para crecer en cada situación particular y debe organizar espacios y grupos alternativos para la socialización de los jóvenes.
- Conscientizar a los padres de familia sobre las necesidades que tienen sus hijos de identidad, pertenencia, cariño y afirmación. Apoyarlos en su tarea de padres, envolviéndolos en la pastoral juvenil y promoviendo su participación en las escuelas para prevenir que las pandillas recluten a los jóvenes, lo cual comienza a muy temprana edad.
- Formar pequeñas comunidades con varias familias para que se apoyen mutuamente en sus responsabilidades como padres, y se propongan, como comunidad, sacar a un joven de las pandillas cada cierto tiempo, brindándole todo el apoyo que necesita para reintegrarse a la escuela o incorporarse con éxito a la vida del trabajo.
- Promover la organización de la comunidad en actividades de limpieza y de presencia en calles y parques para prevenir la toma total del espacio por las pandillas y la división del barrio en territorios conflictivos.

- Fomentar la participación de la comunidad en los esfuerzos de las autoridades civiles contra la violencia y el narcotráfico, cuidando que la comunidad no se convierta en un campo de batalla entre las pandillas y la policía.
- Tratar de eliminar los brotes de racismo en los cuerpos policíacos, tales como tomar el pandillerismo como pretexto para arrestar a los jóvenes hispanos en los barrios.

46    La acción pastoral con pandillas es urgente y requiere el apoyo de la iglesia entera. No se puede tratar a las pandillas como un fenómeno pasajero o como una etapa juvenil que se supera automáticamente, pues muchos jóvenes mueren en ellas y otros quedan dañados seriamente para toda su vida. La fe otorga optimismo y confianza ante esta lucha. No hay que dejarse llevar por el pesimismo, pues este sentimiento es injustificado ante la fe en Dios Padre, que está preocupado y es misericordioso con todos y da la capacidad para hacer el bien. La esperanza cristiana sostiene el compromiso para una evangelización profunda de la juventud y la creación de una sociedad mejor para las siguientes generaciones.

## Violencia en los barrios

47    Muchos barrios donde viven los jóvenes hispanos están asolados por la violencia, cuyas causas son muy diversas: el narcotráfico, la inestabilidad familiar, las tensiones raciales, la presión de los compañeros, la actividad de las pandillas, las expectativas de la sociedad y la ineficacia del sistema policíaco y de las instituciones sociales. Esta violencia pone en riesgo físico a cientos de miles de jóvenes; los aterroriza; fomenta en ellos actitudes defensivas y agresivas; dificulta su educación escolar, e impide su participación en actividades sanas, sobre todo de noche.

48    En barrios donde hay mucha violencia, los jóvenes hispanos son encarcelados en forma desproporcionada en comparación con los jóvenes de la cultura dominante. Esta injusticia se incrementa debido a la naturaleza de las leyes antidrogas, al abuso policíaco hacia las minorías étnicas y la dificultad de pagar fianzas, contratar abogados y obtener tratamientos de rehabilitación. Muchos jóvenes latinos terminan presos a la primera falta, iniciando así una carrera de antecedentes penales con más probabilidades de multiplicarse que de desaparecer. Las condiciones inhumanas de las instituciones penales y la falta de programas de rehabilitación y reincorporación

productiva a la sociedad, causan la muerte social de los muchachos, dejándolos sin esperanza de una vida mejor.

49    Dios está presente en la vida de todos los jóvenes y les confía la promesa de una vida floreciente y la capacidad de ser responsables en la construcción de una sociedad de solidaridad y amor. La pastoral juvenil hispana debe ser un signo eficaz de esta promesa, ofreciendo a los jóvenes ideales apasionantes, un medio sano y oportunidades para mejorar los ambientes en que viven. También debe incluir una acción directa con los jóvenes encarcelados y proyectos de reincorporación a la comunidad eclesial y a la sociedad por medio de un ministerio que facilite su conversión y su desarrollo integral. Urge formar ministros juveniles capaces de hacer estas labores y que la Iglesia los apoye en su formación y en su ministerio.

## La guerra, la amenaza nuclear y el gasto armamentista

50    Vivimos en un tiempo donde la violencia armada —debido a las armas nucleares y a otros avances tecnológicos— tiene devastadoras consecuencias, tanto para las generaciones presentes como futuras. Los obispos católicos han denunciado en diversas ocasiones la guerra y han señalado la urgencia de que el gobierno y los ciudadanos se opongan al potencial de un conflicto nuclear y al uso de armas de destrucción masiva que impongan en las personas situaciones de terror o capitulación difíciles de sostener. La intervención militar de Estados Unidos en otros países, sea directa o indirectamente, mediante la venta de armamento y entrenamiento de personal, merece también que los cristianos tomen una posición firme en favor de la paz.

51    Hoy en día, se invierten más recursos en armas que en proyectos de paz, lo que daña especialmente a la juventud de las minorías étnicas, pues estos gastos reducen presupuestos para su salud, educación y desarrollo humano. Además, las minorías están sobrerrepresentadas en el servicio militar, porque las fuerzas armadas les ofrecen oportunidades de estudios y mejoramiento económico que de otro modo están fuera de su alcance. Esto implica que, en caso de guerra, un porcentaje desproporcionado de la población joven hispana es llamada a filas. No basta simplemente oponerse a la guerra, se necesita promover activamente la paz, buscando constantemente la justicia, la solidaridad humana y la erradicación de las causas que generan violencia.

# Participación productiva en la sociedad y en el mundo

## Los medios masivos y la comunicación social

52    La vida entera es un reto a una mejor comunicación entre nosotros mismos y con Dios. La comunicación social puede contribuir a incrementar la comprensión y apoyo mutuo entre las personas y los pueblos, y puede facilitar la participación efectiva de todos los miembros de la sociedad. La música, los medios audiovisuales y la información computarizada son medios muy poderosos para estimular el crecimiento humano y la conciencia social.

53    Desgraciadamente, debido a la comercialización y a la manipulación política de las comunicaciones sociales, frecuentemente éstas alienan y despersonalizan a los jóvenes, apartándolos de la realidad e insertándolos en escenas y sensaciones de degradación humana mediante:

- una programación abiertamente inmoral, cargada de violencia, estereotipos culturales y relaciones humanas falsas, superficiales y rencorosas;
- el bombardeo con anuncios que promueven el materialismo, consumismo, egocentrismo, hedonismo y promiscuidad sexual;
- la frecuente interrupción de los programas y el uso de minireportes para dar noticias e información, lo cual menoscaba la capacidad y habilidades de concentración de la gente;
- la adicción a la televisión, especialmente a las telenovelas, que causan confusión de valores y la formación de un mundo irreal y de fantasía que aliena de la realidad;
- la información manipulada y con un análisis muy pobre sobre noticias y eventos sociales.

Especialmente, el exceso de televisión reduce la creatividad de las personas; disminuye sus habilidades de razonamiento, diálogo y crítica y les quita tiempo para otras actividades más provechosas.

54    Las grabaciones, videos musicales, radio, televisión, revistas y periódicos populares son muy atractivos para los jóvenes. Por eso, para que la evangelización toque la vida de los jóvenes, debe facilitar un análisis crítico del contenido promovido por estos medios y reorientar su utilización hacia proyectos de promoción humana y social.

55      La música es un don de Dios, un don que posee un gran poder para expresar y provocar sentimientos de alegría y paz, impulsar a la juventud al bien, y reforzar una cultura juvenil con los valores del Reino de Dios. Debemos promover un tipo de música secular y religiosa, para que su mensaje positivo llegue al corazón de la juventud hispana. De esta manera ayudaremos a aminorar los efectos de la música comercial, que frecuentemente estimulan al consumo, hedonismo, libertinaje sexual y droga como formas aceptables para solucionar los problemas, y al suicidio, **ocultismo** y **satanismo** como escapes de la realidad.

56      Muchos jóvenes pasan entre siete y ocho horas diarias escuchando música e invierten una fuerte proporción de su dinero en grabaciones, aparatos electrónicos y conciertos. Es necesario desanimar a los jóvenes a escuchar música para evadirse de la realidad y de las responsabilidades de la vida, para encerrarse en sí mismos o para evitar el contacto con su familia y la sociedad. Podemos recuperar la música para producir paz y alegría, facilitando que los jóvenes seleccionen adecuadamente lo que escuchan y motivándolos a que compongan música que promueva los valores del Reino de Dios.

57      Las computadoras y los sistemas computarizados de comunicación (informática), aunque son muy útiles para las ciencias, tecnología, investigación y servicios, también facilitan el almacenamiento excesivo y la manipulación de información. Además, la posesión de computadoras y la habilidad para usarlas está creando una nueva "élite educada", a la que pocos jóvenes hispanos tienen acceso. Hasta el momento, las computadoras se han usado muy poco para promover el desarrollo de la juventud hispana. La pastoral juvenil hispana no puede ignorar la influencia positiva o negativa que tiene la tecnología de la informática si quiere formar cristianos comprometidos a crear un mundo más justo y más humano.

## La crisis ecológica y la juventud hispana

58      Si bien, los efectos de la actividad humana sobre el medio ambiente natural, la extinción de las especies animales y vegetales, han sido causa de preocupación desde hace tiempo; la contaminación del aire, el suelo y el agua, y la erosión de la tierra han adquirido dimensiones tan graves que requieren una solución inmediata. Urge corregir los daños hechos al globo terráqueo y a la atmósfera; preservar especies animales casi extintas, y utilizar más sabiamente los

recursos naturales no renovables. También urge una planificación eficiente para que el desarrollo económico y humano no altere negativamente el equilibrio entre la vida humana y los recursos naturales.

59      El mandato bíblico de dominar la creación, según el primer capítulo del Génesis, debe ser entendido en el contexto de la responsabilidad por la vida de todo el universo. Como seres creados a "imagen de Dios" debemos ejercer el dominio sobre la naturaleza a la manera de Dios, es decir, cuidando de ella de modo que sea fuente de vida para las personas. El plan de Dios es que cuidemos de la creación, la usemos y la transformemos, sin destruir los recursos que Dios nos ha dado para el beneficio de toda la humanidad.

60      La juventud está siendo despojada de la naturaleza como fuente de vida y está heredando un mundo deteriorado por la contaminación, la erosión, la extinción de especies y el agotamiento de recursos no renovables. Si los efectos devastadores de la industrialización y urbanización descontrolada persisten, estos problemas continuarán creciendo de manera dramática. Sin embargo, un hecho esperanzador es que la juventud tiene en sus manos la posibilidad de regenerar la creación, redirigiendo la ciencia y la tecnología o favoreciendo el desarrollo humano y el equilibrio ecológico.

61      La crisis ecológica clama por una nueva solidaridad de las personas con la naturaleza, a nivel personal, nacional y global. Sólo habrá una solución a esta crisis, si se examina y revisa seriamente nuestro estilo de vida, con sus exigencias de gratificación inmediata y consumismo y la indiferencia ante los daños que causan estas exigencias.

62      Los jóvenes latinos pueden aportar al movimiento ecológico, elementos valiosos de la tradición y espiritualidad hispana. Estos elementos incluyen la importancia de la persona, la liberación de las opresiones, el espíritu comunitario, la íntima relación entre los seres humanos y la naturaleza, y la solidaridad con los sectores pobres. Para que los jóvenes hispanos puedan hacer estas valiosas contribuciones, se necesita que los agentes de pastoral juvenil eleven su nivel de conscientización ecológica:
• promoviendo una conciencia crítica de la realidad ecológica y una actitud frente a la naturaleza como fuente de vida para toda la humanidad, y no de excesos y lujos para una minoría privilegiada;

- desarrollando una espiritualidad que contemple y agradezca la obra de Dios y que lleva al joven a sentirse parte de la naturaleza y cocreador con Dios;
- evitando el uso de objetos tóxicos y desechables; promoviendo el reciclaje de materiales industriales, y desechando la basura y los desperdicios de manera adecuada;
- organizando campañas y proyectos concretos con impacto ecológico a nivel nacional e internacional.

## La acción política del joven latino

63    Aunque la promoción del propio desarrollo personal y la lucha por la paz, la justicia social y la ecología son importantes, esto no es suficientes para lograr una "cultura del compartir y la paz". Para hacer realidad este ideal no bastan ideologías, palabras bellas o proyectos aislados. Se requiere que jóvenes y adultos participemos efectivamente en la política, dirigiendo al gobierno y proponiendo leyes que promuevan solidaridad, respeto mutuo y bien común.

64    En Estados Unidos, la proporción de los ciudadanos con derecho al voto que realmente vota en una elección importante tiende a ser del 50%, lo que es irónico cuando tantos otros países están luchando por la democracia. Es necesario incrementar la participación en la política electoral, los esfuerzos legislativos, la defensa de los derechos humanos y la organización de las comunidades. El voto corresponde sólo al joven mayor de dieciocho años, pero la participación política en otras actividades está al alcance de toda la juventud y la prepara para ejercer este derecho. La formación política de la juventud latina es una clave para lograr muchos cambios: una economía más justa; mayor apoyo a la familia; educación escolar de calidad para toda la gente y servicios médicos al alcance de todos; relaciones internacionales basadas en la justicia y la paz; ecología sana, y la erradicación del racismo, violencia, drogadicción, embarazos de adolescentes y **eutanasia.**

65    La formación política de los jóvenes empieza por una toma de conciencia de la influencia enajenante de algunos enfoques e ideologías que reciben a través de los medios masivos de comunicación, la escuela y la cultura "pop". La formación política de los jóvenes también debe incluir estrategias para enfrentar la complejidad y burocratización del sistema gubernamental y de las instituciones de servicio social.

66        Todas las personas que participan en la pastoral juvenil y en las actividades de la iglesia tienen una fuerte responsabilidad en la formación política de los jóvenes para ser signos visibles del compromiso cristiano por la justicia y la paz. Urge terminar con la pasividad de la iglesia, para promover la acción política de los jóvenes. La juventud tiene un papel vital como el elemento más dinámico del cuerpo social; elemento capaz de reintroducir y renovar el sentido de la vida y de la cultura, de aportar nuevas perspectivas y de aplicar los valores del Reino de Dios a sus propias circunstancias históricas. Pero, para que esto sea realidad, la juventud requiere tener conceptos y objetivos claros, solidaridad con el pueblo pobre, buena organización, apoyo de la comunidad adulta y un proceso continuo de educación en la acción.

67        Los jóvenes pueden participar políticamente, a nivel local, formando grupos de presión que promuevan cambios en las escuelas, instituciones de salud y fuentes de trabajo; colaborando en esfuerzos de organización de la comunidad; ejerciendo su derecho al voto; afiliándose o confrontando a un partido político, y discerniendo su posible vocación al servicio público en la política. El papa Juan Pablo II, en su exhortación apostólica *Christifideles Laici*, hace un resumen de la responsabilidad cristiana en la vía pública, de la siguiente manera:

> Los fieles laicos de *ningún modo pueden abdicar de la participación "política"*, es decir, de la multiforme y variada acción económica, social, legislativa, administrativa y cultural, destinada a promover orgánica e institucionalmente el *bien común*. Como repetidamente han afirmado los Padres sinodales, todos y cada uno tienen el derecho y el deber de participar en la política, si bien con diversidad y complementariedad de formas, niveles, tareas y responsabilidades. Las acusaciones de arribismo, de idolatría, de poder, de egoísmo y corrupción que con frecuencia son dirigidas a los hombres del gobierno, del parlamento, de la clase dominante, del partido político, como también la difundida opinión de que la política sea un lugar de necesario peligro moral, no justifican lo más mínimo ni la ausencia ni el escepticismo de los cristianos en relación con la cosa pública.[6]

# ❦ 5 ❦

# La Realidad Religiosa
# de la Juventud Hispana

# La Realidad Religiosa
# de la Juventud Hispana

*D*eseando ser la luz del mundo y la sal de la tierra, muchos jóvenes hispanos dedican sus energías y su talento a la misión de la Iglesia. Sus principios son profundamente cristianos. Cualesquiera que sean sus circunstancias, se consideran miembros de la familia espiritual dirigida por su madre, la Virgen María. Esto es evidente en su arte, poesía y en otras formas de expresión. No obstante, las presiones del ambiente sobre los jóvenes hispanos para que se adapten y se guíen por principios egoístas, han alejado a muchos de la Iglesia.

—National Conference of Catholic Bishops,
*La presencia hispana: Esperanza y compromiso*

1    La mayoría de los jóvenes hispanos que viven en Estados Unidos son católicos. Muchos de ellos nacieron y han vivido en ambientes donde la **religiosidad popular** hispana influyó las primeras etapas de su vida de fe. Como resultado, esta religiosidad provee los lentes desde los cuales perciben y expresan su fe. No podemos aislar a los jóvenes de la religiosidad y del catolicismo popular en los cuales han crecido, porque los jóvenes se acercan a Dios, precisamente, a través de estas vivencias religiosas. Al contrario, necesitamos comprenderlas y respetarlas, y reforzar aquellos aspectos que ayuden a los jóvenes a experimentar y vivir el mensaje del Evangelio.

2    En este capítulo reflexionamos sobre los rasgos sobresalientes de la realidad religiosa de la juventud latina. En primer lugar, presentamos algunas características de la religiosidad popular hispana. En segundo lugar, hablamos del catolicismo popular hispano. En tercer lugar, presentamos algunos rasgos de la fe cristiana de los jóvenes, según opiniones de ellos mismos. En cuarto lugar, hacemos un análisis crítico de los desafíos que el **secularismo** plantea a los jóvenes.

## La religiosidad popular hispana: una expresión de fe

3   En toda cultura, la religiosidad nace de la necesidad innata de relacionarse con Dios y de vivir y expresar el misterio de lo sagrado.
Esta religiosidad incluye las creencias, experiencias y celebraciones
religiosas a través de las cuales un pueblo vive y afirma su fe. En
otras palabras, la religiosidad popular

- es la forma cultural que adopta la religión en un pueblo determinado;
- abarca todos los ámbitos en que se desenvuelve la vida de un pueblo;
- es la manera intuitiva con que el pueblo percibe, siente y vive el
misterio de Dios;
- constituye la conciencia individual y colectiva, a través de la cual
el pueblo vive su relación con Dios;
- consiste en el conjunto de creencias acerca de Dios que tiene un
pueblo, las actitudes básicas que se derivan de estas creencias y las
formas como expresan y celebran sus convicciones y actitudes.

4   El pueblo hispano expresa su religiosidad de diferentes maneras y con distintos grados de **sincretismo religioso.** La forma más
común de religiosidad popular hispana es el catolicismo popular,
que resultó de la **inculturación** del catolicismo europeo del siglo
XVI entre los indígenas y los esclavos africanos en América Latina.
Sin embargo, la religiosidad popular hispana también incluye religiones prehispánicas que incorporaron sólo algunos elementos cristianos.

5   La religiosidad popular de los jóvenes hispanos es muy compleja. Mientras que muchos jóvenes preservan el catolicismo popular, algunos están en franca rebelión contra la religiosidad
tradicional de sus padres; otros han caído presa del secularismo y
otros, están incorporando elementos del evangelismo pentecostal.

6   La religiosidad popular de los jóvenes hispanos encarna las características particulares de los hispanos, así como la psicología individual de cada joven. Por lo tanto, conforme estos elementos
cambian a lo largo del tiempo, la religiosidad popular también cambia.

7   A través de su historia, el pueblo hispano ha tomado diferentes opciones religiosas para responder a las circunstancias de su
vida, contando con la ayuda de Dios. Muchas veces, la religiosidad

popular hispana ha sido mal interpretada o manipulada por grupos que querían mantener a las personas oprimidas. Estos grupos inculcaron en la gente un determinismo fatalista o promovieron una sumisión incondicional ante la sociedad o las normas institucionales de la iglesia.

## Religiosidad popular e identidad cultural

8    La religiosidad popular es fuente de identidad y fuerza integradora para los jóvenes latinos, porque expresa la cosmovisión, sentimientos y valores de su pueblo. La religiosidad popular también encarna el misterio de lo sagrado en la vida diaria de los jóvenes, a través de creencias y ritos.

9    La religiosidad popular hispana está muy relacionada con la pobreza y marginación sociorreligiosa en que ha vivido la mayoría del pueblo latinoamericano. Aunque es típica de los sectores pobres de la población, en muchos aspectos también es vivida por personas de otras capas sociales. Esto hace que la religiosidad popular mantenga lazos entre personas de diferentes medios sociales, convicciones políticas y naciones. Estas características dan a la religiosidad popular, la capacidad de congregar grandes multitudes, sobre todo en las fiestas religiosas.

10    Es posible apreciar la identidad cultural que da la religiosidad popular en una parroquia, barrio o pueblo. Se nota en la forma de entender y celebrar la vida; en las maneras de organizarse comunitariamente; en el modo de trasmitir sus tradiciones religiosas a las siguientes generaciones; en el arte, la danza, la música y las canciones; en las fiestas de los santos patronos, y en devociones locales. A niveles regional y nacional, la religiosidad popular integra al pueblo mediante devociones comunes y perspectivas generales sobre la vida.

11    La cultura y la religiosidad popular generalmente están íntimamente unidas y, juntas, constituyen la idiosincrasia de un pueblo. Para los inmigrantes latinoamericanos, la gran diversidad cultural y religiosa que existe en Estados Unidos puede hacer que los puntos tradicionales de referencia y las fuentes de apoyo cultural desaparezcan. La sola cantidad de opciones disponibles desorienta a los jóvenes, complica la tarea educativa de los padres y empuja a padres e hijos a reemplazar sus tradiciones culturales y religiosas con valores enraizados en el materialismo y el hedonismo.

12    Los jóvenes continuamente buscan formas de expresión religiosa relacionadas a la cultura juvenil para reforzar su identidad como comunidad juvenil cristiana, tales como: camisetas con mensajes religiosos, carteles, música popular y calcomanías. Además, la gente joven continúa disfrutando tradiciones latinas como posadas, mañanitas, dramas, pastorelas, concursos musicales y dramatizaciones del vía crucis. Todas estas expresiones de religiosidad popular refuerzan las vivencias religiosas y comunitarias de los jóvenes latinos, inspiran y revitalizan la comunidad adulta y atraen a los niños como un imán. Para que esto suceda, es necesario que la Iglesia anime y apoye la creatividad de los jóvenes en estas actividades y los incluya en la experiencia total de la Iglesia.

13    La relación entre fe y cultura ha sido tradicionalmente muy fuerte en el pueblo latino. La pérdida de su idioma y cultura de origen ha debilitado o destruido la religiosidad de los latinos en Estados Unidos. De la misma manera, la carencia de prácticas frecuentes de religiosidad popular ha contribuido a la falta de cohesión entre la gente latina, quien necesita unirse para superar los retos a que se enfrenta en este país.

## Religiosidad popular y espiritualidad

14    La religiosidad popular hispana tiene valores y actitudes tales como la humildad, solidaridad humana, ternura, aceptación del sufrimiento, reconocimiento de la debilidad humana, aceptación de la voluntad de Dios, confianza en la providencia divina, reconocimiento del poder de Dios, conciencia del triunfo del bien sobre el mal y seguridad en la vida después de la muerte. Estas actitudes hacia Dios y la vida humana forman una espiritualidad que ha permitido al pueblo hispano mantener su fe en Dios, su caridad hacia el prójimo y su esperanza en la vida, aún en medio de la pobreza, opresión y marginación.

15    La espiritualidad del pueblo hispano frecuentemente se expresa a través de devociones relacionadas a la necesidad de afecto y protección inmediata; de obtener favores y expresar confianza y agradecimiento a Dios. Esta espiritualidad devocional, resulta, en parte, de los sentimientos de vulnerabilidad al enfrentarse a la vida. La espiritualidad de la religiosidad popular hispana también incluye un rico simbolismo que facilita la relación del pueblo con Dios,

sin especulación filosófica y razonamientos teológicos comunes entre los grupos que se acercan a Dios de una manera más intelectual.

16    Muchas familias hispanas viven estas actitudes y valores tradicionales, trasmitiéndolos con éxito de generación en generación. Pero el ambiente social en Estados Unidos raras veces permite que estos valores florezcan, al contrario, los sofoca y substituye con valores contrarios. Más aún, muchas veces, la iglesia menosprecia o mal interpreta estos valores, haciendo que la gente joven pierda los fundamentos de su espiritualidad y quede con sed de Dios.

### Importancia de los símbolos y los milagros

17    La incertidumbre, la injusticia y las condiciones inhumanas en que vive el pueblo latino refuerzan su necesidad de sentirse cerca de Dios y de buscar modos concretos de manifestar su confianza en él. En consecuencia, los elementos vitales de la vida religiosa del pueblo latino incluyen signos, símbolos y ritos religiosos; espacios, personas y objetos sagrados; hechos milagrosos y expresiones comunitarias de su vivencia religiosa. Aún cuando la gente no pueda explicar su importancia y significado, estos elementos suelen permanecer vivos mientras mantienen relación con su experiencia personal. Pero, si los signos o los símbolos están vacíos de un significado religioso o si están muy apartados de sus experiencias, la gente joven tiende a descartarlos.

18    La necesidad que tienen los jóvenes de contar con el auxilio divino ante situaciones sumamente difíciles, hace que sean propensos a creer en milagros. Es importante reconocer esta necesidad, así como la experiencia religiosa que existe detrás de las creencias milagrosas de los jóvenes, en lugar de tacharlos simplemente de supersticiosos o faltos de formación religiosa. Las mandas, promesas, penitencias y exvotos que la gente joven ofrece a Dios, a la Virgen o a los santos, a cambio de favores divinos, simbolizan su reconocimiento de que los milagros vienen del poder de Dios y ocurren sólo por su voluntad. La gente joven tiene una gran fe en el poder de Dios para proteger y salvar en situaciones desesperadas. A veces, esta creencia hace que los jóvenes piensen que Dios controla todos los aspectos de su vida, visión que disminuye su confianza en sí mismos y que puede originar un determinismo religioso. Para combatir este determinismo, se necesita clarificar el concepto de milagro, interpretándolo dentro del contexto total del mensaje del Evangelio.

### Importancia de pertenecer a un grupo

19    La juventud tiende a crear rituales que indican su pertenencia a un grupo y que marcan las diferentes etapas de su participación en éste. La gente joven tiende a dar más importancia a los rituales y objetos sagrados que a las personas y lugares sagrados, porque los rituales y los objetos están regularmente más a su alcance. A decir verdad, mucha gente joven tiende a dar valor religioso a objetos que son significativos para ellos, aunque no tengan una naturaleza específicamente religiosa.

20    La búsqueda de identidad de los jóvenes y la facilidad con que prometen su lealtad a un grupo puede hacerlos muy vulnerables a cultos, rituales y **grupos pseudorreligiosos.** Estos grupos proporcionan a la gente joven momentos y experiencias sagrados en los cuales buscan seguridad, protección y afirmación. Desafortunadamente, estos grupos tienden a ser exageradamente manipuladores y a que los jóvenes se evadan de la realidad. También aumentan la posibilidad de que caigan en las pandillas, la superstición e incluso la magia negra o brujería como medios para manejar sus problemas y controlar el mundo que los rodea.

## Riesgos de opresión y alienación en la religiosidad popular

21    Aunque la religiosidad popular facilita una experiencia de Dios en mucha gente y expresa la confianza en un Dios que protege y salva, la religiosidad popular también puede causar una opresión y alienación seria cuando:
- lleva a la superstición y a la manipulación de lo sagrado, en lugar de afirmar los valores humanos;
- crea una división falsa en la experiencia de los jóvenes, desvinculando lo sagrado de su vida y el mundo;
- sirve de escape a la realidad, evitando el desarrollo personal del joven y su participación en una acción social transformadora;
- origina un determinismo fatalista ante situaciones injustas e inhumanas;
- favorece el individualismo de los jóvenes mediante su participación en grupos y cultos marginados de la comunidad eclesial;
- funciona como mecanismo de defensa ante las inseguridades, temores y conflictos de la vida;
- favorece una interpretación fundamentalista de las Escrituras, tomando como verdad literal aspectos que son verdades religiosas;

- reduce la relación de los jóvenes con Dios a un mero contrato o intercambio de favores.

22    Toda expresión de religiosidad popular enfrenta estos peligros, independientemente de la religión o iglesia a que se pertenece. Los peligros y aspectos negativos de la religiosidad popular representan un riesgo especialmente fuerte para los siguientes grupos:

- jóvenes profundamente religiosos que no tienen conocimiento de otros medios para vivir su fe en Dios;
- jóvenes que no han tenido una experiencia religiosa significativa y que son emocionalmente muy sensibles;
- jóvenes que encuentran en la religiosidad popular, elementos integradores que los hacen olvidar la marginación social en que viven.

23    Debido a que las expresiones religiosas pueden originarse de diferentes maneras y en distintos lugares, no siempre es fácil identificar los aspectos positivos y negativos de una determinada expresión religiosa. Por lo tanto, es importante no atacar o criticar indiscriminadamente la religiosidad popular, ya que al hacer esto, se corre el riesgo de destruir raíces importantes de la fe cristiana de algunos jóvenes. La evangelización efectiva debe ser llevada a cabo desde una perspectiva positiva que enfatice la dignidad y el valor de los jóvenes como personas, que ayude a liberarlos de la opresión y los lleve a descubrir el significado cristiano de la vida. Una teología sólida, integrada en una **catequesis** bien fundamentada, tiene un gran potencial para purificar la religiosidad popular de sus elementos opresores y alienantes aprovechar los valores de la religiosidad popular y fomentar la **praxis** cristiana.

## El catolicismo popular hispano: una espiritualidad y una manera de ser iglesia

24    El catolicismo popular que existe actualmente entre los jóvenes latinos, se originó hace casi cinco siglos, con elementos de las religiones indígenas y africanas, con la religiosidad popular de los colonizadores y con la evangelización y catequesis de los misioneros. Este catolicismo —complejo, **heterogéneo** y rico en expresiones— tiene un alto grado de coherencia con el catolicismo oficial.

25    Entre los jóvenes latinos que pertenecen a familias tradicionales católicas, predominan elementos del catolicismo europeo pre-
conciliar; entre los que vienen de regiones rurales marginadas, se
nota la combinación de elementos nativos y europeos o africanos y
europeos. Además, en Estados Unidos, la religiosidad latina incorpora algunos elementos del catolicismo estadounidense y de otras
influencias cristianas.

26    El catolicismo popular es dinámico y evoluciona con el tiempo, al contacto con otras culturas y según las circunstancias de la
vida. Incluye la apropiación, adaptación o rechazo de ciertos elementos del catolicismo oficial para acoplarlo mejor con los valores
religiosos y culturales importantes para el pueblo. También incluye
la creación de nuevas formas para expresar ciertas creencias. La actitud de las parroquias puede llevar una coexistencia armoniosa y
complementaria entre el catolicismo popular y el oficial, o generar
una resistencia o alienación del pueblo que practica el catolicismo
popular. Por lo tanto, todo esfuerzo de evangelización debe tener
un espíritu verdaderamente eclesial que valore, apoye y oriente el
catolicismo popular de los jóvenes latinos.

27    Para muchos jóvenes hispanos, el catolicismo popular *es* su
única experiencia de iglesia. A través de él se relacionan con la comunidad eclesial y viven su fe cristiana. De ahí, la importancia de
que los jóvenes y los agentes de pastoral, lo conozcan, valoren y juz-
guen a la luz del Evangelio, para, sobre esta base, fortalecerlo y pu-
rificarlo, de modo que facilite la práctica cristiana de los jóvenes.

28    Cuando la evangelización y la catequesis no apoyan y orientan
al catolicismo popular, éste corre el riesgo de no centrarse en Jesús
y su proyecto. Cuando el catolicismo popular es ignorado o despreciado por personas que no lo comprenden, puede desaparecer, dejando a los jóvenes con un fuerte vacío religioso o puede llevarlos
hacia sectas fundamentalistas que les ofrecen un sentido de pertenencia a la comunidad.

## Importancia del credo y los sacramentos

29    Tradicionalmente, la espiritualidad del pueblo latino ha sido alimentada por una oración de contemplación de la grandeza de Dios
y la humanidad; por oraciones de petición, confianza en la providencia divina y arrepentimiento por traicionar el amor de Dios. La
espiritualidad hispana se expresa mediante una vida de oración

consciente; con prácticas rutinarias que mantienen cerca a Dios, y con celebraciones sacramentales que acercan más a Dios en momentos cruciales de la vida.

30      El cuerpo básico de las creencias del catolicismo popular coincide con los misterios fundamentales de la fe cristiana, según la tradición católica, aunque a veces presenta limitaciones o desviaciones, debidas a una atención pastoral y catequética deficiente. Entre las creencias más importantes destacan la fe en Dios creador, providente y salvador; la veneración a María como generadora de vida divina y modelo de formación femenina; la confianza y devoción a Jesús crucificado que comparte el dolor humano y acepta la muerte para darnos la vida eterna, y el respeto al Papa, sacerdotes y religiosas como representantes de Dios y autoridades en la iglesia.

31      El sentido de Dios, de la trascendencia divina y del carácter sagrado de la vida es muy fuerte entre los hispanos. Este sentido se expresa principalmente celebrando las etapas significativas de la vida humana con los sacramentos del bautismo, primera comunión y matrimonio. Además, los hispanos celebran la presencia de Dios en sus hogares y en la vida diaria con diversos sacramentales. Los sacramentales son signos sagrados, instituídos por la iglesia, que siguen el modelo de los sacramentos y expresan efectos de naturaleza espiritual, obtenidos por intercesión de la comunidad eclesial. Además, preparan a las personas para recibir los sacramentos y santifican distintos aspectos de la vida.

32      Los sacramentales más frecuentes entre los hispanos incluyen: el uso del agua bendita, la recepción de la ceniza el Miércoles de Ceniza, el rezar el rosario y el llevar a casa las palmas benditas del Domingo de Ramos. Estas y otras prácticas devocionales con las cuales los hispanos santifican su vida no deben ser eliminadas o menospreciadas, sino que deben ser valoradas en su relación con los sacramentos.

33      En la tradición hispana, los bautizos, primeras comuniones, quinceañeras, confirmaciones, bodas y funerales son ocasiones de gran celebración que incluyen a tantos familiares, amigos y compañeros de trabajo como es posible. La eucaristía dominical también es importante para un grupo numeroso de personas hispanas. Sin embargo, un segmento grande de la población hispana no está acostumbrada a participar en ella, porque en poblados rurales y barrios pobres de Latinoamérica no se ofrece misa dominical regularmente,

y los hispanos en Estados Unidos no han recibido una atención pastoral suficiente que promueva esta práctica.

## Importancia de los símbolos y los ritos

34   Además de los sacramentales, los hispanos católicos usan cruces, medallas, veladoras, incienso, estampas e imágenes para expresar su devoción a Dios, a María o a los santos. Les gusta hacer ofrendas, promesas, procesiones, fiestas del santo patrón; tienen rituales de adoración a la Cruz y oraciones al Santísimo. Les gusta representar eventos bíblicos, especialmente en Semana Santa y en Navidad. También muestran aprecio por los altares familiares, las ermitas, los santuarios locales, las capillas y los templos. Veneran imágenes u objetos sagrados, bendicen a las personas, a las casas, a los coches y al fruto del trabajo. Todos estos son signos con que el pueblo expresa la presencia de Dios en momentos significativos de su vida.

35        En el proceso de evangelización, es importante no interpretar este tipo de expresiones con una perspectiva originada desde afuera, ni juzgarlas a la ligera. Al contrario, son oportunidades para descubrir la presencia de Dios en la vida del pueblo, y para encarnar el Evangelio en la vida personal y comunitaria de la juventud.

## Importancia de la identificación con Jesús

36   El catolicismo popular hispano es, en gran medida, una espiritualidad cristocéntrica, dada la identificación del pueblo hispano con Jesús. Debido a sus propios sufrimientos, el pueblo hispano tiende a identificarse fuertemente con Jesús crucificado, quien padeció maltratos y persecuciones por ellos. Como resultado de esta identificación, el pueblo ha aceptado mucho dolor y persecuciones en nombre de Jesús; ha sufrido malos tratos y persecuciones por solidaridad con los pobres y oprimidos; ha aceptado la pobreza y el sacrificio, y ha mantenido viva la esperanza, incluso en circunstancias más allá de toda esperanza.

37        Aunque en general, el pueblo hispano no expresa en palabras abiertamente su fe en Jesús resucitado, experimenta día a día el misterio pascual por su manera de ser, comportarse y vivir diversas situaciones de muerte y vida. En ocasiones, otras personas se aprovechan de la disponibilidad de los hispanos a aceptar el sufrimiento por amor a Dios y a sus seres queridos, para subyugarlos.

38    Debido a la importancia que tiene Jesús en la vida de los jóvenes, realizamos una encuesta con diferentes grupos sobre la manera como se relacionan con él y sobre sus opiniones acerca del lugar que tiene Jesús en la vida de otros jóvenes. Esta información se presenta en la sección "Los jóvenes hablan".

## Importancia de la devoción mariana

39    Otro elemento vital del catolicismo popular hispano es la devoción a María, madre de Dios y madre nuestra. En su cercanía, compasión y ternura, María encarna y cumple el papel femenino de la divinidad. Además, la imagen de María como madre, refleja la experiencia del pueblo hispano en su relación con la tierra, la cual es considerada como sagrada por su capacidad de generar y nutrir la vida. Dado este contexto, las apariciones de María tienen para el pueblo casi el peso de un dogma, legitiman su identidad, refuerzan su religiosidad y le dan valor ante situaciones difíciles.

40    De esta confianza, surge la veneración a María como el ser humano más capaz de acercarnos a Dios. Las devociones marianas son experiencias profundamente evangélicas, que con una buena catequesis, pueden fructificar en una práctica auténticamente cristiana. En cambio, cuando la piedad y las devociones marianas son atacadas, la totalidad de la fe del pueblo hispano es puesta en entredicho y puede ser ahogada.

41    María es la patrona de todos los países latinoamericanos y vive en el corazón de la mayoría de la gente hispana. Su presencia ha jugado un papel clave en la fe y en las prácticas religiosas del pueblo latino. Debido a su importancia, la reflexión inicial y el último capítulo del segundo volumen se centran en María. La reflexión inicial se refiere a María en las Escrituras y el capítulo final trata de la piedad popular mariana y presenta a María como modelo para la acción evangelizadora.

## Importancia de las peregrinaciones y los santos

42    Las peregrinaciones, el caminar en búsqueda de la presencia divina, el ir al lugar del encuentro con Dios, son muy importantes en la espiritualidad hispana. En ellas se vuelcan los sentimientos de entrega a Dios, el concepto de un camino de salvación, el itinerario de una vida de fe, el carácter transitorio de la vida, la disponibilidad al

sacrificio y la aceptación a seguir adelante a pesar de las dificultades. A la juventud le gustan las peregrinaciones, donde proyectan su espíritu aventurero y comunitario, expresan su creatividad, ponen a trabajar sus capacidades organizativas y recuperan o refuerzan sus raíces culturales.

43    En la espiritualidad hispana, también son muy importantes las devociones personales y locales a los santos patronos y el compromiso personal hacia la Virgen y algunos santos como modelos de vida. Entre los santos con quienes más se identifican los jóvenes están San Francisco de Asís, San Martín de Porres, San Antonio y San José. La virgen María ocupa un lugar tan importante en el corazón latino, que constituye el modelo femenino por excelencia.

## Importancia del calendario religioso

44    Al mismo tiempo que el pueblo enfatiza algunas creencias, según sus necesidades vitales, también va creando un calendario de celebraciones religiosas con que alimentar su fe. Este calendario, relacionado con el año litúrgico, desempeña varias funciones importantes: convoca a la comunidad alrededor de Dios, es oportunidad para proclamar el Evangelio formar comunidad y generar fuerzas para la vida diaria.

45    En Estados Unidos, se han ido conformando nuevos calendarios de celebraciones populares hispanas. Estos calendarios integran fiestas religiosas de distintos pueblos y culturas latinoamericanas. Aunque la creación de nuevos calendarios suele causar conflictos, este proceso es importante como un medio de adaptación entre las diferentes culturas hispanas.

## Focos tradicionales de la espiritualidad hispana

46    Los elementos y prácticas religiosas que hemos presentado en esta sección, son focos de la espiritualidad para los hispanos. El credo, los sacramentos y los sacramentales, los símbolos y ritos, la identifiación con Jesús, la devoción mariana, las peregrinaciones y las devociones a los santos, y el calendario religioso, son, a la vez, focos de los cuales emana la relación de la gente con Dios, y puntos donde converge el pueblo para celebrar su fe. La pastoral juvenil hispana debe aprovechar estos focos para nutrir la fe de los jóvenes, darles un sentido de comunidad eclesial y ayudarlos en su crecimiento espiritual.

47      Los jóvenes de hoy en día, tienen un deseo grande de conocer la Palabra de Dios y alimentarse directamente con ella. Este deseo no compagina con el catolicismo popular, que trasmiten las Escrituras de manera oral, basándose en elementos bíblicos asimilados a nivel de proverbios, en historias de personajes y en relatos de eventos, con adiciones y modificaciones provenientes de la sabiduría popular. El resultado es una necesidad urgente de reforzar la formación bíblica de los jóvenes, ayudarlos a conocer e interpretar correctamente las Escrituras, a profundizar en su mensaje y a integrarlo en su vida.

48      La pastoral juvenil hispana también tiene la responsabilidad de remediar las limitaciones en la formación espiritual de los jóvenes y en su catolicismo popular. Frecuentemente, las experiencias valiosas del catolicismo popular son anuladas por circunstancias y situaciones negativas, tales como el haber vivido su fe en situaciones de opresión e inferioridad. Consecuentemente, la fe en Dios y la devoción a Jesús llevan a una aceptación fatalista en lugar de a una lucha con esperanza; María es vista como modelo de sumisión a los varones y no como modelo de una relación profunda con Dios; la devoción a Jesús crucificado se queda en la cruz y no permite apreciar la resurrección, y el respeto a la autoridad eclesial origina pasividad y resignación.

## La marginación eclesial: un riesgo del catolicismo popular

49      Aunque el catolicismo popular frecuentemente existe al margen de las normas institucionales de la iglesia, los jóvenes hispanos que han crecido en el catolicismo popular, con derecho se consideran a sí mismos como miembros de la Iglesia Católica. Estos jóvenes fueron bautizados en ella; han sido evangelizados y catequizados en la tradición católica, aunque sea a nivel inicial, y abrazan global e intuitivamente el credo católico. Además, se identifican como católicos; buscan en las parroquias la atención religiosa y pastoral que necesitan, y tienen prácticas litúrgicas católicas.

50      Por siglos, el pueblo hispano en Latinoamérica y en Estados Unidos mantuvo su fe gracias a una religiosidad que le permitió ser católico sin la presencia institucional y pastoral de la iglesia. Sin embargo, las condiciones religiosas y culturales han cambiado para los hispanos en Estados Unidos, en parte debido a la actividad de las sectas religiosas y en parte porque el catolicismo popular es menos

intenso en las culturas industrializadas y urbanas, y está menos extendido en este país que en Latinoamérica. Además, el catolicismo popular es rechazado, a veces, por la misma Iglesia.

51    Conforme los jóvenes latinos adquieren más conciencia de lo que significa ser iglesia, se rehúsan a seguir marginados y buscan una nueva síntesis entre su religiosidad popular y su participación activa en la comunidad eclesial. Cuando la iglesia no brinda a los jóvenes la atención pastoral que necesitan o cuando otras iglesias o sectas religiosas les ofrecen dicha atención, los jóvenes se incorporan a ellas como un medio para abandonar la marginación eclesial. Algunas veces, los jóvenes realizan este cambio sin pensarlo mucho; en otras ocasiones, se van después de una evaluación cuidadosa, pero el resultado en ambos casos hace vital que se de a los jóvenes el lugar que les corresponde en la Iglesia Católica.

## La juventud hispana y su fe cristiana

### Niveles de evangelización entre los jóvenes hispanos

52    La calidad de la vida de fe de la juventud hispana depende del nivel de **religiosidad** en que han vivido, del tipo de la formación cristiana que han recibido en su hogar y de la atención pastoral y catequética que les ha brindado la iglesia. Entre los jóvenes latinos, existe una amplia gama de estilos y grados de evangelización, pudiéndose identificar un sector de la juventud más cercano a la Iglesia Católica y otro más alejado de ella.

53    En el sector más cercano a la Iglesia, se distinguen las siguientes categorías:

1. *Jóvenes con un catolicismo popular*, que mantienen viva su experiencia de Dios y se acercan a la iglesia en momentos críticos y significativos de su vida, los cuales hay que aprovechar para iniciar una relación personal con ellos y ofrecerles una **nueva evangelización.**

2. *Jóvenes con práctica sacramental*, que asisten a la misa dominical más por costumbre, obligación o presión familiar que por un compromiso personal o conciencia de su fe. Estos jóvenes deben ser motivados de manera personal a participar en experiencias de evangelización y a profundizar su formación en la fe.

3. *Jóvenes que viven su compromiso bautismal,* promoviendo los valores de Jesús y trasmitiendo la Buena Nueva en su quehacer diario y que necesitan reflexionar sobre su fe y su misión en el mundo.

4. *Jóvenes comprometidos en los ministerios,* sea en la pastoral juvenil, catequesis, liturgia o acción social, que requieren además una formación teológica y pastoral especializada.

54    En el sector más alejado de la iglesia, se encuentran las siguientes categorías:

1. *Jóvenes marginados,* que viven en hogares con un mínimo de espíritu y práctica religiosa y con una relación muy limitada con la iglesia. A ellos se llega mejor a través de otros jóvenes y a partir de sus inquietudes de la vida diaria.

2. *Jóvenes que abandonaron la Iglesia,* porque resienten que la religión se les haya impuesto, porque su estilo de vida se alejó de la doctrina moral de la Iglesia Católica o porque se incorporaron a una secta religiosa. El primer grupo necesita cariño y paciencia para sanar sus heridas y clarificar sus confusiones; el segundo, necesita un proceso de reconciliación, y el último grupo, debe ser tratado con un espíritu abierto y fraternal.

3. *Jóvenes con una religiosidad popular de tinte no cristiano,* tal como creencias supersticiosas en los horóscopos o prácticas de **santería, vudú** o hechicería donde buscan lo sobrenatural, una respuesta a sus necesidades y un medio para afirmar su identidad. Estos jóvenes necesitan descubrir a Dios, fortificar su identidad cultural y purificar su fe.

4. *Jóvenes hispanos sin religión* y sin conciencia de la presencia de Dios en sus vidas. Ellos necesitan descubrir la grandeza de Dios y del ser humano y encontrar vida en la salvación que se les ofrece a través de Jesús.

55    Gracias a Dios y a una mayor atención pastoral, cada día hay más jóvenes hispanos comprometidos seriamente con su fe y con la iglesia. Muchos de ellos se convierten en misioneros que llevan palabras de esperanza a otros jóvenes. La nueva evangelización expande los horizontes de muchos jóvenes hispanos en relación a Dios, a su propia vocación y a su misión en el mundo. La nueva evangelización se hace realidad llevando el mensaje del Evangelio con nuevo ardor, nuevos métodos de evangelización y nuevas expresiones de fe. Cuando la juventud latina cuenta con el apoyo de los adultos y

los recursos de la comunidad eclesial, tiene un potencial aún mayor de ayudar a renovar toda la creación.

## Los jóvenes hablan

56   Con el fin de conocer quién es Jesús para los jóvenes hispanos, se pidió a varios grupos juveniles, en diferentes regiones del país, que respondieran a las preguntas que hizo Jesús, según el evangelio de San Mateo:

> Al llegar Jesús a la región de Cesarea de Filipo, preguntó a sus discípulos: "¿Quién dice la gente que soy yo, el Hijo del Hombre?" Ellos dijeron: "Unos dicen que eres Juan Bautista; otros dicen que Elías; otros, que Jeremías o alguno de los profetas."
> Jesús les preguntó: "¿Y ustedes, quién dicen que soy yo?" (16, 13–15)

Estas preguntas siguen siendo vigentes para nosotros hoy en día, como lo fueron para los discípulos en tiempo de Jesús.

57   Para conocer mejor las imágenes que tienen los jóvenes hispanos sobre Dios, Jesús y la Iglesia, se formularon las preguntas de la siguiente manera:

- ¿Quién dicen los jóvenes hispanos que es Jesús —tanto los que están activos en la vida de la Iglesia como los que no participan en ella?
- *Ustedes*, ¿quién dicen que es Jesús?
- ¿Por qué razones otros jóvenes no se entusiasman por Jesús?
- ¿Cuáles son las malinterpretaciones y confusiones más frecuentes entre los jóvenes respecto a Dios, Jesús y la Iglesia?
- ¿Cuáles son las preocupaciones que tienen ustedes respecto a la vida de fe de los jóvenes latinos y la manera como se relacionan con Jesús?

58   Más de doscientos jóvenes latinos respondieron a estas preguntas. Sus respuestas muestran quién es Jesús para los jóvenes, según la etapa de su jornada de fe y sus experiencias personales, pudiéndose identificar dos niveles de conocimiento y de su relación con Jesús, claramente distinguibles. En general, los adolescentes y los jóvenes que han encontrado a Jesús vivo recientemente, lo ven de manera muy personal. Quienes tienen más formación cristiana y una mayor madurez en su fe, tienen una imagen de Jesús más comunitaria, desafiante y con una proyección más amplia.

**Imágenes de Jesús para quienes inician su jornada de fe**

59      Entre los adolescentes y los jóvenes adultos que han encontrado a Jesús recientemente se destacan seis imágenes de él:

- *Un Jesús amigo*, que escucha y responde a los jóvenes y les inspira confianza. Jesús es alguien a quien le cuentan sus cosas y le hablan íntimamente; a quien dan gracias por la vida y le piden perdón; a quien acuden pidiéndole ayuda para dejarse guiar por el camino del bien y ser honrados, buenos y trabajadores.
- *Un Jesús dador de vida*, que ama a los jóvenes, les perdona sus pecados, los renueva, les da la vida y los salva. Es un Jesús que atrae a los jóvenes, sobre todo por su alegría, su lealtad y su entrega hasta sufrir y morir por ellos.
- *Un Jesús que desafía*, que motiva a los jóvenes al bien y les da valor ante los problemas; es una luz ante las dudas y les ofrece alternativas y oportunidades de volver a empezar después de haber cometido errores.
- *Un Jesús modelo de vida*, en cuanto a su bondad, su amor, su amistad y su humildad. Los jóvenes lo aceptan como modelo por el bien que hizo y porque supo vencer las tentaciones de la vida.
- *Un Jesús vivo y activo en el mundo*, a quien encuentran en la gente que sigue su ejemplo, en el amor de sus padres, en la ayuda de sus amigos, en quienes los guían hacia el bien y en el grupo juvenil. Este Jesús se manifiesta vivo cuando comparten su amor con otras personas.
- *Un Jesús guía y compañero*, que acompaña a los jóvenes a lo largo de su vida y les pide que lo sigan en espíritu y acción. Jesús pide a los jóvenes que se amen, se ayuden y se perdonen unos a otros; que visiten a los enfermos; que sean Jesús para los jóvenes que están pasando momentos difíciles, y que oren por la gente que sufre, especialmente por los jóvenes que se dejan arrastrar por el vicio, porque no lo conocen.

**Imágenes de Jesús desde una perspectiva de fe más madura**

60      Entre los jóvenes con más madurez en su fe, sobresalieron nueve imágenes sobre Jesús:

- *Un ser humano excepcional*, por su misericordia y comprensión; por la humildad e igualdad con que trataba a sus semejantes; por su entrega a los pecadores y desamparados; por su amor y servicio a los demás, especialmente por su opción por los pobres y oprimidos.

- *Una persona maravillosa,* que es al mismo tiempo Dios y hombre, con gran personalidad y **carisma;** fuerte y firme ante su misión; paciente y tierno con la gente. Jesús fue una persona que detestó la injusticia; hizo milagros para sanar y perdonar; promovió la libertad y el desarrollo humano. Fue una persona trabajadora, incansable y llena de energía; con espíritu rebelde y aventurero; con paz, alegría, optimismo y esperanza.

- *Un ejemplo a seguir,* sobre todo por la coherencia de su vida; por su fidelidad al Padre; por su generosidad, sacrificio y compromiso; por su valentía y entrega. Jesús es un maestro que enseña que para amar y servir no se necesita ser rico, sino que todos podemos hacerlo.

- *Un hermano,* que enseñó a la gente a relacionarse con Dios como Padre: teniéndole fe, tratándolo familiarmente, obedeciéndolo y cumpliendo con la misión que nos encomendó. Jesús es una persona con quien los jóvenes se pueden identificar bien, porque fue pobre y sufrió como ellos.

- *Un maestro,* que dijo que para estar bien con Dios hay que estar bien con los demás, esto es, que nuestro deber es querernos unos a otros como hermanos.

- *Un salvador,* que padeció y murió para brindar a la gente una vida de esperanza y dar sentido a su existencia. Jesús es un liberador que luchó incansablemente por la justicia y por hacer entender que la felicidad no es sólo para después de la muerte, sino que la felicidad del Reino de Dios empieza en esta vida.

- *Un profeta,* que desafía a los jóvenes a cumplir con su misión sin medir las consecuencias; a crear un mundo donde reine la justicia, el amor y la paz, y a trabajar para eliminar los males que aquejan a la sociedad.

- *Un Jesús que nos hizo sus colaboradores,* llamando a los jóvenes a proclamar la Buena Nueva a los necesitados, visitar a los enfermos, llevar consuelo a los que sufren, servir a la comunidad y ayudar a los pobres y pecadores. En otras palabras, Jesús los llama a ser sus colaboradores, haciéndolo presente entre la gente con actos y palabras, llevando así a las personas a Dios y enseñándolas a vivir cristianamente.

- *Un Jesús que da sentido a la fe que tenían de niños,* o sea, que ha concretizado la fe que aprendieron y la religiosidad que experimentaron de pequeños.

### ¿Quién dicen los jóvenes, que viven apartados de la Iglesia, que es Jesús?

61  Al responder a la pregunta ¿Quién dicen los jóvenes, que viven apartados de la Iglesia, que es Jesús?, los jóvenes de los grupos juveniles opinaron:

- Algunos jóvenes simplemente no saben nada de Dios. Otros, quizá, la mayoría, saben que Dios existe, pero no ven su importancia porque no lo conocen bien. Estos jóvenes no tienen la culpa por no conocer a Jesús, lo que pasa es que no han encontrado a Jesús en el amor de la comunidad. Saben que Jesús vivió hace tiempo, que hizo milagros y que murió por nosotros, pero no conocen al Jesús vivo de hoy en día.
- Muchos jóvenes piensan que Jesús los ama, pero esto no los ha llevado a un cambio de vida.
- Otros jóvenes piensan que Jesús no es tan poderoso como se dice porque no lo han experimentado en su vida, o no esperan nada de él porque no lo conocen bien.
- Otros jóvenes conocen anécdotas de la vida de Jesús, pero desconocen su misión y por eso no se entusiasman con él.

62  En general, los adolescentes y los jóvenes que respondieron a la encuesta, piensan que muchos jóvenes no se entusiasman con Jesús porque no han tenido la oportunidad de encontrar a un Jesús vivo y atrayente. La relación de esos jóvenes con Jesús es muy superficial, no saben que tenía un proyecto en el que todo joven puede colaborar, ni que ser cristiano es promover activamente el bien de la humanidad. Piensan que la religión consiste en oír hablar de Dios y escuchar sermones. Por eso se aburren y la religión no tiene sentido para ellos.

### Confusiones y falta de claridad sobre aspectos doctrinales

63  Al identificar las confusiones que dificultan que otros jóvenes se entusiasmen con Jesús, los jóvenes que contestaron la encuesta destacaron varias malinterpretaciones y aspectos doctrinales que requieren clarificación:

- Los jóvenes experimentan a Dios como todopoderoso y bueno, pero también como un Dios castigador.
- Los jóvenes piensan que las cosas malas que les suceden y pasan en el mundo son voluntad de Dios, y creen que Dios mandó a su hijo Jesús para que lo mataran. Concluyen que Dios quiere que la gente sufra.

- Los jóvenes creen que la vida con Dios empieza sólo después de la muerte.
- Los jóvenes señalaron que falta claridad sobre el misterio de la Santísima Trinidad y sobre la naturaleza humana y divina de Jesús.
- Los jóvenes piensan que Jesús es un santo milagroso, pero no saben que es Dios.
- Los jóvenes no comprenden cómo Jesús fue a la vez pacífico y revolucionario.
- Los jóvenes se preguntan en qué consiste seguir el ejemplo de Jesús hoy en día y ansían saber cómo era Jesús de joven.
- Los jóvenes no entienden cómo se relaciona su conversión personal con una mejor forma de vida y una sociedad más justa.

### Algunas preocupaciones de los jóvenes hispanos en los grupos juveniles

64    Los jóvenes que respondieron a las preguntas, expresaron varias preocupaciones sobre la pastoral juvenil hispana. Entre sus preocupaciones destacaron:

- En algunos grupos parroquiales y movimientos laicos sólo se presentan algunos aspectos de la personalidad y vida de Jesús, sin ayudar a los muchachos a conocer con profundidad quién es el verdadero Jesús y cuál es la totalidad de su misión.
- Muchos jóvenes se quedan en una relación muy individualista limitada a "Jesús y yo", sin considerar que Jesús está presente en la persona como miembro de la comunidad eclesial.
- Ocasionalmente, los esfuerzos evangelizadores ofrecen una visión sentimental de la vida, que se enfoca en sentirse bien y estar contentos, sin motivar a los muchachos a actuar como cristianos en el mundo.
- Faltan jóvenes bien preparados, activos y entusiastas en los grupos y movimientos, para lograr que otros jóvenes se unan a la causa de Jesús y ayuden a crear un mundo mejor.
- Algunos líderes juveniles buscan ser los primeros en lugar de servir.
- Frecuentemente se ve el servicio sólo como requisito para la Confirmación o como una actividad limitada al interior de la iglesia.

### Signos de esperanza y alegría

65    El hecho de tener estas respuestas de los jóvenes de los grupos juveniles representa un signo de esperanza y alegría. El saber que Jesús está vivo entre los jóvenes latinos que participan en la iglesia y el poder constatar que muchos jóvenes comprenden y están realizando su misión evangelizadora, es signo de una madurez y compromiso creciente en la juventud latina. A la vez, las percepciones recibidas sobre los jóvenes que no participan en la vida eclesial, son de gran ayuda para enfocar mejor la tarea pastoral.

66    Según los jóvenes con experiencia como evangelizadores y misioneros, lo que más ansían los jóvenes que viven alejados de Dios, es saber que Jesús los perdona y quiere su bien y el de todas las personas. Estos jóvenes, una vez que empiezan a confiar en los muchachos evangelizadores-misioneros, se dan cuenta de que por medio de ellos están recibiendo la vida y la misericordia de Jesús necesaria para "salir del hoyo" o para que su vida tenga sentido. Entonces, quieren saber más de Jesús y tratan de dejar de hacer el mal. Después de un tiempo, empiezan a imitar a Jesús, tratando de hacer el bien. Como resultado, su vida entera cambia; se integran a grupos juveniles eclesiales porque saben que ahí encontrarán el apoyo que necesitan para su nueva vida. Por último, cuando ya están entusiasmados con su fe, se vuelven activos en su comunidad eclesial y después en la comunidad local, como un medio para hacer que el Evangelio sea una realidad en la sociedad en que viven.

## Desafíos que el proceso de secularización plantea a los jóvenes

67    La época moderna se ha caracterizado por el cambio de una sociedad agraria a una sociedad urbano-industrial y por la valoración de la ciencia como medio para conocer la realidad. El primero de estos cambios ha impactado la religiosidad del pueblo y ha causado, en un sector grande de la sociedad, una crisis de fe; el segundo cambio ha llevado a otro sector de la población a una separación entre fe y ciencia. La combinación de estas dos dinámicas culturales ha generado un proceso de **secularización.** Este proceso lleva a las personas y a los pueblos a separar el mundo de lo temporal o secular del mundo de lo sagrado o religioso, y a sustituir valores y símbolos

religiosos por otros provenientes de la ciencia, la tecnología y la economía de consumo.

68     Esta secularización ha causado una separación de Dios y las personas, así como de la fe respecto a la ciencia, la cultura y la vida diaria. Esta ruptura en los diversos ámbitos de la vida ha generado una división interna en las personas, visiones limitadas o equivocadas sobre el ser humano, pérdida de estructuras sociales valiosas y enfoques sobre la vida alejados o incluso opuestos al Evangelio. Por eso, el Concilio Vaticano II y otros documentos eclesiales, tales como *Evangelii Nuntiandi* han identificado esta separación como la tragedia más grande de la cultura actual.

69     En esta sección, presentamos los principales desafíos que se desprenden del proceso de secularización y que causan en los jóvenes una serie de interrogantes. A continuación se analizan los desafíos causados por diversas visiones sobre el ser humano; la **dinámica cultural;** la ciencia y la tecnología, y la religiosidad popular. En cada una de estas áreas se ofrecen algunas pistas de respuesta.

## Diversas visiones sobre el ser humano

70     Dios se encarnó en Cristo para restaurar la dignidad de los seres humanos. La fe en Cristo nos da el criterio fundamental para adquirir una vision integral del ser humano. Sin embargo, aún en las culturas cristianas han existido distintas teorías e ideologías no cristianas sobre la persona. Estas perspectivas ofrecen sólo una visión parcial o distorsionada de la persona o incluso se cierran a la visión integral.

71     A continuación presentamos los desafíos más comunes a la visión cristiana sobre la persona humana, basados en las categorías planteadas por los obispos latinoamericanos en su Tercera Conferencia General en Puebla:[1]

72     **Visión determinista.** En la visión determinista, la persona tiene formas mágicas de ver el mundo y de actuar sobre él, es decir, no es dueña de sí misma, sino víctima de fuerzas ocultas. Cuando los jóvenes tienen esta visión, su única actitud factible es colaborar con estas fuerzas, consideradas, a veces, como buena o mala suerte. En otras ocasiones, estas fuerzas se traducen en la creencia de que todo lo que acontece ha sido determinado o impuesto por Dios.

73     Existe una variante de la visión determinista con una dimensión social y fatalista, basada en la idea errónea de que las personas

humanas no son fundamentalmente iguales. Esta supuesta diferencia da origen a muchas formas de discriminación y marginación, incompatibles con la dignidad humana.

74   **Visión sicologista.** En la visión sicologista, se ve al ser humano como resultado exclusivo de sus impulsos síquicos. En una posición extremista, se considera a la persona como víctima de una dependencia fundamental de sus instintos eróticos o de los mecanismos de respuesta a los estímulos del medio ambiente. Esta perspectiva sobre la persona humana, quita a la gente joven su responsabilidad personal, la deja a merced de sus impulsos naturales y la expone a ser manipulada sicológicamente.

75   **Visión economicista.** Hay tres variantes de la visión economicista del ser humano que tienen una raíz común en teorías económicas:

- *La visión consumista* considera al ser humano sólo como instrumento de producción y objeto de consumo. Esta visión es altamente promovida por las empresas comerciales, especialmente entre los jóvenes.
- *El liberalismo económico y su praxis materialista* ofrecen una perspectiva individualista del ser humano. Esta visión lleva a los jóvenes a pensar que el valor y la dignidad de las personas está basada en su eficiencia económica y en el uso de su libertad individual.
- *El marxismo clásico* substituye la visión individualista del ser humano con una visión colectivista, de tipo casi mesiánico (de salvación), donde la meta de la existencia humana está en el desarrollo de las fuerzas materiales de producción. En esta visión, la persona recibe sus normas de comportamiento de quienes son responsables del cambio de las estructuras sociopolíticoeconómicas, sin que se reconozca su conciencia interior y su libertad religiosa. Los jóvenes que aceptan esta visión creen que el ser humano está constituído sólo por su existencia social, dan un valor absoluto a las estructuras externas y reducen al ser humano a un objeto manipulable por los sistemas sociales.

76   **Visión estatista.** Esta visión, fundamentada en la teoría de la seguridad nacional, ha sido muy común en Latinoamérica. Consiste en poner a la persona al servicio ilimitado de una lucha relacionada con los conflictos culturales, sociales, políticos y económicos. Los jóvenes que comparten esta visión, consideran que frente a un

peligro permanente contra la nación o en una situación de emergencia, la libertad individual debe ser restringida y la voluntad del gobierno debe convertirse en la voluntad de la nación.

77    **Visión cientista.** La visión cientista, promovida por naciones altamente organizadas técnica y científicamente, considera que la vocación del ser humano es conquistar el universo. Los jóvenes que asumen esta visión y reconocen como verdad sólo lo comprobable por la ciencia, reducen la vida humana a sus explicaciones científicas y excusan en favor de la ciencia cualquier atropello a la dignidad humana.

**Respuestas cristianas a las diversas visiones sobre el ser humano**

78    Los jóvenes responden a los desafíos que les presentan las distintas visiones sobre el ser humano:

1. Dando un enfoque de **antropología** cristiana a toda reflexión sobre la naturaleza, procesos y retos en su desarrollo como personas, poniendo especial atención a sus tres pilares:
   - Tomar conciencia y valorar la dignidad personal como hijos e hijas de Dios; respetando la dignidad de otros; no dejándose tratar, ni tratando a otros como elementos anónimos de una sociedad impersonal e individualista o como objetos a ser usados o manipulados en beneficio propio, por el mercado económico o por el sistema sociopolítico.
   - Reconocer que sólo en Cristo se nos ofrece la posibilidad de alcanzar la libertad para amar a Dios y al prójimo, la liberación de toda opresión de pecado y la realización plena como personas.
   - Establecer una comunión con Dios y con las personas, basada en la dignidad de todas las personas, en el ejercicio de su libertad y en la realización de su vocación comunitaria.
2. Aceptando la invitación de Dios a colaborar en la obra liberadora de Jesús, siendo promotores de una sociedad donde:
   - se respete la vida humana como un don de Dios, desde el momento de la concepción hasta el momento de la muerte;
   - se dé su lugar y dignidad al ser humano;
   - se defiendan los derechos de todas las personas, sin distinción de raza, clase social, religión, edad, o sexo, y cada persona asuma su responsabilidad personal y social;

- se promueva en cada persona su aceptación personal y su responsabilidad social;
- se aprecie la grandeza y la realidad del ser humano, desde la perspectiva de la fe, ayudada por los conocimientos que brindan las ciencias humanas;
- se busque el bien común y se favorezca una convivencia humana basada en el amor, el servicio, la justicia y la paz.

## Desafíos causados por la separación entre fe y cultura

79   Los desafíos más fuertes que enfrentan los jóvenes latinos debido a la separación entre fe y cultura se deben a la dinámica de la cultura actual, al proceso de secularización, a la pérdida de estructuras sociales intermedias y a la aparición de nuevos paradigmas y modelos culturales.

80     **La dinámica de la cultura actual.** Todas las culturas pasan por períodos de transición marcados por el encuentro de diferentes culturas, la aparición de elementos culturales nuevos o una interpretación distinta de la vida humana. En estos períodos de cambio, la sociedad necesita hacer una nueva síntesis de la visión sobre la vida. En consecuencia, formas tradicionales de convivencia y organización social cambian, decaen o mueren; valores antiguos son desafiados o rechazados, y se crean nuevos sistemas de valores que guían en la vida.

81     **El proceso de secularización.** Este proceso, al separar a la persona de Dios, y a la vida de su significado religioso, aisla y opone a las personas respecto a Dios; considera al ser humano, el universo y la naturaleza como fruto exclusivo de sus leyes naturales; concibe la construcción de la historia como responsabilidad exclusiva del ser humano, y considera a las personas sólo en su dimensión inmanente o temporal. La gente joven es muy susceptible a la secularización, sobre todo si proviene de lugares donde carecía de bienes de consumo o si experimenta un incremento fuerte en sus ingresos económicos. En estos casos, se siente especialmente atraída por los nuevos estilos de vida y tiende a rechazar los valores religiosos tradicionales.

82     **Pérdida de estructuras sociales intermedias.** El individualismo materialista, las necesidades creadas por el consumismo y el

ritmo acelerado de la vida actual, han debilitado, destruído o hecho desaparecer una serie de estructuras sociales intermedias, como la familia nuclear, la familia extensa, los grupos de apoyo y colaboración en el trabajo, las comunidades eclesiales pequeñas, y los clubes educacionales y sociales. Esto ha dejado a los jóvenes sin un sentido de comunidad y sin ambientes que les den sentido de pertenencia, seguridad y arraigo.

83    **Nuevos paradigmas y modelos culturales.** El proceso de secularización ha cambiado la manera de percibir la vida; ha influido positivamente en la toma de conciencia de la dignidad de las personas y de sus derechos y responsabilidades; ha ayudado a comprender las leyes de la naturaleza, y ha purificado la religión de muchas supersticiones. Pero, también ha llevado a un ateísmo práctico; a apreciar a las personas, la naturaleza y las cosas sólo por su funcionalidad y valor de uso; a valorar las cosas por encima de las personas, y a considerar a las personas como cosas.

**Respuestas cristianas a los desafíos de la cultural actual**
84    Los jóvenes responden a los desafíos culturales:
- identificando en la cultura actual las semillas del Verbo, o sea la presencia de Dios y los valores del Reino, que existen en toda cultura aún cuando no está evangelizada;
- comprendiendo el proceso de secularización, haciendo un análisis crítico de él y buscando maneras concretas de cómo vivir los valores de Jesús en la sociedad actual;
- promoviendo una juventud evangelizada y evangelizadora que transforme la cultura actual desde dentro, con la autenticidad de su vida cristiana;
- creando estructuras puente entre la vida personal y la vida social de los jóvenes, tales como círculos de estudio, grupos de acción comunitaria, pequeñas comunidades y organizaciones para la acción social. Estas estructuras pueden servir como trampolines que ayudan a los jóvenes a lanzarse a la vida social y a proyectos que favorecen su crecimiento personal y el bien de la sociedad;
- creando y fortificando estructuras sociales intermedias que faciliten la vivencia del Evangelio entre los jóvenes, tales como grupos, clubes, movimientos apostólicos y pequeñas comunidades;
- articulando nuevos paradigmas de pastoral juvenil hispana y creando nuevos modelos de acción pastoral donde los jóvenes

sean, amen y actúen al estilo de Jesús, fundamentando así un futuro mejor;

• celebrando, como comunidad eclesial, las experiencias de vida nueva que se van dando en la cultura actual.

## Desafíos debidos al desarrollo científico y tecnológico

85  Por mucho tiempo, el desarrollo de las ciencias y la tecnología llevó a un conflicto directo entre las creencias religiosas y las creencias científicas, al grado de hacerlas mutuamente exclusivas y originar una separación de la dimensión intelectual y religiosa de la vida. Actualmente, se constata un diálogo más fructífero entre el humanismo, la visión religiosa de la vida y el enfoque materialista de las ciencias y la tecnología. En esta interacción se vislumbra una promesa para una nueva coexistencia complementaria, e incluso armoniosa, entre la verdad científica y la verdad revelada por Dios.

86  Entre los desafíos que enfrenta el joven latino debido al desarrollo de la ciencia y la tecnología, destacan: asumir el campo de la ciencia como algo que le pertenece; reconocer la **autonomía** legítima de las ciencias y la religión; relacionar la aplicación de las ciencias naturales con la ética cristiana; asignar a las ciencias del comportamiento humano y social el papel que les corresponde para facilitar el desarrollo de la humanidad, y utilizar las comunicaciones sociales como medio para crear una sociedad dirigida por los valores del Reino.

87  **Asumir el campo de la ciencia como propio.** Por diversas razones, entre las que sobresalen el círculo vicioso de la pobreza y la discriminación racial, la juventud latina en Estados Unidos no ha hecho suyo el campo de la ciencia. Esto representa un reto fuerte dado que la mejora de la calidad de la vida humana y la creación de un mundo mejor, están muy influídas por los avances de la ciencia y la tecnología. De ahí la urgencia de que los jóvenes se capaciten en estos campos y se formen para asumir los desafíos de estas áreas del quehacer humano con una visión profunda y auténticamente cristiana.

88  **Autonomía legítima de las ciencias y la religión.** En el campo del conocimiento humano, existen dos órdenes diferentes, el de la ciencia y el de la fe. Ambos conocimientos corresponden a los anhelos y necesidades del ser humano, dotado por Dios de una

capacidad intelectual y espiritual para descubrir la verdad. Las ciencias y la religión son dos campos del quehacer humano con una autonomía legítima, que exige que se complementen mutuamente. Esta autonomía relativa se nota principalmente en:

1. *La búsqueda de la verdad* que, en las ciencias, se refiere al campo de las leyes que rigen el orden natural de la creación; y, en la religión, al significado de la vida humana y del universo entero;

2. *El conocimiento de la realidad,* al cual la ciencia contribuye describiéndola e identificando sus relaciones causales; y, la religión, ayudando a descubrir sus fines y valores fundamentales;

3. *La interpretación de la realidad,* hecha por la ciencia a nivel de explicaciones causales y teóricas; y, por la religión, mediante el descubrimiento de la presencia de Dios en la vida humana y en el universo entero.

89    **Relación entre las ciencias naturales y la ética cristiana.** Tanto la ciencia pura (enfocada al descubrimiento de una verdad científica), como la ciencia aplicada (enfocada a la utilización de los conocimientos científicos en la actividad humana), tienen como función social ayudar a mejorar la vida humana. El obtener conocimientos científicos sacrificando el bien de las personas o la naturaleza, y el usar los avances de la ciencia y la tecnología en proyectos que menoscaban la dignidad humana y atrofian la naturaleza, es incorrecto desde el punto de vista cristiano. Estas consideraciones éticas exigen un análisis crítico y una reflexión continua desde la perspectiva de la fe de parte de todos los laicos comprometidos en la tarea de lograr un mundo mejor. Este proceso de reflexión debe realizarse con la ayuda de científicos y teólogos cristianos.

90    Algunos ejemplos de los desafíos que presentan la ciencia y la tecnología a la ética cristiana son: en el campo de las *ciencias biológicas*, los avances de la ingeniería genética, que permiten alterar las características genéticas del ser humano; en el campo de las *ciencias químicas y físicas*, la creación de sustancias y energía nuclear, que pueden ser usadas para el desarrollo o la destrucción de la vida humana, y en el campo de las *ciencias médicas*, conocimientos y tecnologías que permiten mejorar, extender o destruir la vida.

91    **Reconocimiento del papel de las ciencias humanas y sociales.** Estas ciencias incluyen la psicología, la educación, la antropología cultural, la sociología, la economía y las ciencias políticas. Al igual

que en las ciencias naturales, en las ciencias humanas y sociales existe el campo del conocimiento puro y aplicado, los cuales deben estar sometidos a un enfoque ético que asegure el respeto a la dignidad de las personas y su uso para el desarrollo personal y social. La presencia de personas hispanas en estos campos de trabajo es de especial relevancia para el desarrollo del pueblo latino en Estados Unidos. Urgen estudios que ayuden a conocer y comprender la cultura y psicología del pueblo latino desde una perspectiva propia, así como proyectos que promuevan su desarrollo mediante el mejoramiento de las condiciones económicas, sociales, culturales y políticas en que vive.

92     **Uso de las ciencias de la comunicación social para promover los valores del Reino.** Las ciencias de la comunicación social, que han avanzado a pasos agigantados debido a la tecnología electrónica y a las ciencias de computación, presentan dos desafíos a los jóvenes hispanos. En primer lugar, su capacitación en el uso de estos medios, cada vez más requeridos en los ámbitos de la vida diaria y del trabajo. En segundo lugar, los hispanos deben involucrarse más en la industria de la comunicación para influir sobre la sociedad promoviendo los valores del Reino de Dios.

**Respuestas cristianas a los desafíos de la ciencia
y la tecnología**

93     La juventud responde a los retos que le presenta la ciencia y la tecnología:

1. Afirmando el ámbito propio y la autonomía de las ciencias y la tecnología en relación al ámbito de la fe, mediante tres actividades complementarias:
   - buscando los aspectos de unión que existen entre los conocimientos proporcionados por la ciencia y su vivencia personal de fe;
   - apoyándose en los conocimientos científicos y en la experiencia de fe para entender la realidad de la vida humana y del mundo;
   - creando una cultura que exprese y facilite cada vez más, una síntesis entre el mundo de la ciencia y la tecnología y el mundo de la fe, a través de la vida familiar, el trabajo, la actividad económica, el arte, la reflexión, la educación y otros tipos de actividades humanas.

2. Construyendo un mundo basado en los valores del Reino y en una antropología cristiana que considera a la persona como el principio y fin de todo quehacer humano, mediante dos tipos de acción complementarios:
   • el uso de los conocimientos científicos y las técnicas disponibles para promover el desarrollo humano y social;
   • la iluminación del quehacer científico y tecnológico con los principios fundamentales de la fe para que estén al servicio del ser humano y eviten usarlo como objeto y abusar de él.

## Desafíos causados por la religiosidad popular

94  El choque cultural que sufren los hispanos, sobre todo los recién inmigrados a Estados Unidos, suele afectar de manera poderosa la fe del pueblo. Entre los factores que afectan más fuertemente la fe de los jóvenes están: el conflicto entre la religiosidad popular y el proceso de secularización; el pluralismo religioso en Estados Unidos, y la alienación, marginación y determinismo causados por las limitaciones y desviaciones de la religiosidad popular hispana.

95  **Conflicto entre la religiosidad popular y el proceso de secularización.** Debido a la fuerte relación entre la religiosidad y la cultura en el pueblo latinoamericano, el contacto con la cultura secularizada característica de países económicamente desarrollados como Estados Unidos, pone en entredicho su visión religiosa de la vida y los valores y actitudes que se fundamentan en ella. Además, la falta de expresiones populares y masivas de su religiosidad, debilita su identidad y afecta su cohesión como pueblo, haciéndolo muy vulnerable a la nueva vertiente de ideas provenientes de una cultura que valora lo material, el consumismo y el hedonismo.

96  El hecho de que los hispanos no tengan frecuentemente la oportunidad de expresar sus creencias y vivencias religiosas en su lengua y a través de sus tradiciones, causa un debilitamiento de la religiosidad del pueblo. Esto, a su vez, aumenta el riesgo de sucumbir a la influencia del secularismo y de terminar ignorando la presencia de Dios en sus vidas.

97  **Pluralismo religioso en Estados Unidos.** La diversidad religiosa en Estados Unidos es muy grande. Esto causa muchas confusiones y cambios religiosos en el pueblo hispano, acostumbrado por siglos a que la única religión era el catolicismo. Al conocer la exis-

tencia de múltiples alternativas de religiones e iglesias, su paradigma religioso, o sea, el lente con el cual los jóvenes enfocan su manera de vivir su relación con Dios, sufre una modificación seria. Los puntos de referencia y de apoyo con que contaban para vivir su fe desaparecen, la multitud de opciones los desorientan, y la confusión y el tradicionalismo de sus padres los dejan sin cimientos.

98    **Alienación, marginación y determinismo religioso.** Debido a la relación de la religiosidad popular hispana con la cultura de la pobreza y marginación sociorreligiosa en que ha vivido la mayoría del pueblo, esta religiosidad suele contribuir a que no tome conciencia de su situación de opresión e injusticia; piense que es voluntad de Dios que viva así, y no se responsabilice de su promoción humana y su papel como coprotagonista con Dios de la historia. Además, algunas prácticas propias de la religiosidad popular hispana e incluso del catolicismo popular, mantienen a muchos jóvenes marginados de su participación consciente y de una comunión completa con la comunidad eclesial.

99    Dada la importancia de pertenecer e identificarse con un grupo, los jóvenes son muy vulnerables ante grupos fundamentalistas, sectas con rituales esotéricos (ocultistas), cultos personales y prácticas mágico-supersticiosas. Este tipo de grupos alienan a los jóvenes de su realidad proveyéndoles creencias, momentos y mediaciones sagradas donde encuentran una falsa seguridad, protección y autoafirmación que les evita confrontar los desafíos del mundo y responsabilizarse de su vida.

### Respuestas a los desafíos de la religiosidad popular hispana

100    Los jóvenes responden a los retos que provienen de la religiosidad popular hispana:

- reforzando su experiencia religiosa y comunitaria mediante tradiciones culturales tales como las posadas, mañanitas, día de las madres, fiestas, eventos musicales, pastorelas y dramatización del vía crucis. Este tipo de expresiones además de favorecer la creatividad de los jóvenes, facilitan su inserción en la totalidad de la comunidad eclesial;

- tomando el lugar que les corresponde en la iglesia, tanto en lo relativo a los servicios pastorales que necesitan como en el cumplimiento de su misión personal y comunitaria como jóvenes cristianos;

- haciendo un análisis crítico de la religiosidad popular que los lleve a descubrir sus valores y las posibilidades que ofrece como medio para una evangelización liberadora;
- aceptando y adaptando expresiones tradicionales y expresiones
culturales nuevas, para crear un ambiente religioso que tenga sentido en su vida actual y les permita transmitir su fe con medios a
su alcance;
- participando en una catequesis evangelizadora que los ayude a conocer y madurar en su fe, a llevar una práctica cristiana, y a purificar la religiosidad de aquello que es contrario al Evangelio;
- conociendo en qué consisten las relaciones ecuménicas con otras
tradiciones cristianas y distinguiendo las iglesias cristianas de religiones no cristianas y sectas fundamentalistas.

## Asumir la secularidad de la vida: una responsabilidad de todo cristiano

101     La secularidad es la condición y vocación natural de hombres y mujeres, según los designios de Dios, manifestados en la autonomía relativa dada por él a la creación. Toda persona ha nacido para vivir
en el mundo y para construir el mundo. En el fondo, el mundo es la
humanidad ya que todo aspecto de la creación ha sido ordenado
por Dios al servicio de la humanidad.

102     Ser una persona secular o un laico en el mundo significa ser
plenamente humano, encarnar los valores nobles de la humanidad
y comprometerse en la construcción de una sociedad y un mundo
mejor. Esto significa antes que nada, luchar por una humanidad
cada vez más libre, fraterna y alegre.

103     Al asumir la secularidad de la vida, los jóvenes reconocen y valoran la autonomía de lo temporal sin aislarla de su visión religiosa
de la vida. La fe cristiana ayuda a dar al campo de lo temporal y al
campo de lo religioso el lugar que les corresponde en la vida diaria
en la familia, el trabajo, el estudio y la acción sociopolítica. Creemos que el Dios revelado en Jesús es un Dios de sabiduría, a quien
conocemos mejor conforme aumentamos el conocimiento sobre el
mundo que creó y que sostiene con su amor infinito. Además, si
bien es cierto que, por su naturaleza, las ciencias no llevan a creer
en Dios, para el creyente resaltan la grandeza de Dios.

104     Cuando los jóvenes asumen cristianamente su secularidad, los
misterios y mensajes centrales de la fe adquieren un significado

profundo; encuentran en la vida secular elementos que fortifican su fe; pueden integrar su fe con la ciencia y la cultura actual, y descubren el sentido del mundo en que viven. Cuando esto no sucede, la secularización tiende a suplantar la visión cristiana sobre la persona y a debilitar la relación con Dios. Entonces, los jóvenes caen poco a poco en un ateísmo práctico que los lleva a establecer criterios morales según sus intereses personales.

105    Es clave que los jóvenes latinos acepten los desafíos que les presenta la secularidad, inspirados y apoyados por su fe cristiana, pues como dijo el papa Juan Pablo II en su Mensaje a los Jóvenes del Mundo con ocasión del Día de la Juventud 1993, celebrado en Denver, Estados Unidos:

> Nosotros solos no sabremos realizar aquello para lo que hemos sido creados. En nosotros hay una promesa, pero nos descubrimos impotentes para realizarla. Sin embargo el Hijo de Dios, que vino entre los hombres, dijo: "Yo soy el camino, la verdad y la vida" (Juan 14, 6). Según una sugestiva expresión de San Agustín, Cristo ha querido crear un lugar donde cada hombre pueda encontrar la vida verdadera. Este lugar es su Cuerpo y su Espíritu, en el que toda la realidad humana, redimida y perdonada, se renueva y diviniza.[2]

# La Misión Evangelizadora
# de la Iglesia

# La Misión Evangelizadora
# de la Iglesia

❦

*L*os jóvenes, que tienen la vocación especial de la esperanza, deben diseminar entre sus contemporáneos el mensaje de luz y vida que hay en Cristo.
—National Conference of Catholic Bishops,
*Heritage and Hope*

1 La presencia del cristianismo en tierras americanas tiene ya quinientos años y en el mundo dos mil. El reconocimiento de estos hechos históricos y de los desafíos y circunstancias que confrontan hoy en día al cristianismo, nos urgen a impulsar la "Nueva Evangelización" a que nos invita el papa Juan Pablo II, nueva en su ardor, sus métodos y su expresión. En su carta pastoral sobre el Quinto Centenario de la Evangelización en las Américas los obispos católicos en Estados Unidos piden realizar esta nueva evangelización en dos etapas:

En la primera fase llamamos a todos a que se conscienticen sobre la necesidad de ser evangelizados nuevamente, para llevar la luz de Cristo a nuestras vidas y a la vida de nuestras familias y comunidades de fe. En la segunda fase pedimos que nos acerquemos con la Buena Nueva del Evangelio a los católicos alienados, a los que no tienen iglesia y a la sociedad en general.[1]

2 En este capítulo, reflexionamos sobre la misión evangelizadora de la iglesia y el papel de la juventud hispana en la Nueva Evangelización. Después, analizamos las implicaciones que tienen las opciones preferenciales por los pobres y los jóvenes en nuestros esfuerzos por evangelizar. Finalmente, presentamos dos modelos de parroquia: la parroquia pasiva y la parroquia misionera, y el lugar que ocupa la pastoral juvenil hispana en ambas.

## La iglesia y su misión

### La iglesia: herencia de Jesús para el mundo

3    La misión de Jesús fue establecer el Reino de Dios en la tierra; comunicar y hacer presente el amor, la preocupación y el cuidado incondicional de Dios para todas las personas. Al principio de su Evangelio, Marcos relató como Jesús proclamó que el Reino de Dios había llegado: "El plazo está vencido, el Reino de Dios se ha acercado. Tomen otro camino y crean en la Buena Nueva" (1, 15).

4    Jesús enseñó a la gente una nueva manera de relacionarse con Dios, como Padre. A través de su relación única con Dios, Jesús comunicó la visión de Dios y su manera de estar en comunión con la gente. A través de su propia muerte y resurrección, Jesús reconcilió para siempre a las personas con Dios. En otras palabras, identificándose totalmente con el mensaje de salvación, Jesús proclamó la Buena Nueva con sus palabras, sus obras y su propia persona.

5    Después de resucitar, Jesús se apareció a sus discípulos y los envió a enseñar, a bautizar y a hacer discípulos en su nombre. Con la llegada del Espíritu de Jesús el día de Pentecostés, los discípulos comprendieron mejor quién era Jesús y fueron transformados en una comunidad de fe, la iglesia. La experiencia de Pentecostés se considera como la "fundación" de la iglesia, iluminando a los discípulos sobre su misión en la tierra como "iglesia" y dándoles fuerzas para que fueran testigos valientes de Jesús resucitado. Entre las principales tareas que fueron entregadas a la iglesia están: el continuar la misión de Jesús de extender el Reino de Dios en la tierra y el proclamar la Buena Noticia a todas las naciones, tareas que son casi sinónimo de lo que nosotros llamamos *evangelización*.

### Evangelización: conceptos y metas

6    Antes que nada, evangelizar es dar testimonio de una manera simple y directa, del Dios revelado a través de Jesucristo y del Espíritu Santo. Esto es, evangelizar significa dar testimonio del amor incondicional de Dios para toda la humanidad y de la llamada a vivir eternamente con él. Al centro de todo verdadero esfuerzo evangelizador, está Jesús, el hijo de Dios, hecho hombre, que murió y resucitó. La vida de Jesús dio frutos en la salvación que trajo al mundo como regalo de la misericordia de Dios. Al igual que como Jesús

trajo la salvación —con su mensaje, sus hechos y su persona— nosotros continuamos su obra con nuestras palabras, actos y manera de ser, mediante nuestro amor, entrega y servicio a los demás, perdón y renuncia al pecado.

7       La evangelización de los jóvenes tiene tres dimensiones esenciales y complementarias. En primer lugar, hay que presentar a los jóvenes a Jesús, su mensaje y su proyecto, de modo que experimenten su presencia salvadora en la comunidad cristiana, y que inicien una relación personal y comunitaria con él. En segundo lugar, los jóvenes necesitan abrirse a la obra del Espíritu y dejarse convertir en su corazón, su mente y su vida, decidiéndose a seguir a Jesús como sus discípulos. En tercer lugar, los jóvenes deben asumir su misión de continuar el proyecto de Jesús de extender el Reino de Dios en la tierra, trabajando activamente para que las relaciones entre las personas y los pueblos estén dirigidas por el amor, la justicia, la verdad, la libertad y la paz.

8       La *meta* de la evangelización, además de ayudar a la gente a conocer y a aceptar a Jesús como salvador personal, ayuda también a darse cuenta de que el Evangelio toca e interpela directamente todas las dimensiones de su vida. Por eso, la evangelización debe responder a las situaciones concretas de la vida de los jóvenes, actualizando el mensaje de Jesús según las necesidades de su vida personal, familiar, comunitaria y social.

9       La evangelización está íntimamente ligada a la promoción del desarrollo y a la liberación humana, pues los problemas sociales y económicos afectan la vida de toda persona, al grado que es imposible disociar el plan de la redención de las situaciones concretas de injusticia y violencia. Por lo tanto, la Iglesia debe promover la paz y la justicia como parte integral del Evangelio.

10      Para llevar el Evangelio en una forma liberadora e inspiradora, los jóvenes latinos necesitan tener la vida que Dios quiere para ellos y el entusiasmo para continuar la misión de Jesús. Estados Unidos y el mundo necesitan más personas jóvenes que, animadas por el Evangelio, derrumben los ídolos del consumismo, el poder y el individualismo, poniendo a Dios sobre todas las cosas, y a Jesús como centro de su vida. La gente joven puede llevar el amor de Dios a jóvenes sin familia, a personas enfermas, angustiadas o encarceladas; a gente mayor que necesita compañía, y a niños que necesitan amigos, modelos a seguir o ayuda en sus estudios. La

esperanza cristiana será alimentada por la alegría y dedicación de estos misioneros-profetas, que denuncian el pecado social y engendran la esperanza de tener una cultura del compartir y la paz. Así, la juventud latina participará en los esfuerzos evangelizadores que está haciendo el pueblo hispano, según fue señalado en el Segundo Encuentro Nacional Hispano de Pastoral:

> Entendemos que la evangelización implica un proceso continuo de toda la vida, en el que el cristiano se esfuerza por llegar cada vez más a un encuentro personal y comunitario con el mensajero, Cristo, y a un compromiso con su mensaje, el Evangelio. Quien no vive la actitud de conversión diaria no está evangelizado. Quien la vive, en su persona y en su comunidad, proclamará el Evangelio tanto con el testimonio de la vida sirviendo al prójimo, como de palabra y de otras formas, para la transformación del mundo.[2]

## Misión de los jóvenes hoy día

11 Ser jóvenes cristianos hoy en día, significa haber sido llamados por Jesús a trabajar en la viña del Señor y edificar un orden temporal con los valores del Reino en todos los ambientes que comprende la "viña" moderna: la familia, la escuela, el barrio, el trabajo, etcétera. Dios manifiesta su voluntad a los jóvenes a través de las situaciones en que viven y los llama a dar forma a este mundo con sus actividades de cada jornada; participando en la obra de la creación y la redención; llenando de alegría, armonía y ayuda sus hogares; animando y apoyando a sus amigos y compañeros; sirviendo a sus vecinos y a otros miembros de su comunidad, y construyendo una cultura de compartir y paz.

### Los jóvenes reciben una misión

12 La invitación a ser obreros en la viña del Señor proviene del bautismo, donde los jóvenes recibieron la tarea de continuar la triple misión de Jesús, como sacerdote, profeta y rey-servidor. Los jóvenes realizan su papel y su misión sacerdotal al ofrecer su vida diaria a Dios y ayudar a que las personas se reconcilien con él y entre ellas. El ofrecimiento que hacen los jóvenes de su vida diaria y de su vida de unión con Dios y con Jesús, culmina con su participación en la Eucaristía. Los jóvenes desarrollan su papel y su misión

profética, denunciando la falta de amor, justicia y paz en la sociedad, y proclamando el reinado de Dios con el testimonio de su vida personal y comunitaria. Los jóvenes desempeñan el papel y la misión de rey-servidor respondiendo personalmente a las necesidades concretas de los demás.

13    Al cumplir con su misión en el mundo, los jóvenes van haciendo realidad la salvación traída por Jesús en el medio ambiente donde viven. No basta con que los jóvenes recen, asistan al templo y se reúnan en grupos; ni tampoco con que se conformen con un activismo basado en sus propios esfuerzos, olvidándose del Espíritu y de la necesidad de ser vehículo de reconciliación con Dios y entre las personas. La llegada del Reino de Dios está íntimamente ligada al compromiso y la lucha por el amor y la justicia. El compromiso a esta lucha nace y se hace realidad cuando los jóvenes centran verdaderamente su vida en Jesús.

### Los jóvenes reciben ayuda para la misión

14    Al centrarse a sí mismos y a su vida en la extensión del Reino de Dios, los jóvenes deben mirar de frente las situaciones en que se encuentran en su vida, analizando críticamente las condiciones económicas, sociales, políticas y culturales en que viven, con sus valores y problemas, sus inquietudes y esperanzas, sus conquistas y fracasos. Quienes ayudan a los jóvenes en la realización de su misión, deben tener cuidado de no encerrar a los jóvenes en la iglesia y aislarlos del mundo; no es legítimo separar el seguimiento de Jesús de la realización de acciones concretas que permitan traer el reinado de Dios a este mundo. Es vital que los jóvenes acepten su responsabilidad sobre su papel en el orden temporal y que hagan todo lo que puedan para transformar la realidad, a la luz del Evangelio y con la mente de la Iglesia.

15    La educación de la juventud, sobre la justicia social, debe partir de su propia realidad. La juventud hispana debe descubrir y analizar las situaciones injustas que sufre al igual que otras minorías étnicas en el país: el bajo nivel de educación escolar, el analfabetismo funcional y el abandono temprano de la escuela; el desequilibrio económico que deja al 30% de la niñez y juventud hispana abajo del nivel de la pobreza, a miles de padres de familia sin empleo y a otros tantos dependiendo de la asistencia pública; la falta de atención médica adecuada; el riesgo desproporcionado que corre la juventud latina en las guerras.[3]

16       Estas injusticias colocan a los jóvenes latinos en una fuerte desventaja en relación a la juventud de la cultura dominante estadounidense, cuando compiten por un lugar en la educación superior y en el mercado de trabajo. Estas injusticias también ocasionan problemas sociales y culturales complejos, tales como: la gran proporción de adolescentes embarazadas y de jóvenes con SIDA; las adicciones, la violencia pandilleril, el narcotráfico y el crimen juvenil, y la frecuencia con que depósitos tóxicos están en barrios latinos; 60% de los hispanos viven en áreas contaminadas.[4] Aún más, éstas y otras realidades similares dificultan, sobremanera, que los jóvenes latinos se preparen de manera eficaz para participar en los procesos de toma de decisiones que afectan sus vidas y la vida de su comunidad.

17       Probablemente, la primera reacción de los jóvenes al tomar conciencia de éstos y otros problemas será de enojo. Los agentes de pastoral no pueden dejar a los jóvenes en ese estado; su descontento tiene que ser canalizado hacia una acción positiva, enfocada en superar los principales desafíos de la sociedad, los cuales incluyen:

• la necesidad de solidaridad humana, basada en el valor de cada persona y dirigida a construir una cultura del compartir y la paz;
• la necesidad de trabajo digno, productivo, creativo y bien remunerado que facilite el desarrollo humano, la vida familiar y el bien común;
• la necesidad de encontrar soluciones creativas a la explotación y manipulación de los trabajadores, sin recurrir a luchas violentas de clases, ni confiar en el capitalismo liberal que ignora el bien común y genera nuevas opresiones;
• la necesidad de contar con una vivienda decente como base para la autonomía y desarrollo personal;
• la necesidad de terminar con la alienación y opresión humana que resulta cuando no se reconoce la vocación de toda persona a ser "sujeto de la historia" y, en cambio, se le convierte en "objeto manipulado" por los intereses económicos, políticos o ideológicos de ciertos grupos que dominan la sociedad.

18       La búsqueda de Dios y la misión de extender el reinado de Dios en la sociedad, siempre será difícil. En esta jornada, los jóvenes latinos, generalmente anhelan y acogen la ayuda de buenos pastores que, al estilo de Jesús, los llaman, dirigen, sanan, unen y fortalecen. Por lo tanto, aquellos jóvenes que han encontrado a Jesús en la comunidad de fe, junto con los agentes de pastoral juvenil, deben ser

portadores efectivos de la Buena Nueva para aquellos que experimentan problemas en su peregrinar hacia Dios.

## La juventud latina y la Nueva Evangelización

### Antecedentes de la Nueva Evangelización

19    El concepto de Nueva Evangelización fue propuesto por el papa Juan Pablo II a la Conferencia del Episcopado Latinoamericano (CELAM), en Haití, 1983. El ideal es que esta Nueva Evangelización ayude a responder a los grandes desafíos que tiene que enfrentar la iglesia ante las nuevas situaciones que emergen en Latinoamérica y en el mundo. La "novedad" no afecta el contenido del mensaje evangélico, que es inmutable, pues Cristo es "el mismo hoy como ayer y por la eternidad" (Hebreos 13, 8), sino que se refiere a la actitud, estilo, esfuerzo y programación de la evangelización o sea *"al ardor, a los métodos y a la expresión"* con que se realice.[5] Muchas personas se preguntan qué significa la Nueva Evangelización: ¿hay que cambiar de giro y hacer algo diferente? ¿basta con hacer mayores esfuerzos? ¿tenemos que crear nuevas metodologías? ¿qué quiere decir "nuevas expresiones de fe"?

20    La Nueva Evangelización realmente empezó hace cerca de treinta años, como parte de la renovación de nuestra iglesia después del Concilio Vaticano Segundo. Desde entonces hasta ahora, los esfuerzos evangelizadores han estado dirigidos por el espíritu de la *Constitución pastoral sobre la Iglesia en el mundo actual* (*Gaudium et Spes*), la encíclica *Evangelii Nuntiandi*, el *Decreto sobre la actividad misionera de la iglesia* (*Ad Gentes*) y otros documentos. La Nueva Evangelización enfatiza la relación entre el Evangelio, la cultura y la sociedad; señala la grandeza de la misión del laico en el mundo actual; promueve el espíritu ecuménico entre las diferentes iglesias cristianas y un diálogo entre distintas religiones.

21    El pueblo latino ha establecido los fundamentos para esta Nueva Evangelización, guiados por las Conferencias Generales del Episcopado Latinoamericano (CELAM) en Medellín, Colombia (1968), y en Puebla, México (1977). En Estados Unidos, el pueblo latino empezó a identificar sus necesidades de evangelización con los Encuentros Nacionales y con el *Plan pastoral nacional para el ministerio hispano*.

22    El documento de la Cuarta Conferencia General del Episcopado Latinoamericano en Santo Domingo, en 1992, titulado "*Nueva Evangelización, promoción humana y cultura cristiana*" presenta el espíritu y las metas concretas de este nuevo esfuerzo misionero: un compromiso para establecer una nueva estrategia evangelizadora durante los próximos años a través de un plan global de evangelización con tres líneas prioritarias de acción:

1. *Una Nueva Evangelización,* a la cual todos estamos llamados, enfatizando nuestra vocación pastoral con un papel especial para los laicos y, entre ellos, los jóvenes. Esta Nueva Evangelización debe lograrse mediante la educación continua en la fe, a través de la catequesis y la celebración de esa fe en la liturgia, y debe ir más allá de nuestras fronteras locales y regionales para crear una iglesia misionera.

2. *Una promoción integral humana del pueblo,* al servicio de la vida y de la familia, mediante una renovada opción preferencial por los pobres, basada en el evangelio.

3. *Una evangelización inculturada,* que penetre y se encarne en los diversos ambientes sociales —incluyendo las culturas urbanas, indígenas y afroamericanas— mediante una acción educativa eficiente y una comunicación moderna.[6]

## Características de la Nueva Evangelización

23    La Nueva Evangelización tiene como punto de partida la certeza de que Cristo es una riqueza inigualable, la cual siempre podemos compartir. Jesús, con su amor misericordioso y su ofrenda de vida en abundancia para todas y cada una de las personas que lo aceptan como fuente de vida, es una persona a la cual siempre podemos recurrir, independientemente de la situación en que estemos.

24    Hablar de una Nueva Evangelización implica que reconocemos que ha habido una evangelización anterior. No significa que la primera haya sido inválida, sino que existen retos e interrogantes nuevos, a los cuales es urgente que respondamos los cristianos.

25    La Nueva Evangelización consiste en ofrecer la salvación traída por Jesucristo de una manera novedosa, que responda a la realidad de hoy en día. Esta tarea requiere, sobre todo, suscitar la adhesión personal de los jóvenes a Jesucristo y a su iglesia, de modo que la juventud bautizada que vive sin energía el cristianismo, encuentre en Jesús la razón de la fe que le ha sido trasmitida, pero que

no ha logrado tener significado en su vida. Algunos jóvenes se quejan de que no encuentran el sentido de la fe heredada de sus padres. A otros, Jesús y su mensaje les fue presentado débil o superficialmente. También hay jóvenes que no han madurado la fe que tuvieron como niños. La Nueva Evangelización pretende llegar a todos ellos.

26      El contenido de la Nueva Evangelización, es el mismo de toda evangelización: Jesucristo, Evangelio del Padre. Hoy, al igual que ayer y que mañana, tenemos que proclamar y presentar a los jóvenes a Jesús, quien con hechos y palabras, anunció que: Dios es misericordioso con todas sus criaturas; ama a todo hombre y a toda mujer con un amor sin límites, y ha querido entrar en su historia por medio de Jesucristo, muerto y resucitado para liberarnos del pecado con todas sus consecuencias y hacernos partícipes de su vida divina.

27      Todas las cosas adquieren sentido en Cristo. Cristo rompe el estrecho horizonte en que el secularismo encierra a la persona. La vida en Cristo no permite que ninguna realidad temporal se convierta para el ser humano en la realidad suprema a la que deban someterse. Por lo tanto, la vida en Cristo devuelve a las personas su dignidad de hijas e hijos de Dios.

### El proceso evangelizador
28      "[Evangelizar es anunciar el nombre,] la doctrina, la vida, las promesas, el Reino, el misterio de Jesús de Nazaret, Hijo de Dios".[7] Jesucristo es el evangelizador viviente en su iglesia. Al anunciar a Jesús, hay que hacerlo de tal modo que los jóvenes se encuentren con él y que este encuentro los lleve a desear ser sus discípulos; a reconocer el pecado en su vida; a la conversión mediante una experiencia profunda de la gracia del Espíritu recibida en el bautismo. A través de esta experiencia de conversión, la mayoría de los jóvenes valorará el sacramento de la reconciliación; participará en la Eucaristía, y llevará una práctica cristiana según el modelo que ofrece Jesús.

29      Este proceso de evangelización tendrá fuerza renovadora entre los jóvenes, si es fiel a la Palabra de Dios. Será acogido por ellos, si nace del Espíritu Santo, quien crea unidad en la diversidad, alimenta sus carismas y los fortalece en su ministerio. Dará frutos, si la acción del Espíritu se proyecta en el mundo de la juventud, mediante

el compromiso misionero de los mismos jóvenes. Será efectivo si los jóvenes encuentran en Jesús, luces nuevas que los ayuden a solucionar sus problemas.

30    La Nueva Evangelización surge como respuesta a los problemas que presenta la realidad en el continente americano donde la separación entre la fe y la vida está produciendo dramáticas situaciones de injusticia, desigualdad social y violencia. Implica afrontar la grandiosa tarea de infundir energías a los cristianos. La nueva evangelización no trata de reevangelizar prescindiendo de la primera evangelización, sino que exige reconocer los ricos y abundantes valores cristianos que existen en el pueblo hispano, para profundizarlos y complementarlos, buscando también corregir deficiencias anteriores.

31    El proceso evangelizador es una llamada a los jóvenes a cambiar de vida y actuar en la historia, haciendo realidad la esperanza de una vida nueva. Es el fundamento de la promoción humana, base de toda auténtica cultura cristiana. Esta evangelización debe traer una nueva vitalidad, un nuevo Pentecostés, donde la presencia del Espíritu Santo haga surgir un pueblo renovado, constituido de hombres y mujeres libres y conscientes de su dignidad, capaces de forjar una historia verdaderamente *humana*. Evangelizar es realizar acciones, tener actitudes y usar los medios necesarios para poner al Evangelio en diálogo activo con la cultura actual. Significa hacer un esfuerzo constante y serio por inculturar el Evangelio en las diferentes condiciones culturales del continente americano.

### Protagonistas y metas de la Nueva Evangelización

32    El sujeto de la Nueva Evangelización es toda la comunidad eclesial, según su propia misión: obispos, sacerdotes, diáconos, religiosas y laicos; hombres y mujeres; adultos, jóvenes y niños. Todos, como miembros de la iglesia hemos sido llamados a evangelizar a partir de la vocación personal de cada quien y en la medida de los talentos que Dios nos ha dado a cada uno. La Nueva Evangelización debe dirigirse a cada persona y a las fuerzas sociales que conforman la sociedad.

33    El fin de esta evangelización es formar personas y comunidades maduras en la fe, capaces de dar una respuesta cristiana a las situaciones en que vivimos. La época actual —marcada por la ciencia, la tecnología y los medios de comunicación social— trae consi-

go valores nuevos que en sí mismos son semillas del Verbo. Pero, la tecnología moderna, también trae situaciones nuevas que tienden a separar a las personas de Dios. Por lo tanto, la evangelización debe generar católicos evangelizados y evangelizadores, que sean agentes de promoción humana y de una cultura cristiana.

## Cualidades de la Nueva Evangelización

### Nueva en su ardor

34 Jesucristo, por medio de su Espíritu presente en su iglesia, llama a renovar el ardor apostólico y nos da la fuerza para lograrlo. Así, los jóvenes, animados por el Espíritu que actúa en ellos, tratan de seguir el ejemplo radical de Jesucristo, el primer evangelizador. Conforme este proceso avanza, los jóvenes evangelizadores se santifican, se hacen santos o santas, hombres o mujeres de las bienaventuranzas.

35 El nuevo ardor que nace de esta identificación con Jesucristo, supone una fe sólida, una caridad pastoral intensa y una recia fidelidad que, bajo la acción del Espíritu, genera en la juventud una **mística,** un entusiasmo incontenible por anunciar el Evangelio. Estas cualidades y esta mística dan credibilidad a la acción evangelizadora de los jóvenes y la hacen capaz de despertar los corazones de otros jóvenes para acoger la Buena Nueva de salvación.

### Nueva en sus métodos

36 Las nuevas situaciones que viven los jóvenes día a día, exigen nuevos caminos de evangelización. Estos nuevos caminos deben basarse en los métodos fundamentales de toda evangelización: el testimonio personal de los jóvenes cristianos; su presencia en los distintos ámbitos de lo humano, y su confianza en el anuncio salvador de Jesús y en la actividad del Espíritu Santo.

37 Pero, estos métodos no son suficientes. Es necesario que los evangelizadores empleen su imaginación y creatividad para hacer llegar el Evangelio a todos los jóvenes de manera convincente y didáctica. Ya que vivimos en una cultura de imágenes visuales, debemos usar los medios que la ciencia y tecnología nos proporcionan para comunicarnos hoy. Sin embargo, no debemos usar medios que comuniquen el Evangelio de manera decorativa y superficial, sino que hagan llegar el mensaje de Jesús al corazón del joven, al centro de la sociedad y a las raíces mismas de la cultura.

### Nueva en su expresión

38    Jesucristo nos pide proclamar la Buena Nueva con un lenguaje que haga más cercano el Evangelio de siempre a las realidades culturales de hoy. Desde la riqueza inagotable de Cristo, los jóvenes pueden encontrar nuevas expresiones que les permitan evangelizar los ambientes en que viven, generalmente marcados por una cultura urbana y secularizada. A ellos les toca, de manera especial, inculturar el Evangelio en las nuevas formas de la cultura adveniente.

39    La Nueva Evangelización tiene que inculturarse en el modo de ser y de vivir de las culturas en que vive el joven latino en Estados Unidos, teniendo en cuenta las características particulares de cada cultura. La llamada a poner singular atención a la inculturación en las culturas indígenas y afroamericanas de América Latina, es también un llamado a la revaloración de las raíces indígenas y africanas del pueblo latino en Estados Unidos, y a la purificación de aquellos elementos culturales que son contrarios al Evangelio.

40    Así, la Nueva Evangelización continuará en la línea de la encarnación de Jesús, quien al hacerse hombre se insertó plenamente en su cultura, asumiendo sus valores humanos y religiosos, y desafiando aquellas costumbres que se oponían a la voluntad de su Padre. Al igual que Jesús pidió la conversión del pueblo elegido, la Nueva Evangelización exige la conversión pastoral de la Iglesia. Esta conversión debe ser coherente con las enseñanzas del Concilio Vaticano Segundo, de tal manera que, la doctrina, la praxis personal y comunitaria; las relaciones de autoridad, y las estructuras y fuerzas dinámicas hagan que la iglesia sea —cada vez con mayor claridad— un signo eficaz de la gracia de Dios, y un sacramento de salvación para todas las criaturas de Dios.

### Principios y acciones para una evangelización efectiva

41    La mayoría de los jóvenes latinos han sido evangelizados hasta cierto punto y necesitan urgentemente escuchar la Buena Nueva de una manera que corresponda a su realidad, los ayude a tener una relación más profunda entre los jóvenes mismos y a participar mejor en la iglesia. Para facilitar un proceso de evangelización efectivo entre la juventud latina, nosotros, como miembros individuales de la Iglesia, y la iglesia como comunidad, necesitamos reconocer varios principios y obrar de acuerdo a ellos. Estos principios son:
• presentar a Jesús y su mensaje de manera que los jóvenes los encuentren apasionantes, directos y significativos;

- facilitar el compromiso libre y responsable de los jóvenes con Cristo y su misión de salvación;
- promover un discipulado que exija una profunda fidelidad y entrega de la vida a Dios;
- ofrecer una formación catequética sencilla, completa y fundamentada en las Escrituras;
- centrar la fe en el poder que tiene Cristo para dar vida nueva; en el compromiso de amarnos mutuamente y de proclamar la Buena Nueva a otros;
- promover una visión cristiana del joven como un agente activo en la historia;
- acoger, respetar y valorar a los jóvenes en la iglesia, para que puedan ser evangelizados y formados en la fe de manera consistente con su lengua y cultura;
- confrontar el secularismo y el consumismo que excluyen los valores del Evangelio en la vida pública y privada de los jóvenes.

42 El llamado a reconocer y a aplicar estos principios para una evangelización efectiva de la juventud latina, corresponde tanto a la iglesia jerárquica, como a la comunidad adulta y a los mismos jóvenes. Todos tienen algo que ofrecer y juntos, todos, somos llamados por Cristo a compartir sus dones y a servir a quienes lo necesitan. Los jóvenes latinos en Estados Unidos claman por la atención de la Iglesia en este país. Al mismo tiempo, estos jóvenes son llamados a ser los profetas principales entre sus compañeros de edad y a ser una fuerza de renovación en la iglesia.

43 Todo joven que es miembro de un grupo juvenil o de una pequeña comunidad, está ahí por una razón especial, pero el resultado final —y quizás el factor común— es la invitación de Jesús a *ser* la iglesia joven en un lugar y momento determinado. A través de la comunidad eclesial y de sus miembros, la gente experimenta y conoce el amor de Dios que proclama Jesús. La comunidad eclesial es el medio por el cual Jesús se encarna en el mundo hoy en día. La iglesia sirve como signo e instrumento de la comunión de Dios con la humanidad y de la unidad del género humano. Por lo tanto, *es importante que todo grupo juvenil o pequeña comunidad, tenga una relación significativa con el resto de la comunidad eclesial, con los adultos y con los jóvenes de otras culturas.*

44 La iglesia expresa y celebra su identidad sobre todo en la Eucaristía, donde los miembros comparten el cuerpo y sangre de Cristo, siendo unidos en forma continua y creciente por el Espíritu para ser

el Cuerpo de Cristo, la iglesia. Como miembros del Cuerpo de Cristo, todos los cristianos estamos llamados a continuar la misión de Jesús en el mundo y para el mundo. En la medida en que la comunidad eclesial cumple con esta misión, es signo del Reino de Dios entre nosotros. Por lo tanto, *los líderes en los grupos parroquiales, pequeñas comunidades y movimientos apostólicos juveniles, deben colaborar con los sacerdotes para organizar liturgias eucarísticas que sean atractivas y significativas para la gente joven.*

45 Para ser signo del Reino de Dios, todos los miembros de la iglesia —jóvenes y adultos— tienen que ser servidores de las personas necesitadas, haciendo obras de misericordia corporales y espirituales; sanando y reconciliando, y viviendo su compromiso con la vida, el amor, la justicia, la paz y la verdad. Debido a nuestras limitaciones humanas, debilidades y pecados, somos un signo frágil del reinado de Dios, y requerimos una fortificación y reconciliación continua en nuestra jornada hacia Dios. Por lo tanto, *todos los miembros de la iglesia, pero especialmente la gente joven, debe estar alerta para identificar y cambiar positivamente aquellos aspectos de la vida que se oponen al Reino de Dios, se trate de factores internos o externos.*

## La doctrina social de la iglesia y la Nueva Evangelización

46 Para que los jóvenes tengan una visión amplia en sus intentos de renovar la creación, la Nueva Evangelización debe apoyarse fuertemente en la doctrina social de la Iglesia. Especialmente, durante los últimos cien años, la Iglesia Católica ha identificado las problemáticas sociales más relevantes en cada época, las ha visto a la luz del mensaje de Jesús y ha creado un cuerpo de enseñanzas y normas de conducta para responder a esos problemas. La mayoría de estas enseñanzas y normas también se relacionan, en un sentido amplio, con la formación de la conciencia de las personas y su lucha por la justicia social.

47 Los jóvenes latinos, al trabajar por la justicia social inspirados por el Evangelio, cuestionan la calidad de vida, el nivel de libertad y el grado de paz que existen actualmente; desafían las condiciones injustas de educación y trabajo para crear un futuro de esperanza donde la asistencia social y el crimen no sean alternativas necesarias o atrayentes para sobrevivir. En la siguiente selección de documen-

tos eclesiales, presentamos los aspectos que consideramos más relevantes para fundamentar la evangelización de la juventud latina:

- En *Rerum Novarum* (1891), el papa León XIII señala los problemas causados por el nuevo orden social y económico de la época industrial a finales del siglo XIX, destacando la opresión y la explotación de los obreros, y la acumulación egoísta de bienes y recursos. *Rerum Novarum* enfatiza el derecho al salario justo, a un trabajo de acuerdo a la dignidad humana, a formar sindicatos de trabajadores y a poseer propiedad privada.

- En *Quadragesimo Anno* (1931), el papa Pío XI dice que toda actividad económica debe estar dirigida por la justicia y la caridad; que deben establecerse leyes nacionales e internacionales que equilibren los intereses personales y el bien común, y que deben buscarse opciones más cristianas que el marxismo y el capitalismo sin restricciones.

- En *Mater et Magistra* (1961), el papa Juan XXIII habla sobre el desarrollo social y la interdependencia mundial, denuncia el pecado individual y social, y la gran diferencia entre las naciones ricas y pobres. En esta obra, el Papa motiva a la participación de los trabajadores en la administración de la empresa; habla del derecho a las negociaciones colectivas para beneficiar a los trabajadores industriales, y enfatiza la responsabilidad del cristiano en la reconstrucción de una sociedad más justa.

- En *Pacem in Terris* (1963), el papa Juan XXIII afirma que la paz entre los pueblos debe fundarse en la verdad, la justicia, el amor y la libertad. Argumenta que para la construcción de un mundo de justicia y paz debe reconocerse la dignidad, deberes y derechos de las personas. *Pacem in Terris* afirma la democracia, el derecho a la vida y la búsqueda de la verdad. Acentúa la libertad de iniciativa, libertad de expresión, libertad de información y libertad de culto, así como el derecho a la educación de los hijos y a la emigración dentro y fuera del propio país.

- En *Gaudium et Spes* (1965), uno de los documentos del Concilio Vaticano Segundo, se expone la necesidad de discernir los **signos de los tiempos** para que cada generación pueda responder adecuadamente a las interrogantes de su época sobre aspectos tales como: el matrimonio, la familia, el desarrollo cultural, la economía, la política y la paz.

- En *Populorum Progressio* (1967), el papa Pablo VI define el significado del desarrollo, enfocándolo desde una perspectiva integral de la persona humana, respeto a todas las culturas y de la satisfacción de las necesidades religiosas, sociales y económicas de toda la gente. El documento sugiere la formación de un fondo internacional de ayuda para el desarrollo de todos los pueblos.
- En *Octagesima Advenies* (1971), el papa Pablo VI trata del poder político y de la necesidad de comprometernos en una acción transformadora respecto a la discriminación social; el papel de la mujer en la sociedad y en el mundo; la comunicación social, y los problemas de urbanización y de empeoramiento del medio ambiente.
- En *Justicia en el Mundo* (1975), el Sínodo de los Obispos en su Segunda Asamblea General, habla de la justicia como "una dimensión constitutiva de la proclamación del Evangelio" (No. 6); y, en un mensaje relacionado sobre evangelización hace notar que "a menos que el mensaje Cristiano de amor y justicia muestre su efectividad a través de la acción . . . sólo con dificultad, tendrá credibilidad entre la gente de nuestros tiempos" (No. 35). El documento enfatiza la opción preferencial por los pobres y la necesidad de una reforma social, para que toda la gente pueda participar activamente en la vida económica, política y cultural de la sociedad.
- En *Laborem Exercens* (1981), el papa Juan Pablo II desarrolla una espiritualidad del trabajo; apoya los derechos individuales de los trabajadores y de los sindicatos; enfatiza la supremacía de las personas sobre las cosas, y reafirma la dignidad del trabajo agrícola. El documento también trata sobre la práctica que tienen los países industrializados de comprar materias primas al menor precio posible y vender sus productos al mayor precio en el mercado; práctica que generalmente resulta en la explotación de los países del tercer mundo. Sin embargo, al criticar el capitalismo desenfrenado, este documento también afirma claramente, que la doctrina social de la Iglesia "diverge radicalmente" del marxismo.
- En *Sollicitudo Rei Socialis* (1987), el papa Juan Pablo II hace una llamada urgente a la solidaridad universal en el reparto de los bienes y a la redirección de los recursos para aliviar el sufrimiento de los países y pueblos más pobres. El documento analiza las enormes diferencias económicas entre los países del hemisferio

norte y sur, y urge a la humanidad a respetar los derechos de todas las personas, a solucionar los problemas de pueblos refugiados, y a tener una concepción de la persona que vaya más allá de lo económico.

• En *Centesimus Annus* (1991), el papa Juan Pablo II enfatiza que la enseñanza y difusión de la doctrina social son parte de la misión evangelizadora de la Iglesia. La doctrina social de la iglesia es una parte esencial del mensaje cristiano; a través de su doctrina social, la iglesia destaca —dentro del marco del testimonio de Cristo Salvador— el significado del trabajo cotidiano y de la lucha por la justicia.

## Opciones preferenciales en la evangelización

48    El *Plan pastoral nacional para el ministerio hispano* hace una opción preferencial por: los pobres, los jóvenes, las familias y las mujeres. Estas opciones son especialmente relevantes en la pastoral juvenil hispana, la cual atiende a jóvenes que viven en situación de pobreza y en familias que enfrentan tensiones y desafíos fuertes.

### Opción preferencial por los pobres

49    Entre los fundamentos de la fe católica está la convicción de que la vida humana llega a su plenitud en el conocimiento y el amor del Dios vivo, en comunión con los demás. Dada esta creencia, debemos promover la dignidad inalienable (incapaz de ser quitada) de toda persona, sin distinción de raza, trabajo y logros humanos. Hay que terminar con el uso indebido de los recursos disponibles y evitar que una minoría de los habitantes de la tierra se apoderen de ellos.

50    A través de su vida —pasada y presente— y a través de su Evangelio, Jesús alienta a sus seguidores a buscar, en primer lugar, el reino y la justicia de Dios. Jesús asume la causa de quienes son discriminados religiosa y socialmente; ataca el uso de lo religioso para evadir las exigencias de la caridad y la justicia; se hace presente entre los pobres, y llama "bienaventurados" a quienes muestran misericordia con los desnudos, los hambrientos y los enfermos. Al afirmar que los pobres son bienaventurados y que el Reino de Dios

es de ellos, Jesús no está ensalzando su pobreza sino alabando la apertura de los pobres a Dios. Jesús también dice que los pobres serán beneficiados de manera especial con la misericordia y la justicia de Dios.

51     Estas son las líneas fundamentales de la opción preferencial por los pobres, una opción que debe desafiar seriamente a toda comunidad eclesial. Los jóvenes latinos, como seguidores de Jesús y como parte de la iglesia, están llamados a aceptar las tareas y los sacrificios que requiere esta opción, y a comprometerse solidariamente con los que sufren y a enfrentar las actitudes y costumbres que institucionalizan la injusticia. Esta lucha tiene que ser renovada generación tras generación, para que la esperanza y la promesa de Jesús lleguen a ser tangibles, una realidad viva entre la gente.

52     La evangelización implica dar prioridad moral para asegurar la justicia y los derechos humanos para todos. Esto implica que, como individuos y como nación, estamos llamados a comprometernos a fondo con la opción por los pobres. La llamada a evaluar la actividad social y económica desde la perspectiva de los pobres proviene del mandamiento de amar al prójimo como a sí mismo y a la urgencia de reivindicar a los marginados y oprimidos, para que sean capaces de participar activamente en la vida de la sociedad. Los obispos de Estados Unidos, en su carta pastoral *Justicia económica para todos*, clarifican lo que se entiende por esta declaración de derechos y por esta capacitación:

> La "opción por los pobres" no es un mote agresivo que opone una clase en contra de otra sino que, por el contrario, afirma que la privación y la impotencia de los pobres vulnera toda la comunidad: la extensión de su sufrimiento es la medida que nos señala cuán lejos estamos de ser una verdadera comunidad de personas. Dichas heridas serán curadas únicamente por medio de una mayor solidaridad con los pobres y entre los pobres.[8]

53     Jesús enseña que los pobres y marginados merecen una atención preferencial, sea cual fuere su situación moral o personal, pues aunque están hechos a imagen y semejanza de Dios, su imagen es con frecuencia ensombrecida, mutilada y burlada. Por eso, Jesús ama a los pobres y marginados y asume su defensa, haciéndolos los primeros beneficiados por su Buena Nueva. En su tarea de perma-

necer fiel al espíritu de las bienaventuranzas, la comunidad eclesial está llamada a compartir sus recursos con los pobres y los oprimidos. Todos los discípulos de Cristo y todas las comunidades cristianas —incluyendo familias, parroquias, escuelas, diócesis y otras instituciones religiosas— deben sinceramente reflejar en sus vidas sus actitudes y apoyo a los jóvenes hispanos, quienes frecuentemente son pobres y están marginados de la sociedad.

## Opción preferencial por los jóvenes hispanos

54  La opción preferencial por los jóvenes tiene su raíz en el hecho de que, por su bautismo, tienen un lugar propio en la iglesia. Por mucho tiempo, la iglesia no ha dado a la juventud hispana su lugar en ella. La iglesia ha mostrado una falta de preocupación pastoral efectiva por los jóvenes, quienes pocas veces han sido invitados a participar en la vida de la comunidad eclesial, asumiendo su misión y compartiendo sus dones.

55  Dado el potencial para vivir una fe profunda y para recibir la Buena Nueva y luchar por la justicia, los jóvenes hispanos tienen una misión profética y transformadora en la sociedad actual. Este potencial se desarrollará en la medida en que cuenten con la aceptación y la atención pastoral de la iglesia.

56  La comunidad eclesial adulta, debe tratar a los jóvenes con justicia y apoyarlos responsablemente en su trabajo renovador en el interior de la iglesia y de la sociedad. Al examinar el nivel y la sinceridad de nuestro apoyo, debemos hacernos ciertas preguntas básicas:

• ¿Se invita a los jóvenes hispanos a participar en las decisiones de las parroquias?
• ¿Se escucha la voz de los jóvenes hispanos en la iglesia y cuando se hace, se les escucha con respeto?
• ¿Qué proporción de recursos materiales y de personal pastoral está dedicado a los jóvenes hispanos?

57  La juventud necesita el apoyo de la comunidad adulta para enfrentar las problemáticas de injusticia en que vive. El trabajo conjunto de adultos y jóvenes es el modo más eficaz para lograr este apoyo. Además, la costumbre de realizar este trabajo colaborativo con adultos favorecerá que los jóvenes continúen esta tradición cuando sean adultos.

58    El *Plan pastoral nacional* enfatiza la necesidad de fomentar y formar vocaciones hispanas sacerdotales y religiosas. Estas vocaciones serán más fuertes y más numerosas si los jóvenes aman a Jesús, se comprometen con su misión y toman conciencia de las necesidades pastorales de su pueblo. Para lograr esto, la comunidad hispana necesita sacerdotes, religiosos y religiosas que den testimonio del valor de una vida de pobreza, castidad y obediencia, en una sociedad que valora la riqueza, el placer y el poder. El pueblo hispano necesita sacerdotes compasivos, con un conocimiento sólido y profundo de los sagrados misterios y una profunda convicción de la urgencia de promover la doctrina social de la iglesia. En su primera carta pastoral, *Los obispos hablan con la Virgen,* los obispos hispanos de Estados Unidos resumieron la importancia de Dios y del Evangelio hecho visible en la realidad humana:

> La fortaleza más grande de nuestro pueblo proviene del redescubrimiento del Evangelio, que es nuestra verdad, nuestro camino y nuestra vida. El poder de Dios en nosotros es:
> • Su luz que ilumina el significado de nuestra vida y la meta de nuestra misión;
> • Su amor que transforma nuestros corazones de piedra en corazones humanos;
> • Su compasión que nos mueve a la acción;
> • Su esperanza que nos motiva a seguir luchando, a pesar de que humanamente hablando, no hay esperanza;
> • Su fuerza que transforma nuestra debilidad y la convierte en energía para el bien.[9]

# La parroquia pasiva: un desafío para la pastoral juvenil hispana

59    La parroquia es un centro vital en la vida de fe de las personas. Los obispos de Estados Unidos enfatizan que la comunidad parroquial debe llegar a ser el pueblo de Dios que comparte la misión de Cristo. Este énfasis exige una estructura capaz de sostener la vida comunitaria y de facilitar la misión primordial de la comunidad, que es la evangelización. El construir esta estructura representa un gran desafío para las parroquias que están organizadas en base a programas y servicios para "responder" a la comunidad activa, pero que no tie-

nen un enfoque de acción misionera hacia los miembros de la iglesia que están alejados de ella y hacia personas sin afiliación eclesial.

60   Muchas parroquias —conforme crecen— se burocratizan, se profesionalizan y se concentran en ofrecer servicios litúrgicos, de asistencia y educativos a personas que los solicitan. En este caso, el personal parroquial atiende a las personas que lo buscan dentro de las oficinas y horarios establecidos; el interés ministerial y el calendario de actividades giran alrededor de la preparación y celebración de los sacramentos; y el trabajo y el esfuerzo parroquial se centran en los locales del templo. Como resultado, los ministerios laicos se enfocan, casi exclusivamente, en lo litúrgico o lo educativo.

61   Estos servicios litúrgicos y educativos *son* esenciales en la iglesia, pero no implican la totalidad de la actividad eclesial. Les falta el espíritu misionero que continúe el proyecto de Jesús. Menos de un tercio de las parroquias en Estados Unidos tienen procesos de evangelización,[10] o sea que la mayoría sigue un modelo de iglesia distinto al propuesto por Jesús. A este modelo predominante de parroquia le llamamos, modelo "pasivo", por su limitación a recibir llamadas telefónicas, atender a quien llega a la oficina parroquial y a referir a la gente a los servicios que ofrece la parroquia u otras instituciones de la sociedad. Para ser evangelizadoras, las parroquias necesitan superar tres retos: su miopía pastoral, un sacramentalismo vacío y un funcionalismo privatizado e impersonal.

## Miopía pastoral

62   En relación a la juventud, la miopía pastoral consiste en servir sólo a los jóvenes que van al templo y a las actividades parroquiales, ignorando a los demás, que tienden a ser la mayoría. La Iglesia debe sanar de esta enfermedad y salir a buscar las ovejas descarriadas, como indicó Jesús:

> "Si uno de ustedes pierde una oveja de las cien que tiene, ¿no deja las otras noventa y nueve en el campo para ir en busca de la que se perdió, hasta encontrarla? Y cuando la encuentra, muy feliz, la pone sobre los hombros y, al llegar a su casa, reúne amigos y vecinos y les dice: Alégrense conmigo, porque encontré la oveja que se me había perdido". (Lucas 15, 4–6)

63   Las parroquias con miopía pastoral no pueden cumplir con su misión ni responder a las necesidades pastorales de los jóvenes

hispanos. Vivimos en una cultura que constantemente atrae a la gente a situaciones que la alejan de Dios y que propician el hedonismo y el paganismo, la adquisición de riqueza, bienes materiales y poder. Si queremos evangelizar, es absurdo esperar a que los jóvenes vengan a la parroquia, pues quienes no han encontrado a Dios en su vida no suelen ir al templo. No podemos ser tan miopes que sólo veamos a los jóvenes que vienen a misa los domingos y nos resignemos a predicarles sólo a ellos. Para continuar la misión de Jesús hay que pasar de ser una iglesia que espera y responde a ser una iglesia que camina y sale al encuentro de la gente.

64      La juventud hispana es víctima de la miopía pastoral, cuando las parroquias se conforman con tener un grupo de jóvenes hispanos o algunos jóvenes latinos en un grupo parroquial. En estas parroquias, toda la pastoral juvenil gira alrededor de estos grupos y la mayoría de la gente joven que queda al margen de la vida parroquial y que necesita una evangelización más misionera, no es tomada en consideración.

65      Además, los jóvenes latinos que participan en la iglesia suelen ser ignorados por el resto de la comunidad o ser invitados sólo para participar en el coro, la limpieza o el mantenimiento de los edificios. Muchos jóvenes hispanos se sienten despreciados simplemente por ser hispanos, con temor porque los demás no comprenden su cultura o rechazados porque no aceptan la costumbres y manera de ver las cosas que tienen los adultos. Otros jóvenes, hispanos y no hispanos, sienten que se les considera sólo como la iglesia del futuro. Estas realidades generan el distanciamiento de los jóvenes, como fue expresado en el Tercer Encuentro Nacional Hispano de Pastoral:

> Los jóvenes no son solamente el futuro de la Iglesia, sino más bien la comunidad joven de nuestra Iglesia.
>       Sin embargo, es frecuente ver que no es así como se sienten, sino más bien, marginados y olvidados.[11]

66      Hay que reconocer las experiencias de los jóvenes —sus sentimientos de marginación— para que la acción pastoral entre los jóvenes hispanos cobre la importancia que requiere. Viviendo cristianamente hoy, la juventud puede construir un mañana en el cual reinen los valores evangélicos. Para realizar ese futuro, la gente joven necesita ser parte de una comunidad eclesial viva y participar en sus celebraciones.

## Sacramentalismo vacío

67   En las celebraciones comunitarias, especialmente en las celebraciones de los sacramentos, la parroquia pasiva tiende a dar una importancia excesiva a lo ritual y lo sacramental en contraste con la práctica evangélica. La experiencia limitada de los jóvenes sobre la iglesia hace que no vean la relación y complementación que existe entre la Palabra de Dios, los sacramentos, los carismas personales y el testimonio cristiano que dan las personas con su vida. Como resultado, mucha gente joven experimenta los sacramentos como símbolos vacíos, cuestiona su valor religioso y su relación con la vida diaria y termina por abandonarlos.

68   Para que pueda comprender el simbolismo de los sacramentos, la gente joven necesita experimentar celebraciones de los sacramentos que actualicen el misterio pascual en su vida personal y comunitaria. Los sacramentos son momentos claves para entregar a Dios las tensiones, sufrimientos, angustias y frustraciones de la vida; para llenarse del poder transformador y liberador de Cristo; para unirse a la comunidad eclesial, y para adquirir fuerzas para ser testigos fieles y valientes del Evangelio. Si en vez de esto los sacramentos son vistos sólo como algo obligatorio o sin significado, se convierten en signos y símbolos vacíos que no llevan a Dios ni generan una esperanza nueva.

69   Urge superar el sacramentalismo vacío, pues mucha gente joven lo contrasta con la predicación de los movimientos evangélicos que enfatizan la palabra de Dios como fuente de vida. Hay que rescatar la riqueza de la simbología sacramental, relacionándola con el Evangelio y la vida de los jóvenes. El discipulado de Jesús requiere una vida evangélica, antes, durante y después de participar en los sacramentos. La evangelización y la catequesis deben ayudar a que los jóvenes comprendan el significado de los sacramentos, de modo que puedan ser momentos fuertes de conversión y vida nueva.

## Funcionalismo privatizado e impersonal

70   Las parroquias pasivas fácilmente pueden convertirse en proveedoras de una religión privatizada, en la cual las personas se preocupan sólo de sus propios intereses. Estas parroquias favorecen una relación individualista con Dios, que genera un ambiente no hospitalario y de relaciones superficiales entre los miembros de la iglesia. El

registro de los miembros y las colectas toman gran importancia, la gente se comunica a través de boletines y las computadoras llegan a ser más importantes que las relaciones humanas. Los jóvenes hispanos, reunidos en el Tercer Encuentro expresaron esta insensibilidad de la siguiente manera:

> Se percibe una iglesia "fría", con falta de amor fraternal y una dimensión comunitaria, que necesita de gran conversión y formación para poder realizar su misión evangelizadora.[12]

71  La juventud, con su vitalidad, alegría y espíritu fraternal tiene el potencial de transformar la iglesia en una comunidad profética, evangelizadora y misionera. Trescientas personas unidas sólo por la Eucaristía dominical no hacen una comunidad cristiana, ni tampoco treinta jóvenes en un grupo juvenil. En la comunidad hay interacción personal, comunicación directa y metas comunes. En ella, las personas se conocen bien y se apoyan en su vida diaria y en su jornada de fe.

72  Según el papa Pablo VI, para que las parroquias sean verdaderas comunidades cristianas, necesitan adaptar sus estructuras de modo que los laicos puedan participar en las responsabilidades pastorales de las parroquias y crear pequeñas comunidades eclesiales que faciliten su vida de fe.[13] Es más fácil comunicar la palabra de Dios mediante el amor y el servicio en pequeñas comunidades, como también lo es dar testimonio de Jesús resucitado, vivo y activo en el mundo.

73  La mayoría de los jóvenes latinos desconoce el modelo de iglesia propuesto por Jesús. Sólo quienes están activos en la vida eclesial y han tenido buena atención pastoral, tienen la experiencia de ser parte de una iglesia profética, comunitaria, misionera y evangelizadora. Quienes van al templo sólo por obligación, necesidad o tradición, tienen una experiencia parcial y a veces distorsionada sobre la iglesia y la fe.

## La parroquia misionera: un ideal a nuestro alcance

74  Para que la juventud hispana conozca, ame y siga a Jesús, se necesita una iglesia misionera, comunitaria y fuertemente evangelizadora. La fe es un don de Dios que se vive en comunidad para salir a

comunicarla a otras personas fuera de ella. En su encíclica sobre *Redemptoris Missio*, el papa Juan Pablo II recalcó el mandato misionero de la iglesia de la siguiente manera:

> El Señor llama siempre a salir de uno mismo, a compartir con los demás los bienes que tenemos, empezando por el más precioso que es la fe. A la luz de este imperativo misionero se deberá medir la validez de los organismos, movimientos, parroquias u obras de apostolado de la Iglesia. Sólo haciéndose misionera la comunidad cristiana podrá superar las divisiones y tensiones internas y recobrar su unidad y su vigor de fe.[14]

75 De manera similar, el *Plan pastoral nacional para el ministerio hispano*, especifica este deseo del pueblo hispano para la Iglesia Católica:

> VIVIR Y PROMOVER . . . por medio de una Pastoral de Conjunto, un Modelo de Iglesia comunitaria, evangelizadora y misionera, encarnada en la realidad de los hispanos y abierta a la diversidad de culturas, promotora y ejemplo de justicia . . . que desarrolla liderazgo por medio de una educación integral y que es FERMENTO DEL REINO DE DIOS EN LA SOCIEDAD.[15]

Juntos, estos ideales del papa Juan Pablo II y del *Plan pastoral nacional* esquematizan el modelo de iglesia anhelado. En las siguientes secciones, examinamos varias dimensiones de esta iglesia: una comunidad peregrina, una comunidad evangelizadora, una comunidad profética, una comunidad con una opción preferencial por los pobres y una comunidad animada por una **pastoral de conjunto.**

## Comunidad peregrina

76 Una iglesia al estilo de la que pidió Jesús que construyéramos, sale a anunciar el Evangelio en todo el territorio parroquial y no reduce su acción evangelizadora a las personas que van a los locales parroquiales. Como pueblo de Dios en marcha, la iglesia actualiza su espíritu misionero con horizontes amplios, saliendo a compartir la Buena Noticia con personas marginadas, alienadas o que no son parte de la iglesia.

77 Lejos de producir agotamiento o cansancio en la comunidad, esta acción evangelizadora renueva la iglesia y refuerza su fe con un

entusiasmo y motivación siempre nuevos. Además, la celebración de los sacramentos une y revitaliza a los miembros para salir a buscar a quien vive alejado de Dios, imitando a los discípulos de Jesús que "salieron a predicar por todas partes con la ayuda del Señor, el cual confirmaba su mensaje con señales que lo acompañaban" (Marcos 16, 20). En el Tercer Encuentro, miles de hispanos manifestaron la conciencia del poder revitalizador de la evangelización, con las siguientes palabras:

> Creemos que Dios está renovando su Iglesia en los Estados Unidos por medio del entusiasmo, espíritu misionero y voz profética del pueblo Hispano católico.
> Confiamos en la oración y la fuerza espiritual que nos brindan fe, esperanza, sencillez, voluntad y generosidad, para aún en medio de frustraciones cumplir con nuestra misión evangelizadora, expresando con nuestros cánticos la alegría de tener a Cristo en nuestros corazones.[16]

## Comunidad evangelizadora

78 El *Plan pastoral nacional*, pide evangelizar por medio de pequeñas comunidades eclesiales, donde la persona evangeliza y es evangelizada por otros mediante un proceso comunitario de reflexión sobre la Buena Nueva y sobre la tarea evangelizadora de cada miembro. El tener una comunidad de apoyo con la que compartir la vida y las experiencias de apostolado, anima a todos los miembros a mantener su compromiso cristiano y a emprender el trabajo de evangelización.

79 Los misioneros jóvenes encuentran a Dios cuando ven la bondad, el testimonio vivo, el idealismo, la esperanza, las necesidades —e incluso el pecado, la debilidad, la indiferencia, el dolor y el sufrimiento— de los jóvenes a quienes llevan la Buena Nueva. Al llevar las Buenas Noticias a los jóvenes y recibir destellos de Dios a través de ellos, los misioneros experimentan un amor especial de Jesús y renuevan constantemente la iglesia con su fortaleza en la fe.

## Comunidad profética: sembradora de esperanza

80 Toda comunidad parroquial y todo grupo y **pequeña comunidad juvenil** deben examinar en qué medida están viviendo el ideal del profeta Isaías, de constituirse en un "resto" profético en la sociedad.

El papel de un "resto" profético generalmente no es cómodo, pues implica ser sal y tratar de dar sabor cristiano a una sociedad indiferente. Sin embargo, toda comunidad cristiana debe tomar en serio las palabras de Jesús de no perder su misión profética, su calidad de "sal":

> Ustedes son la sal de la tierra. Y si la sal se vuelve desabrida, ¿con qué se le puede devolver el sabor? Ya no sirve para nada sino para echarla a la basura o para que la pise la gente. (Mateo 5, 13)

81    La sola existencia de comunidades juveniles misioneras es fuente de revitalización para la iglesia, porque estas comunidades exigen una transformación profunda de la iglesia y entienden la participación de la gente joven más allá que la sola presencia juvenil en la misa dominical. Transformar significa mantener lo esencial al mismo tiempo que se va creando una realidad radicalmente nueva. Los jóvenes hispanos pueden hacer de la iglesia, una iglesia joven, profética y misionera. Ellos pueden ser una fuerte ráfaga de aire fresco que siembre semillas de esperanza, llamando a ser más que a tener; a compartir en lugar de competir; a amar y servir en vez de centrarse en intereses egoístas, y a ser constructores de paz y reconciliación en lugar de favorecer la violencia y el rencor.

82    El papa Juan Pablo II, en una exhortación apostólica a los laicos, hizo un llamado directo a los jóvenes para que recojan lo mejor del ejemplo y las enseñanzas de sus padres y maestros.[17] Es útil a los jóvenes tener presentes estas enseñanzas y aplicarlas para dar forma a una sociedad que respete la dignidad, la libertad y el derecho de todas las personas y que favorezca la expansión del tesoro antiguo y siempre nuevo de la fe. Al luchar por estos valores, los jóvenes pueden encontrar alegría y nuevas fuerzas para superar el egoísmo, el hedonismo y la desesperación tan presentes en la sociedad actual.

## Comunidad que vive la opción preferencial por los pobres

83    Siguiendo el ejemplo de Jesús, la iglesia debe hacer una clara opción preferencial por los más pobres y marginados de la sociedad consumista. La iglesia debe amar y servir con especial ahínco a las personas enfermas, incapacitadas, pobres y hambrientas; a los inmigrantes y refugiados; a los prisioneros; a las personas sin trabajo; a los ancianos y personas que viven solas; a niños abandonados;

a víctimas de la guerra y la violencia. Hacer una opción preferencial por esta gente, no significa tener sentimientos de vaga compasión por ellos o realizar acciones paternalistas hacia ellos; significa la determinación firme y perseverante de empeñarse por el bien común, desde la perspectiva de ellos.

84      Los obispos de Estados Unidos, en su carta pastoral *Justicia económica para todos*, señalan que la obligación de promover justicia para todos significa que los pobres ponen en la conciencia de la nación, una exigencia urgente de tipo económico. Los cristianos —como personas, como iglesia y como nación— están llamados a hacer una opción fundamental por los pobres, orientando la actividad social y económica en beneficio de ellos y analizando los resultados de esta actividad desde su perspectiva. Las exigencias de aquellas personas que no tienen poder y cuyos derechos les son negados, deben tener prioridad en la sociedad para que exista justicia para todos. El propósito principal del compromiso hacia los pobres es crear condiciones que permitan que se capaciten y adquieran el poder que necesitan para compartir y contribuir al bien común. Para que esta meta llegue a ser realidad, los más afortunados en la iglesia y en la sociedad necesitan llevar a cabo un papel activo y desinteresado. Los obispos de Estados Unidos, citando al papa Paulo VI, manifiestan lo siguiente:

> "El Evangelio, al enseñarnos la caridad, nos inculca el respeto privilegiado a los pobres y su situación particular en la sociedad: los más favorecidos deben renunciar a algunos de sus derechos para poner con mayor liberalidad sus bienes al servicio de los demás".[18]

85      Una pastoral seria y profunda con la juventud hispana —un grupo que es socioeconómicamente pobre, relativamente sin poder político y culturalmente diferente de los jóvenes de la sociedad dominante— nunca será una realidad, a no ser que se convierta en una prioridad. La iglesia no puede permitir que la pastoral juvenil hispana compita con otras formas de ministerio al estilo de una iglesia de "mercado libre", donde las personas con dinero, poder e influencia, casi siempre deciden las cosas. Debemos tomar medidas enérgicas para desarrollar la pastoral juvenil hispana. De otra manera, los jóvenes católicos latinos no llegarán a ser la fuente de esperanza, fuerza y renovación a la que han sido llamados desde su bautismo.

## Comunidad animada por una pastoral de conjunto

86    La iglesia siempre ha enfatizado su comunión "con Dios por medio de Jesucristo y en el Espíritu Santo". Las características de esta comunión —lograda al compartir la Palabra de Dios, los sacramentos y la vida diaria— fueron destacadas por el papa Juan Pablo II en su exhortación apostólica *Christifideles Laici*:

> La simultánea presencia de la *diversidad* y de la *complementariedad* de las vocaciones y condiciones de vida, de los ministerios, de los carismas y de las responsabilidades. Gracias a esta diversidad y complementariedad, cada fiel laico se encuentra *en relación con todo el cuerpo y le ofrece su propia aportación.*[19]

87    El Espíritu Santo da a cada joven diferentes carismas y dones. Estos dones se complementan unos a otros en el servicio a los miembros de la comunidad y no significan grados de dignidad o superioridad. Las comunidades juveniles, así como las parroquias y diócesis tienen que descubrir los dones de sus miembros jóvenes y discernir cómo usarlos para el bien de la comunidad y su misión evangelizadora.

88    Aunque los dones y servicios tomen formas diferentes, la gente joven y los adultos participan igualmente en el ministerio de Jesús, el Buen Pastor que cuida de sus ovejas y da su vida por ellas. Juntos, los jóvenes y los adultos, forman una comunidad eclesial que debe trabajar en una pastoral de conjunto, donde la acción de todos los agentes de pastoral está animada por una visión común y coordinada con un espíritu de comunión y corresponsabilidad para extender el reinado de Dios.

89    La pastoral de conjunto es un modo de ser y entender la iglesia. Esta enfatiza la unidad de visión y de misión en la comunidad eclesial, respetando las vocaciones y ministerios particulares de sus miembros. Idealmente, el espíritu de dicha pastoral permite que todos los agentes de pastoral se sientan parte de una sola iglesia unida, una iglesia que trata de cumplir con su misión y no sólo de coordinar el trabajo pastoral o de formular declaraciones, metas y objetivos comunes para sus programas ministeriales. La pastoral juvenil hispana debe inspirarse en un espíritu de pastoral de conjunto para que este modelo llegue a formar parte integral del ministerio juvenil en nuestra iglesia. Con este espíritu, la pastoral juvenil

hispana debe colaborar estrechamente con otros ministerios relacionados, tales como liturgia, pastoral familiar, catequesis y acción social.

90      Si bien deben existir grupos y pequeñas comunidades juveniles latinas, donde los jóvenes hispanos puedan vivir y expresar su fe, el espíritu de estos grupos exige que estén abiertos a compartir y a colaborar con jóvenes de otras culturas. Sólo una juventud unida puede impactar lo suficiente a la iglesia para que sea promotora efectiva de una cultura del compartir y la paz. El *Plan pastoral nacional* resume este ideal de la siguiente manera:

> Estas experiencias ayudan a los hispanos a vivir el sentido de comunión de la Iglesia. La *Pastoral de Conjunto* manifiesta la plenitud de aquella comunión a que la Iglesia ha sido llamada. Los hispanos desean vivir esta comunión de la Iglesia no sólo entre sí mismos sino también con las diferentes culturas que hacen que la Iglesia sea universal aquí en los Estados Unidos.[20]

# El Caminar
# de la Pastoral Juvenil Hispana

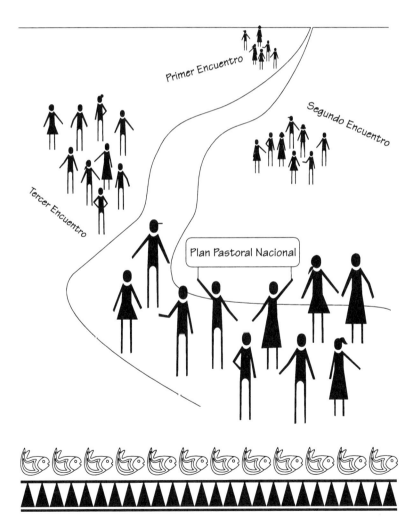

# El Caminar
# de la Pastoral Juvenil Hispana

❧

*C*reemos en la unidad de nuestra meta, en el caminar todos juntos en una Iglesia peregrina, guiada e impulsada siempre por Dios para construir su Reino.

—Secretariado de Asuntos Hispanos, *Voces proféticas*

1 La pastoral, con los jóvenes hispanos en Estados Unidos, ha empezado a desarrollarse como un ministerio organizado recientemente. Pero, como una forma de acción pastoral ha estado presente al menos desde hace veinticinco años. Este ministerio asume o hace propia la realidad de los jóvenes latinos en este país y, a partir de esta realidad, facilita que los jóvenes conozcan, amen y sigan a Jesús, ayudándolos así a extender el reinado de Dios a su alrededor.

2 La pastoral juvenil hispana tiene las siguientes características:
- está dirigida *a* los jóvenes, haciendo por ellos una opción preferencial debido a su gran número y a sus múltiples necesidades pastorales;
- se lleva a cabo *con* los jóvenes, porque los jóvenes *son* iglesia y continuamente la renuevan con su proceso continuo de crecimiento y acción;
- nace *desde* los jóvenes, partiendo de sus experiencias de vida y de la complejidad de la realidad en que viven;
- está realizada *por* los jóvenes, pues ellos son los mejores evangelizadores de otros jóvenes;
- toma una opción *a favor* de los jóvenes, cuando los ministros y la comunidad adulta disciernen las necesidades de la juventud y actúan como sus intercesores ante la iglesia y la sociedad.

## Principales etapas en la pastoral juvenil hispana

3 El caminar de la pastoral juvenil hispana ha sido diferente en diversos lugares de Estados Unidos, dependiendo principalmente de la presencia hispana y del interés de la iglesia local por atender a su juventud. A continuación se presentan, a grandes rasgos, las principales etapas

por las que ha pasado este ministerio, haciendo referencia a los enfoques latinoamericanos y estadounidenses que más la han influido.

## Una mirada al pasado

4      Para comprender la pastoral juvenil hispana como un ministerio especializado, hay que remontarse a sus raíces en Latinoamérica y en Estados Unidos. En Latinoamérica, antes de la década de los años sesenta, la atención pastoral a los jóvenes estuvo principalmente en manos de las congregaciones religiosas y de las escuelas católicas. Durante mucho tiempo, los jóvenes de las clases media y alta, recibieron una atención privilegiada y fueron evangelizados con un enfoque que racionalizaba y legitimizaba sus privilegios, limitando sus horizontes cristianos. Mientras tanto, millones de jóvenes de familias pobres y marginadas recibían una atención esporádica o inconsistente de misioneros itinerantes y catequistas con gran celo, pero poca preparación; su fe era alimentada principalmente por la religiosidad popular. Se notaba claramente la existencia de una pastoral de élites y otra de masas.

5      A pesar de esta distinción de servicios pastorales en las diferentes clases sociales, la Acción Católica Juvenil fue importante tanto en los sectores pobres como entre las clases media y alta; tanto en las zonas rurales como en las zonas urbanas. En varios lugares existían centros juveniles y había grupos de jóvenes en las parroquias. Algunos de estos grupos eran organizaciones piadosas, otros eran grupos de apostolado social; otros más eran clubes que favorecían una socialización y reflexión cristiana entre los jóvenes.

6      En Estados Unidos, la juventud católica de origen europeo y de las clases altas, también fue atendida en escuelas y universidades católicas. Estos mismos jóvenes eran bienvenidos y participaban en los programas deportivos de la *Catholic Youth Organization* (CYO) y del *Catholic Young Adult Club* (CYAC). La Acción Católica Juvenil también fue importante en Estados Unidos y se formaron diversos tipos de grupos parroquiales juveniles. Sin embargo, la inmensa mayoría de la juventud hispana creció al margen de estos servicios, alimentando su fe con devociones y tradiciones familiares.

## Inicio del camino

### El Primer Encuentro Nacional Hispano de Pastoral

7    El pueblo hispano en Estados Unidos, un pueblo joven tanto en edad como en su proceso histórico, inició un caminar de reconocimiento como pueblo de fe durante los años sesenta. Esta jornada de autorreconocimiento fue celebrada con el Primer Encuentro Nacional Hispano de Pastoral en 1972, donde se encontraron por primera vez hispanos católicos provenientes de diversos países, como un nuevo pueblo formándose en Estados Unidos. A partir de entonces, la Iglesia Católica en Estados Unidos reconoció oficialmente la presencia latina en ella.

8    El Primer Encuentro impulsó el desarrollo del liderazgo hispano; la conscientización de los agentes de pastoral sobre sus derechos y responsabilidades en la Iglesia, y la creación de oficinas regionales y diocesanas para impulsar y coordinar el ministerio hispano. En esa época, aún se hablaba poco del ministerio con la juventud hispana.

9    Al mismo tiempo, en Latinoamérica, la Iglesia tomaba conciencia de la injusticia que prevalecía en esas tierras. Esta conciencia dio origen a la opción preferencial por los pobres, en la Segunda Conferencia General del Episcopado Latinoamericano en Medellín, Colombia (1968), y a la opción preferencial por la juventud, proclamada por los obispos latinoamericanos en su Tercera Conferencia General del Episcopado en Puebla, México (1979). Aunque estas opciones no han alcanzado el énfasis y extensión necesarias, sí han renovado la pastoral juvenil latinoamericana, dando mayor atención a la juventud pobre e introduciendo una visión general desde la perspectiva de los pobres y marginados.

### Hacia una pastoral integral

10    Durante los años setenta se dieron varios cambios y una renovación en el ministerio juvenil. En Estados Unidos se separó el ministerio de los jóvenes menores de dieciocho años del de los adultos jóvenes y se dejó el modelo de club juvenil a cambio del ministerio entre los mismos jóvenes (*peer ministry*).

11    En todo el continente se empezó a promover una pastoral juvenil integral, enfocada a las siguientes acciones:
- consideración de la realidad y las necesidades personales, sociales y espirituales de los jóvenes;

- invitación a la juventud a compartir la vida, misión y trabajo de la comunidad de fe;
- desarrollo de programas de ministerios juveniles sobre liturgia, creación de la comunidad, justicia y servicio social, orientación, sanación, capacitación y liderazgo.

### Los movimientos apostólicos

12    Varios movimientos apostólicos provenientes de España y Latinoamérica aparecieron en Estados Unidos hacia finales de los años sesenta y principios de los setenta. Estas organizaciones laicas promueven un mundo mejor, capacitando dirigentes que ofrecen experiencias fuertes de evangelización a la juventud latina. Los Cursillos Juveniles, los Encuentros de Promoción Juvenil y las Jornadas de Vida Cristiana, fueron de los primeros y más fuertes movimientos apostólicos entre los jóvenes hispanos.

13    Los movimientos apostólicos han sido una fuerza vital en la pastoral juvenil hispana debido a sus esfuerzos de evangelización, la formación de liderazgo y la promoción de grupos parroquiales. Entre los estadounidenses de origen europeo, los movimientos tuvieron menos impacto porque se redujeron a retiros como *Teens Encounter Christ* (Encuentro de Adolescentes con Cristo) y *Christian Awakening* (Despertar Cristiano), o se usaron sólo para complementar esfuerzos pastorales ya existentes. Además, los movimientos de derechos humanos —como el movimiento chicano y el movimiento campesino— influyeron más la visión de la evangelización hispana que la estadounidense de origen europeo.

## Encuentro como un pueblo de fe

### Segundo Encuentro Nacional Hispano de Pastoral

14    En 1975, el Secretariado Nacional para Asuntos Hispanos convocó al Segundo Encuentro Nacional Hispano de Pastoral (1977) y llevó a cabo un proceso de consulta sobre las necesidades pastorales del pueblo hispano. Se identificaron tres temáticas importantes: unidad en el pluralismo, **educación integral** y cambio social. Los participantes en el Segundo Encuentro escogieron la evangelización como la prioridad más urgente y enfatizaron su relación con los derechos humanos, la educación integral, la responsabilidad política y la unidad en el pluralismo. La preocupación por la juventud de todas las edades fue evidente, como quedó expresado en las memorias del Segundo Encuentro:

Necesitamos que nuestros jóvenes, en cuyas manos están el presente y el futuro de la Iglesia, tengan una mejor formación y mayor participación en la dirección de nuestras comunidades. Hay que reconocer y aceptar al joven como ministro propio de la juventud.[1]

Aprobamos y recomendamos la creación de un Equipo Nacional Juvenil de Trabajo (*task force*) compuesto de miembros elegidos por votación, por y de entre los jóvenes participantes (representantes de cada región) en el Segundo Encuentro, para que estudie y recomiende a la Conferencia Episcopal la necesidad que la juventud hispana tiene de ser evangelizada.[2]

### En lucha por un reconocimiento nacional

15 La época que siguió al Segundo Encuentro forjó grandes esperanzas. Algunas diócesis contrataron personal para el ministerio juvenil hispano y ofrecieron programas de formación para el liderazgo juvenil. Se formó el Comité Nacional Hispano de Jóvenes, y el Secretariado Nacional para Asuntos Hispanos contrató a una persona para coordinar el trabajo de este Comité. Un reporte del Secretariado Hispano expresó:

Mis hallazgos son que hay sed de afirmación cultural y capacitación de liderazgo en la juventud hispana, y que esta juventud busca en nuestra Iglesia la respuesta.[3]

16 Gracias al trabajo del Comité Nacional Hispano de Jóvenes, se formaron consejos regionales de pastoral juvenil hispana. Se tuvieron siete simposios juveniles en distintas regiones, como una preparación para el Tercer Encuentro; en cada uno participaron cincuenta jóvenes, quienes posteriormente repitieron esta experiencia en sus diócesis. Los esfuerzos de compartir su experiencia del simposio regional y de establecer una coordinación nacional, favorecieron la formación de equipos diocesanos de pastoral juvenil hispana, grupos juveniles y programas de formación para líderes en el ministerio juvenil hispano. A pesar del éxito de esos esfuerzos para promover el liderazgo mediante la creación de una red de apoyo y el despertar de muchos jóvenes, debido a falta de financiamiento, la coordinación nacional se terminó después de sólo un año.

17 Los tiempos que siguieron fueron difíciles. Ni el Secretariado Hispano, ni el Departamento de Educación de la Conferencia

Católica en Estados Unidos, que era responsable del ministerio juvenil, pudieron responder a las necesidades de la juventud hispana. Además, muchas diócesis quitaron las oficinas y el personal de pastoral juvenil hispana. A pesar de esto, los jóvenes siguieron formando grupos parroquiales y participando en movimientos juveniles. El Comité Nacional Hispano de Jóvenes expresó su esperanza de la siguiente manera:

> Reconociendo que nosotros somos sal y luz de la iglesia, queremos vivir y que nos sea permitido expresar nuestra voz profética en beneficio de nuestra juventud hispana. Pedimos su apoyo y sobre todo, su bendición para que podamos dar gloria a Cristo a través de la iglesia.[4]

### Tercer Encuentro Nacional Hispano de Pastoral

18    En 1983, la Conferencia Católica de los Obispos publicó una carta pastoral sobre el ministerio hispano, *Presencia hispana: Esperanza y compromiso* (*The Hispanic Presence: Challenge and Commitment*). En esta carta, los obispos convocaron al Tercer Encuentro Nacional Hispano de Pastoral (1985) y pidieron al pueblo hispano que levantara su voz profética y elaborara un plan pastoral nacional para el ministerio hispano.

19    La preparación del Tercer Encuentro generó mucho entusiasmo y dedicación. Cientos de agentes de pastoral facilitaron un proceso que incluyó la identificación y formación de líderes, un análisis de la realidad a la luz de la fe, la oración y la convivencia fraternal. El Comité Nacional Hispano de Jóvenes y los equipos juveniles diocesanos trabajaron con ahínco para lograr la participación de miles de jóvenes en el proceso del Tercer Encuentro. Muchas diócesis reflexionaron sobre la juventud y con la juventud, brindando a los jóvenes profundas experiencias de evangelización y liderazgo cristiano, y asegurando la presencia juvenil en los encuentros regionales y nacionales.

20    Los jóvenes dieron un sabor de frescura al Tercer Encuentro y fueron fuente de esperanza para el futuro del pueblo hispano, de la iglesia y de la pastoral juvenil hispana. En el Tercer Encuentro, la juventud fue identificada como una de las cinco prioridades para la acción pastoral, junto con evangelización, educación integral, formación de liderazgo y justicia social. Durante este encuentro se es-

tableció una opción preferencial por los pobres y por los jóvenes. Las **líneas proféticas pastorales** las expresaron de esta manera:

- Nosotros, como pueblo hispano, hacemos una opción preferencial por y en solidaridad con los pobres y marginados.
- Nosotros, como pueblo hispano, hacemos una opción preferencial por los jóvenes hispanos para que participen a todos los niveles de la Pastoral.[5]

21　　Todas las líneas proféticas pastorales, identificadas en el Tercer Encuentro, corresponden de manera especial a la juventud; por lo tanto, deben ser incorporadas en la pastoral juvenil hispana. Estas líneas dan prioridad al trabajo pastoral con la familia, los pobres y los marginados; a la evangelización misionera, la promoción del liderazgo, la educación integral y la promoción de la justicia; a valorar y promover a la mujer en la familia, la iglesia y la sociedad, y a realizar el ministerio bajo una pastoral de conjunto.

22　　El análisis sociorreligioso de la realidad juvenil, el compromiso a una acción pastoral misionera y las voces proféticas y entusiastas de los jóvenes en el Tercer Encuentro, dieron un impulso fuerte al ministerio juvenil hispano. Como fruto de este encuentro, se formaron nuevos grupos parroquiales, algunas comunidades juveniles, y se empezaron a ofrecer programas de formación para agentes de pastoral juvenil en diócesis donde no los había.

## Construcción del presente y del futuro

### *Plan pastoral nacional para el ministerio hispano*

23　　El plan pastoral pedido por los obispos cuando convocaron el Tercer Encuentro, fue promulgado con la publicación del *Plan pastoral nacional para el ministerio hispano*, en 1988. Este plan organizó las prioridades y las líneas proféticas pastorales que fueron identificadas en el Tercer Encuentro, en cuatro dimensiones de trabajo pastoral: desarrollar una pastoral de conjunto; revitalizar los esfuerzos de evangelización; promover una opción misionera, y proveer formación de liderazgo. Además de considerar a los pobres y a los jóvenes como grupos prioritarios, la opción misionera del Plan Pastoral Nacional añadió a la familia y a las mujeres, con el fin de promover su participación en la iglesia y para darles una atención especial.

24      A pesar de que el Plan Pastoral Nacional enfatizó la opción preferencial por la juventud, el desarrollo de la pastoral juvenil hispana fue lento y difícil en la década de los ochenta, por falta de agentes de pastoral y de recursos financieros. En 1991, cuando se formó el *National Catholic Council for Hispanic Ministry* (Consejo Nacional Católico para el Ministerio Hispano), existían nueve organizaciones nacionales de pastoral hispana, pero la pastoral *juvenil* no tenía organización que la representara.

### Una mirada a la pastoral juvenil hispana en Estados Unidos

25      A través de la historia, con sus avances y retrocesos, luchas y desafíos, la juventud latina y sus líderes han continuado aprovechando toda semilla de esperanza para incrementar su atención pastoral. La necesidad de conocer mejor la realidad de la pastoral juvenil hispana en Estados Unidos, originó una encuesta realizada por Saint Mary's Press en 1991. De las 151 diócesis que tenían oficinas para el ministerio hispano en el país, 60 respondieron a esta encuesta. Estas diócesis eran de distintos tamaños y con diversos niveles de desarrollo en la pastoral hispana y representaban a todas las regiones del país. Entre los datos obtenidos destacan los siguientes:[6]

26      **Nivel diocesano.** De las 60 diócesis que respondieron a la encuesta, 51 reportaron tener personal diocesano responsable de la juventud latina. De estas 51, 24 tenían personal especializado en pastoral juvenil hispana. En 19 de las 51 diócesis, la juventud latina era responsabilidad de la oficina de ministerios hispanos. Y, en las 8 restantes, la atención a los jóvenes latinos estaba a cargo del director general de ministerio juvenil diocesano.

27      Cuarenta y cinco diócesis reportaron que tenían *eventos diocesanos* para la juventud hispana, incluyendo: congresos, retiros y talleres. Otros eventos diocesanos menos comunes incluían experiencias de discernimiento vocacional, consejos diocesanos y peregrinaciones juveniles. El 80% de las actividades regionales eran organizadas por los movimientos apostólicos.

28      Treinta y seis diócesis reportaron que ofrecían *programas de formación para líderes juveniles y **asesores** adultos*. Estas 36 diócesis suministraron la siguiente información sobre los programas ofrecidos en los últimos cinco años:
- diez diócesis ofrecieron programas con una duración de 130 a 350 horas, a los que asistieron 1,300 líderes juveniles y 140 asesores adultos;

- ocho diócesis ofrecieron programas con una duración de 30 a 70 horas y una asistencia de 1,800 líderes juveniles y 316 asesores adultos;
- dieciocho diócesis ofrecieron programas de menos de 30 horas, a los cuales asistieron 440 líderes juveniles y 98 asesores adultos;
- treinta y un diócesis participaron en programas regionales;
- veintidós diócesis no tuvieron programas de formación y sólo 3 de estas 22, participaron en programas regionales.

29    **Nivel parroquial.** Se reportó un total de 1,290 parroquias con ministerio hispano. De estas 1,290 parroquias, 738 atendían a la juventud latina y 256 tenían agentes de pastoral juvenil hispana bien preparados.

30    **Movimientos apostólicos juveniles.** Se reportó la existencia de movimientos apostólicos juveniles en 31 diócesis, teniendo, la mayoría de ellas, cuatro o más movimientos diferentes. Entre los movimientos más comunes estuvieron: Jóvenes para Cristo, Renovación Carismática, Encuentros Juveniles, Encuentros de Promoción Juvenil, Jornadas Juveniles, Cursillos Juveniles, Hijas de María, Hijos e Hijas del Movimiento Familiar Cristiano, Pascua Juvenil, *Search* (Búsqueda), Acción Católica Juvenil y Experiencia Cristo.

31    La información dada por esta encuesta, revela la necesidad obvia de empezar la pastoral con los jóvenes latinos en aquellas parroquias y diócesis que lo necesitan, y de mejorar su calidad y su alcance en muchos lugares donde ya existe. También es urgente multiplicar y elevar la calidad de los programas de formación para agentes de pastoral juvenil hispana y para los líderes de los movimientos apostólicos juveniles.

32    Se han hecho algunos esfuerzos para producir documentos bilingües que ofrecen principios y guías para el ministerio juvenil en general. Estas obras incluyen: *El reto de la catequesis de adolescentes: madurez en la fe, A Vision of Youth Ministry* y, *Normas basadas en la aptitud para los coordinadores de la pastoral juvenil.* Aún se necesita trabajar más para que la visión y la realidad de la pastoral juvenil hispana sea incluida en documentos oficiales y que sus directrices sean implementadas en la iglesia.

33    Con los recursos disponibles, el liderazgo de la pastoral juvenil hispana sigue trabajando y luchando con empeño, buscando maneras

más efectivas para evangelizar a los jóvenes. Continúa sembrando la palabra de Dios en barrios y campos; organizando cursos de formación; preparando liturgias; realizando retiros y planeando proyectos con que servir mejor a la juventud latina. Cada día, un número más grande de jóvenes hispanos son instrumento de sanación y reconciliación; son voces proféticas, y signos de un nuevo amanecer en el mosaico católico norteamericano.

## Principios y elementos para la evangelización de los jóvenes hispanos

34    En los evangelios, Jesús se identificó a sí mismo como el Buen Pastor que vino a salvar a las ovejas perdidas y a reunir a las que estaban dispersas. Atendió personalmente a sus discípulos y los enseñó a vivir al servicio de los demás. Dio a sus apóstoles la misión de crear una comunidad de fe y de llevar su Buena Nueva hasta los confines de la tierra. Nuestro ministerio pastoral debe ser como el de Jesús, con un énfasis en *ser* y *actuar*. *Ser* Jesús vivo entre los jóvenes hispanos y *actuar* entre ellos para entregarles su amor y su acción salvadora. Los documentos de la Tercera Conferencia Episcopal Latinoamericana llevada a cabo en Puebla, México, hablan de esta misión:

> Presentar a los jóvenes el Cristo vivo, como único Salvador, para que, evangelizados, evangelicen y contribuyan con una respuesta de amor a Cristo, a la liberación integral del hombre y de la sociedad, llevando una vida de comunión y participación [en la Iglesia].[7]

### El ministerio juvenil como iglesia en acción

35    La pastoral juvenil es la acción de la iglesia que tiene como meta facilitar que los jóvenes descubran, sigan y anuncien a Cristo vivo. Esta acción se enfoca tanto en el presente como en el futuro, pues los jóvenes son la iglesia joven hoy y la esperanza de mañana; una esperanza que preve que la fe será vivida intensamente en el futuro, bajo nuevas circunstancias en la sociedad y bajo nuevas formas de comunión en nuestra iglesia. Para lograr estos ideales, la pastoral juvenil hispana debe ser un ministerio integral que incluya y enlace

todas las dimensiones del trabajo pastoral: el desarrollo, la formación y la promoción humana; la evangelización y la catequesis; la formación de la comunidad y la acción comunitaria; el crecimiento espiritual y las celebraciones sacramentales. También debe luchar por encarnar el Evangelio en la cultura y promover la unidad, al tiempo que se celebra la diversidad entre diferentes culturas.

## La evangelización como tarea esencial en el ministerio pastoral

36 La tarea esencial de toda pastoral es la evangelización. "Evangelizar constituye la dicha y vocación propia de la Iglesia, su identidad más profunda. Ella existe para evangelizar".[8] La pastoral juvenil hispana expresa la misión evangelizadora de la comunidad eclesial en relación a sus miembros jóvenes latinos. La iglesia entera tiene la responsabilidad de velar por la evangelización de los jóvenes. La opción preferencial por la juventud, implica que todos los esfuerzos pastorales incluyan esta opción, sea sirviendo directamente a los jóvenes a través de la pastoral juvenil; sea trabajando indirectamente, conscientizando y orientando a los adultos a que trabajen, promuevan o apoyen a la juventud.

37 La evangelización debe ser integral y responder a las inquietudes de los jóvenes. Además, debe desarrollar su habilidad de cuestionar y examinar a la luz de los Evangelios, la realidad, las diferentes visiones religiosas y las diversas ideologías sociopolíticas a que están expuestas.

### Principios pastorales para la evangelización

38 Para la evangelización de los jóvenes, proponemos quince principios pastorales, que constituyen la columna vertebral de la visión de Profetas de Esperanza. Según estos principios, la evangelización de la juventud latina debe facilitar que los jóvenes

1. se mantengan en un proceso continuo de conversión que vaya más allá de una evangelización inicial, a través de una catequesis evangelizadora a lo largo de su vida;
2. encuentren a Cristo para que los libere de las opresiones del pecado personal y social;
3. hagan vida el Evangelio según sus experiencias personales y el ambiente concreto en que viven, con una visión amplia y abierta a la totalidad de la iglesia, la sociedad y el mundo;

4. encuentren su identidad personal, cultural, cristiana y católica;

5. analicen con espíritu crítico, responsable, inconformista y rebelde los falsos valores de la sociedad;

6. se conscienticen de su responsabilidad personal para transformar: el ambiente del hogar, la escuela y el trabajo; la vida en el barrio y en la ciudad; las estructuras sociales, económicas y políticas; los ecosistemas y las relaciones internacionales;

7. renueven la iglesia y cumplan con su misión de construir un mundo mejor con la luz y fuerza del Espíritu Santo;

8. integren su fe en su vida, propiciando que el Evangelio inspire el crecimiento armónico de sus capacidades espirituales, intelectuales, afectivas y sociales;

9. adquieran una formación humana multidisciplinaria, que incorpore conocimientos básicos de las ciencias humanas y sociales, teología, espiritualidad y pastoral;

10. sean profetas que anuncien la salvación en Jesucristo y denuncien el pecado personal y social;

11. sean misioneros comprometidos personalmente a continuar el proyecto de Jesús, especialmente entre los jóvenes;

12. sean mensajeros del amor y la solidaridad cristiana, especialmente con los más pobres y necesitados;

13. sean luchadores por la justicia y la paz en el hogar, la sociedad y el mundo;

14. formen pequeñas comunidades eclesiales e impregnen con un espíritu comunitario las diferentes esferas en que se desenvuelve su vida;

15. promuevan una visión común que lleve a una pastoral de conjunto.

39     Los padres de familia y la comunidad eclesial son responsables de animar a los jóvenes para que conozcan a Jesús y se conviertan en sus discípulos. Muchas veces, los agentes de pastoral juvenil son los evangelizadores y modelos más importantes para los jóvenes. Además, son responsables de inspirar, formar y acompañar continuamente a los jóvenes en su misión evangelizadora. Motivar a los jóvenes sólo ocasionalmente, enviarlos a llevar la Buena Nueva sin formación adecuada o dejarlos solos ante su misión, es una falla seria de la pastoral juvenil.

### Elementos esenciales para evangelizar al estilo de Jesús

40      La iglesia necesita más jóvenes hispanos con un fuerte espíritu misionero que lleven la Buena Nueva a sus hermanos y hermanas en los ambientes en que se mueven. Hay que descubrir y promover las vocaciones misioneras que existen entre los jóvenes latinos, sean laicas, religiosas o sacerdotales; con un compromiso para la vida entera o por un tiempo determinado. Jesús está llamando a muchos jóvenes a continuar su misión evangelizadora. Para evangelizar al estilo de Jesús, hay que tener las mismas actitudes que tuvo él ante su Padre, ante sí mismo y ante la sociedad. Estas actitudes son:

41      **Testimonio auténtico.** Hoy en día, los jóvenes creen más en la experiencia que en la doctrina, en los hechos que en la teoría. El testimonio de vida cristiana es una forma primordial e insustituíble de evangelizar. Jesús es el testigo por excelencia, el modelo de cómo dar testimonio de la presencia del reinado de Dios en el mundo. Con razón, el papa Pablo VI, señaló que:

> Se ha repetido frecuentemente en nuestros días que este siglo siente sed de autenticidad. Sobre todo con relación a los jóvenes, se afirma que éstos sufren horrores ante lo ficticio, ante la falsedad y que además son decididamente partidarios de la verdad y la transparencia.[9]

42      Los jóvenes evangelizadores son testigos y signos de Jesús resucitado cuando
- promueven la paz, la justicia, los derechos y el desarrollo humano;
- viven profundamente insertados en la vida de su pueblo y están abiertos a la fraternidad universal;
- asumen posiciones valientes y proféticas ante la corrupción del poder político o económico;
- viven con sencillez, poniendo sus bienes al servicio de los más pobres;
- son humildes y están abiertos a un examen de conciencia, personal y comunitario, para corregir conductas antievangélicas que desfiguran el rostro de Cristo.

43      **Amor y servicio fraternal.** Jesús fue el amor personificado, sobre todo para quienes más sufrían. Buscó en la oración y en las Escrituras la fuerza y la luz necesarias para compartir el gran amor de su Padre con todas las personas, hasta el punto de entregar su

vida por nosotros. Los jóvenes evangelizadores, al igual que Jesús, aprecian a toda la gente y están siempre dispuestos a compartir el amor de Dios, especialmente con los más necesitados.

44     Los evangelizadores auténticos mantienen siempre una actitud de servicio al estilo del Maestro, proyectándola en la atención de las necesidades diarias del prójimo. Esta actitud de servicio es fundamental, como Jesús mismo lo indicó:

> "Como ustedes saben, los que se consideran jefes de las naciones las gobiernan como si fueran sus dueños, y los que tienen algún puesto hacen sentir su poder. Pero no será así entre ustedes.
> Al contrario, el que quiera ser el más importante entre ustedes, que se haga el servidor de todos; y el que quiera ser el primero, que se haga siervo de todos". (Marcos 10, 42–44)

45     Pero no basta con decirlo. Jesús demostró lo esencial que es el servicio, acentuándolo con un gesto muy significativo en la Última Cena con sus discípulos:

> "Si yo, siendo el *Señor* y el Maestro, les he lavado los pies, también ustedes deben lavarse los pies unos a otros.
> Les he dado un ejemplo, para que hagan lo mismo que yo hice con ustedes. Porque, en verdad, les digo: el servidor no es más que su patrón, y el enviado no es más que el que lo envía.
> Pues bien, ustedes ya saben estas cosas. ¡Felices si las ponen en práctica!". (Juan 13, 14–17)

46     Los evangelizadores sirven a los jóvenes siendo comprensivos y cariñosos; fomentando el diálogo; apoyándolos frente a los desafíos de la vida y las presiones de la sociedad, y orientándolos ante las decisiones que deben hacer. Los jóvenes también experimentan el amor y el servicio de los agentes de pastoral, cuando éstos los acompañan en su vida y comparten con ellos sus alegrías, inquietudes y sufrimientos.

47     **Vida de oración.** Como lo hiciera Jesús, todo evangelizador debe orar para descubrir la voluntad de Dios. En la oración, el Espíritu Santo mueve a la conversión de las actitudes interiores, fortalece ante la tentación y purifica los intereses personales. En la oración, los jóvenes profundizan y hacen propia la palabra de Dios,

recibida en la predicación, el estudio y la experiencia de vida. Ahí se llenan de Dios y escuchan la voz del Espíritu.

48     Los evangelizadores que oran pueden trasmitir la vida de Dios a otras personas y mantenerse firme en su misión. Los jóvenes evangelizadores deben dar a la oración el tiempo y el silencio necesarios para incorporar en ella la Palabra de Dios en su vida. Debemos ayudar a que los jóvenes vean la oración como una acción cotidiana, fuente y prolongación de la espiritualidad cristiana, y no como un medio para evadir la vida y la historia. Todos los cristianos deben ver la oración y la evangelización como dos facetas complementarias porque a través de la oración, los cristianos

- contemplan la sacramentalidad de la vida;
- saben que están en manos del Señor de la Vida mientras comen, estudian o trabajan, aunque en esos momentos no lo piensen;
- dedican tiempo a dialogar con Dios;
- escuchan la Palabra de Dios en silencio, dejando que resuene en la profundidad de su corazón y su mente para que haya una conversión de sus actitudes y su vida;
- celebran su relación con Dios en los sacramentos, especialmente en la Reconciliación y la Eucaristía, viviendo ahí de manera intensa la presencia liberadora de Dios.

49     **Confianza, alegría y paz.** Jesús siempre confió en su Padre y pidió a sus discípulos que confiaran en que Dios haría fructificar la semilla del Evangelio sembrada por ellos:

> Jesús dijo además: "Escuchen esta comparación del Reino de Dios. Un hombre echa la semilla en la tierra; esté dormido o despierto, de noche o de día, la semilla brota de cualquier manera y crece sin que él se dé cuenta". (Marcos 4, 26–27)

50     La confianza en Dios es fuente de entusiasmo y alegría, indispensables para comunicar de manera eficaz la Buena Nueva. Frente al cansancio, sufrimientos y frustraciones, que con frecuencia acompañan el trabajo de evangelización, la alegría y la paz son dones vitales que mantienen vivos los esfuerzos del evangelizador.

51     Sólo a través de una evangelización integral, conscientizadora y comunitaria, será posible alcanzar los ideales propuestos en la visión de Profetas de Esperanza. Estos ideales fueron identificados por los agentes de pastoral, quienes en solidaridad con los jóvenes latinos, idearon esta serie:

Nosotros, los jóvenes hispanos en los Estados Unidos, habiendo encontrado a Cristo y conscientes de nuestra identidad cultural, aceptamos el compromiso que su mensaje presenta. Transformados por su Evangelio optamos por ser agentes de cambio en la sociedad, encarnando en nuestra vida y en el mundo los valores del Reino de Dios: justicia, amor, vida, libertad, verdad y paz. Retamos a todos nuestros hermanos y hermanas desde Alaska hasta el Río Grande y desde Puerto Rico hasta Hawaii, a ser diferentes. Los desafiamos a tomar el riesgo por la causa de Cristo en la construcción de un mundo mejor para nosotros y para nuestros hijos.[10]

# Modelos de Organización
# en la Pastoral Juvenil Hispana

## ❦ 8 ❦

# Modelos de Organización 
# en la Pastoral Juvenil Hispana

❦

*La Iglesia tiene tantas cosas que decir a los jóvenes, y los jóvenes tienen tantas cosas que decir a la Iglesia.* Este recíproco diálogo —que se ha de llevar a cabo con gran cordialidad, claridad y valentía— favorecerá el encuentro y el intercambio entre generaciones, y será fuente de riqueza y de juventud para la Iglesia y para la sociedad civil.

—Juan Pablo II, *Christifideles Laici*

1    Para evangelizar efectivamente a los jóvenes hispanos, la iglesia necesita proveer espacios comunitarios, donde adolescentes y jóvenes puedan crecer como cristianos, desarrollarse como personas y vivir intensamente su fe. La iglesia necesita modelos específicos de organización y ministerio pastoral que lleven la evangelización a los ambientes en donde viven los jóvenes y que los incorporen activamente en la vida de la iglesia. La vida de los jóvenes es tan viva y está tan llena de desafíos y encrucijadas, que sólo una pastoral ágil, creativa y diversificada puede dar respuesta a la efervescencia juvenil.

2    Con el fin de promover el ministerio juvenil con un espíritu de pastoral de conjunto, en la primera parte de este capítulo, explicamos en qué consiste la pastoral de conjunto. Después presentamos tres modelos de pastoral juvenil: grupos juveniles parroquiales, movimientos apostólicos y pequeñas comunidades de jóvenes. Continuamos, examinando los tipos de espacios comunitarios que necesitan todos los adolescentes y jóvenes hispanos, independientemente de su participación en otras organizaciones. Finalmente, vemos cómo los diversos ambientes y realidades de la juventud hispana necesitan ministerios pastorales especializados.

## Pastoral juvenil hispana y pastoral de conjunto

3    Una simple mirada al índice de este libro permite captar la complejidad y cantidad de desafíos que enfrentan los líderes jóvenes y los

agentes de pastoral. En lugar de que estos retos nos desanimen, deben motivarnos a una acción más eficaz. "A Dios rogando y con el palo dando" es un proverbio común entre las personas hispanas cuando tienen que enfrentar tareas que parecen superiores a sus fuerzas. Este proverbio puede ser fuente de inspiración para los agentes de pastoral juvenil y otros miembros de la comunidad eclesial.

## Significado y práctica de la pastoral de conjunto

4    En el glosario de este libro, definimos pastoral de conjunto como "la acción de todos los agentes de pastoral, ministros y cristianos comprometidos en sus respectivos ministerios específicos, animada por una visión común y dirigida con un espíritu de comunión y corresponsabilidad. O sea, es la coordinación total y armónica de todos los elementos, ministros y estructuras de la Iglesia que trabajan por el Reino de Dios". A continuación especificamos lo que entendemos por cada uno de estos conceptos.

5    **La pastoral de conjunto es una acción.** De la misma manera que la evangelización se realiza evangelizando, la tarea pastoral se hace "pastoreando". Ninguna se convierte en realidad simplemente planificando actividades en oficinas y comités pastorales. Planificar es necesario, pero en sí mismo no constituye la totalidad de la acción pastoral, por lo tanto, no debe ocupar una cantidad de personal, tiempo y recursos desproporcionados. Es en la práctica, donde la acción provee a la gente con oportunidades concretas de vivir y asumir su fe en Jesús, y donde se mantiene la planificación relacionada con la realidad.

6    **La pastoral de conjunto está realizada por todos los agentes de pastoral y cristianos responsables, cada uno en su ministerio específico.** Todas las personas que contribuyen en la misión de la iglesia, cumplen con el ministerio específico al que han sido llamadas por Dios. No hay ningún carisma o don recibido que favorezca el espíritu de pastoral de conjunto, más que otro. De la misma manera que las cualidades y talentos de las personas son diferentes, igual son las expresiones de pastoral de conjunto.

7    **La pastoral de conjunto está animada y dirigida por una visión común.** Esta visión está inspirada en la misión y el proyecto de Jesús; consiste en crear las condiciones para que las personas —con distintos carismas, ministerios, espiritualidades, personali-

dades y proyectos pastorales— se enfoquen a extender el Reino de Dios. Hacer pastoral de conjunto implica tomar en cuenta la realidad de los jóvenes, trabajando con ellos y con otros cristianos comprometidos, para hacer realidad el Reino. La pastoral de conjunto no supone una visión uniforme sobre la realidad, ni una sola forma de hacer pastoral.

8      **La pastoral de conjunto está coordinada con espíritu de comunión y corresponsabilidad.** El espíritu de comunión radica en la acción de las personas que, como miembros del Cuerpo de Cristo, tienen distintas funciones y están unidas por la misma fe, el mismo bautismo y el mismo Señor. El espíritu de corresponsabilidad se desprende de esta comunión y de la vocación de las personas a colaborar en la obra creadora y redentora de Dios. Este espíritu, comunión y corresponsabilidad, requieren de que la gente trabaje en comunidad y no aisladamente o en competencia. La coordinación de una pastoral de conjunto, exige un proceso de reflexión e interacción, de modo que todas las personas involucradas tengan sentido de una misión común. En la pastoral juvenil hispana, esto significa, de manera especial, trabajar en colaboración directa con el resto del ministerio juvenil y con la pastoral hispana.

## Renovación de la iglesia por la acción de sus jóvenes

9   Al realizar su labor evangelizadora en pastoral de conjunto, la iglesia se ve renovada y revitalizada por sus jóvenes. Cuando los jóvenes son motivados y animados a participar en la comunidad eclesial, los jóvenes evangelizados crean fácilmente un espíritu comunitario siempre y dondequiera que pueden. Los jóvenes también encuentran maneras creativas de responder a su realidad, generalmente se preocupan por los más necesitados y trabajan bien en una iglesia pobre pero dinámica, que no requiere de muchos recursos económicos o poder eclesial para cumplir con su misión.

10     En contraste, cuando los jóvenes no están bien integrados en la iglesia o ésta no los anima, la iglesia y su vitalidad generalmente declinan. La ausencia de la juventud hace que los adultos tiendan a ver hacia el pasado e idealizarlo. Al analizar el presente, los adultos se dejan impresionar o frustrar con frecuencia con la magnitud de los problemas, mientras que los jóvenes tienden a ver hacia el futuro y a poner su energía y visión en crear algo diferente. Esta actitud ante la vida, tiene el poder de contagiar a los adultos con su

espíritu joven e intrépido. Los jóvenes no tienen ideas fijas sobre modelos eclesiales y metodologías pastorales anticuadas, sino que están ansiosos de crear una acción pastoral más participativa. A los jóvenes les interesa encontrar nuevas formas para expresar y celebrar su fe; les encanta desafiar a los adultos para que cambien. Como consecuencia, los jóvenes sienten que la Iglesia es suya, que ellos son iglesia y que son una fuerza activa y desafiante en ella.

11    Por otro lado, una comunidad joven que no considera la sabiduría, experiencia, habilidades y conocimientos de las generaciones adultas tiene fuertes problemas para madurar y rara vez es efectiva en su servicio a la sociedad. Las personas mayores dan estabilidad a los jóvenes, les brindan una orientación espiritual y organizativa, los ayudan a entender el mundo y comparten con ellos sus experiencias y aptitudes. Al desarrollar estas tareas, los adultos dotan a los jóvenes de un enlace con la tradición católica, fuente de continuidad y de un reto para crecer.

## Modelos de organización en la pastoral juvenil hispana

12    *El plan pastoral nacional para el ministerio hispano* subraya el valor de los grupos pequeños, los movimientos apostólicos y las pequeñas comunidades para la evangelización, porque en esos ambientes es fácil comunicar el amor personal de Cristo y hacer que la iglesia se sienta como hogar y no sólo como lugar. Las siguientes secciones de este capítulo están dedicadas a examinar estos tres modelos de ministerio pastoral.

13    El siguiente cuadro comparativo entre un grupo y una comunidad de jóvenes, enfatiza las diferencias entre uno y otra con dos motivos. La primera intención es ayudar a los agentes de pastoral y a los líderes jóvenes a analizar los grupos actuales y, en base a ese análisis, decidir si quieren que los grupos continúen en la dirección de un grupo o de una pequeña comunidad. La segunda intención es ayudar a los jóvenes que están en grupos juveniles y movimientos apostólicos, y que desean formar pequeñas comunidades. El cuadro permite que los jóvenes reconozcan las características de una pequeña comunidad existentes en su grupo o que identifiquen las áreas prioritarias donde pueden empezar a trabajar para convertirse en una pequeña comunidad juvenil.

| Características | Grupo | Pequeña Comunidad |
|---|---|---|
| Tamaño | Puede ser de cualquier tamaño, por ejemplo, de 8 a 120 jóvenes | Típicamente tiene de 8 a 15 adolescentes o de 8 a 30 jóvenes |
| Estabilidad de los miembros | El grupo crece y disminuye con frecuencia | Los miembros permanecen estables |
| Relación de los miembros | Cada joven pertenece como individuo; frecuentemente su ausencia no se nota | Todos los miembros se relacionan entre sí; se nota la ausencia de quien falta y se le busca |
| Enfoque del grupo | Determinado por las necesidades sociológicas del grupo | Determinado por las necesidades de cada joven y la misión de la comunidad |
| Liderazgo | Requiere flexibilidad, creatividad y habilidad para cambiar de estilo según las necesidades del grupo | Requiere madurez y un estilo de liderazgo basado en animación y coordinación participativa |
| Manejo de conflictos | Los líderes suelen invertir mucho tiempo y energía en solucionar problemas internos del grupo | Los miembros se enfocan juntos en la vida de cada joven y en los desafíos de la acción pastoral |
| Actividades | Puede consistir en una mezcla de actividades o puede enfocarse en una sola actividad, tales como charlas, cantos y oración | Mantiene un balance de actividades, que siempre incluye diálogo, reflexión, oración, estudio y servicio comunitario |
| Papel de los adultos | Posible sin el acompañamiento y terapia de adultos | Requiere acompañamiento y asesoría de adultos |
| Tipo de compromiso | No todos los miembros están comprometidos | Todos los miembros están comprometidos |
| Nivel de compartimiento | Se enfoca en los días de la reunión de grupo | Los miembros comparten su vida, aún fuera de las reuniones |

14    Es importante tener en cuenta que algunos grupos juveniles en las parroquias y algunos equipos de liderazgo en los movimientos apostólicos tienen más características de pequeñas comunidades que de grupos juveniles. El espíritu de una pequeña comunidad, a veces existe en grupos juveniles grandes, especialmente entre jóvenes que han sido miembros del grupo por varios años.

15    La visión de Profetas de Esperanza promueve pequeñas comunidades de jóvenes como un ideal para la pastoral juvenil hispana. Esto no quiere decir que los grupos parroquiales y los movimientos apostólicos no tengan un lugar en la vida de los jóvenes y de la iglesia. La pastoral juvenil hispana necesita los tres modelos de organización para tener éxito en la evangelización de la juventud latina. Cada modelo responde a diferentes necesidades, cumple distintas funciones, requiere diversas condiciones, y atrae a jóvenes con diferentes personalidades, necesidades espirituales, vocaciones y niveles de desarrollo humano y en la fe.

16    Es posible crear pequeñas comunidades con jóvenes que han estado activos en un grupo juvenil o en un movimiento apostólico, así como con jóvenes que no han participado en organizaciones eclesiales. También se puede transformar un grupo juvenil en varias pequeñas comunidades o crear una pequeña comunidad con el equipo de líderes de un movimiento apostólico o de un grupo parroquial. Esta transformación puede hacerse poco a poco, empezando con las dimensiones de la vida de la comunidad más fáciles de adquirir, avanzando gradualmente, hasta llegar a ser una auténtica pequeña comunidad.

## Grupos juveniles

17    La existencia de grupos juveniles es vital para la evangelización de los jóvenes latinos. A través de estos grupos, formados en diferentes lugares —parroquias, diócesis, casas, barrios— los jóvenes latinos encuentran a Cristo y un ambiente comunitario que los ayuda en su proceso de desarrollo personal y de socialización.

18    La existencia de un grupo juvenil latino se ve como una bendición en algunas parroquias, pero en otras lo prohíben o le dificultan la vida, sea porque algunas personas piensan que sólo debe haber un grupo de jóvenes para toda la parroquia o porque los jóvenes latinos son despreciados o temidos. En muchos casos, se "permite" a los jóvenes latinos tener un grupo en la parroquia, pero

con frecuencia, sin poder usar los edificios y los recursos parroquiales. Esto significa que el párroco reconoce al grupo como un grupo parroquial, pero no lo provee de asistencia pastoral. En esos casos, los jóvenes proveen su propio liderazgo, buscan sus propios recursos, se organizan y tratan de crecer como cristianos de la mejor manera que pueden.

19    Existen muchos jóvenes profetas en estos grupos —jóvenes que valientemente buscan traer a sus amigos y compañeros al grupo— que hacen grandes esfuerzos para mantener el interés de los otros jóvenes en las actividades del grupo y que buscan la contribución de adultos en conferencias y talleres con temas de interés. Sin embargo, debido a la falta de un apoyo pastoral adecuado, estos grupos tienden a desaparecer cuando confrontan conflictos, especialmente interiores al grupo. Algunas veces, los grupos se desintegran espiritual más que físicamente, convirtiéndose en clubes sociales sin un propósito, espíritu o misión cristiana.

### Diferentes tipos de grupos con jóvenes hispanos

20    La unidad de los jóvenes con distintas lenguas y culturas se logra mejor atendiendo primero a cada quien según su lengua y cultura, y fomentando su unidad por medio de una pastoral de conjunto. Sólo después de que los jóvenes han alcanzado cierta madurez, confianza en sí mismos y apreciación de su propia cultura y expresiones religiosas, son capaces de encontrar las expresiones religiosas de otras culturas con una actitud madura. Sin embargo, frecuentemente, los jóvenes hispanos son forzados a escuchar mensajes religiosos que, por no estar en su idioma ni contexto cultural, no entienden ni pueden relacionar con su vida.

21    Existen tres modelos básicos para la pastoral con jóvenes hispanos en grupos parroquiales: grupos hispanos, grupos donde la mayoría de los jóvenes son de origen europeo, y grupos multiculturales-multirraciales. Cada modelo presenta ventajas y desventajas, y es apropiado para diferentes circunstancias.

22    **Grupos juveniles hispanos.** Los grupos hispanos frecuentemente incluyen jóvenes de catorce a veinticinco años. A veces, la mayoría son adolescentes; otras, jóvenes adultos. En general, en estos grupos, se habla español; pero también asisten jóvenes que prefieren expresarse en inglés. Todos ellos buscan el calor humano y la alegría características del espíritu comunitario hispano. Estos

grupos facilitan la evangelización de los jóvenes debido a las siguientes razones:

- Los jóvenes reciben la palabra de Dios y reflexionan sobre ella desde su realidad sociocultural, expresándose en el idioma que hablan mejor.
- Los grupos refuerzan la identidad cultural, social y personal de los jóvenes, lo que los ayuda a conocer, valorar y evangelizar su cultura.
- Los padres de los jóvenes también pueden participar en los eventos, especialmente en celebraciones culturales tradicionales.
- Los miembros más jóvenes encuentran orientación entre los jóvenes adultos, que dan liderazgo y cierta madurez al grupo.

23    Los principales desafíos que enfrentan los grupos juveniles hispanos son los siguientes:

- relacionarse con jóvenes de otras culturas;
- ofrecer diversas oportunidades de reflexión apropiadas para las diferentes edades y niveles de madurez de los miembros del grupo;
- superar la tendencia a formar grupos de hispanos originarios de diferentes países.

24    **Grupos de jóvenes de origen europeo.** Las características esenciales de estos grupos es que se habla inglés, que, generalmente, la mayoría de los miembros son jóvenes de clase media de antepasados nordeuropeos; que, usualmente, estos grupos sólo sirven a jóvenes entre catorce y dieciocho años y que, este tipo de grupo, que incorpora a los hispanos, facilita la evangelización de ellos haciendo lo siguiente:

- motivando a sus miembros a acoger a los hispanos fraternalmente;
- proveyendo eventos especiales o actividades complementarias que ayuden a los jóvenes hispanos a explorar la relación entre su fe, la cultura tradicional hispana y la cultura actual;
- patrocinando oportunidades para un enriquecimiento mutuo de los jóvenes en ambas culturas;

25    Los principales desafíos en este tipo de grupos son los siguientes:

- lograr una verdadera unidad y un espíritu fraterno entre los jóvenes de diferentes orígenes, conociendo, respetando y valorando sus culturas;

- integrar a los jóvenes que sólo hablan español o que no se sienten a gusto en este tipo de grupos por razones culturales, sociales o económicas;
- adaptar procesos, métodos y actividades para que los hispanos tengan vivencias religiosas profundas y encarnen el mensaje del Evangelio en sus vidas;
- lograr la colaboración de los padres de familia hispano, sobre todo de los que no dominan el inglés.

26     **Grupos multiculturales-multirraciales.** En las grandes ciudades es fácil encontrar grupos juveniles formados por jóvenes de distintas razas y culturas. En algunas diócesis, la juventud de las comunidades multiétnicas representa más de la mitad de la juventud católica y en algunos casos, la juventud menor de dieciocho años constituye el 40% de la comunidad parroquial. En estas comunidades, el ministerio juvenil es vital y enfrenta desafíos muy fuertes, entre los que destacan los siguientes:
- los jóvenes hispanos necesitan recibir atención pastoral de acuerdo a su idiosincrasia, sin marginarlos de otros grupos étnicos;
- es muy difícil evangelizar a los jóvenes y ayudar a que sus grupos maduren, por falta de liderazgo que los atienda en su propia lengua y según su contexto cultural;
- pocas veces se cuenta con agentes de pastoral juvenil que sepan trabajar y dar estabilidad a un grupo multicultural de jóvenes.

27     La solución a estos desafíos empieza a vislumbrarse. Existen diócesis con programas de formación para agentes de pastoral, asesores adultos y líderes juveniles que se capacitan para atender a los jóvenes hispanos, con una mentalidad que promueve la formación de una comunidad juvenil multiétnica. Hay parroquias y diócesis multiculturales que tienen consejos juveniles con jóvenes representantes de diferentes culturas. También se encuentran equipos multiétnicos que refuerzan los valores y dones de cada cultura y buscan maneras creativas de atender las necesidades pastorales de *todos* los jóvenes.

### Múltiples grupos juveniles en una parroquia

28     La presencia de varios grupos juveniles en una sola parroquia multiplica las posibilidades de evangelizar a los jóvenes. La existencia de distintos grupos, sean hispanos o de otros orígenes étnicos, no es necesariamente un signo de división. La iglesia sirve a diferentes

grupos de niños, según su edad, y forma grupos de adultos según el interés de éstos, por ejemplo, grupos de estudio, oración y acción social. De la misma manera, las parroquias pueden atender más efectivamente a la juventud, teniendo diferentes grupos que satisfagan distintas necesidades. Usualmente, con un solo grupo de jóvenes, la parroquia no puede atender a toda su juventud.

29     Es un error pensar que la comunidad juvenil está unida porque existe un solo grupo parroquial. Los jóvenes de una parroquia puede estar divididos porque no encuentran manera de participar significativamente en la iglesia. La parroquia que sólo tiene un grupo de jóvenes, generalmente está dejando sin atender a la inmensa mayoría de su juventud. ¡Ojalá que el desafío de toda parroquia sea mantener la unidad de sus múltiples grupos y comunidades juveniles!

30     La idea de tener varios grupos juveniles en una sola parroquia, no se refiere sólo a grupos de jóvenes de diversas lenguas y culturas, sino también de distintas edades, intereses y niveles de desarrollo en la fe. Algunos ejemplos de distintos tipos de grupos son:
- grupos de oración carismática, acción social y estudio bíblico;
- grupos de adolescentes: de varones y de mujeres;
- grupos en distintos barrios o sectores geográficos;
- grupos que sólo pueden reunirse en ciertos días de la semana;
- grupos de jóvenes que apenas inician su jornada de fe;
- grupos de jóvenes con un compromiso fuerte como iglesia.

31     Los esfuerzos de evangelización no deben ignorar la diversidad de los jóvenes, dejarlos abandonados, imponerles una falsa unidad o mantenerlos divididos. La comunión eclesial es más fuerte cuando todos los jóvenes reciben atención pastoral, cada persona o grupo tiene una identidad clara y todos tienen la posibilidad de desarrollar sus talentos y contribuir al bien común. En este contexto, la existencia de varios grupos juveniles significa una gran riqueza y la oportunidad de una evangelización mutua entre todos los jóvenes.

### Elementos a considerar en la pastoral grupal

32     Hay tres elementos que deben considerarse en toda pastoral grupal. Estos son los siguientes:

33     **Variaciones en el tamaño y la constitución del grupo.** Los grupos hispanos suelen variar de tamaño, según los patrones mi-

gratorios, los horarios de trabajo de los jóvenes y la calidad del liderazgo. Muchos jóvenes asisten al grupo sólo por períodos cortos. La falta de certeza de quiénes son los miembros de un grupo y quiénes participarán regularmente en las reuniones, causa inestabilidad en el grupo y dificulta una evangelización progresiva; en estos casos, es necesario identificar y considerar las razones de la falta de asistencia de los miembros. En base a esto, las actividades del grupo deberán ser reorganizadas, de modo que todos los jóvenes se sientan bienvenidos cuando pueden asistir y, además, que los jóvenes más estables puedan profundizar en su fe.

34     **Grupos excesivamente grandes.** Los grupos muy grandes corren el riesgo de confundir "unidad" con "masificación". Trabajar por la unidad significa reunir a los jóvenes al tiempo que se respeta su individualidad y personalidad. Masificar significa agrupar a las personas con fines de eficiencia, lo que trae como consecuencia su despersonalización. El tratar a un grupo como una simple unidad o atender sólo sus intereses comunes, generalmente no satisface las necesidades pastorales de los jóvenes. Por lo tanto, conviene formar varios grupos pequeños dentro del grupo grande, para facilitar una atención más personal. Estos grupos pueden ser reunidos mediante reflexiones en común y liturgias donde todos participen.

35     **Las metas del grupo juvenil.** Conviene revisar periódicamente la intención, el espíritu, el contenido y la metodología de las actividades del grupo para determinar si el grupo está dando a sus miembros suficientes oportunidades de tener un encuentro profundo con Jesús, o si sólo les ofrece entretenimiento y diversión. Cuando esto último sucede, la pastoral se empobrece y favorece un cristianismo superficial hacia el que nadie se siente llamado ni comprometido. Es especialmente importante, evitar que las actividades del grupo estén orientadas sólo a que los jóvenes la pasen bien o a obtener fondos económicos para otras actividades.

### Niveles de organización en un grupo juvenil

36     Para extender el Reino de Dios en la sociedad, los grupos de jóvenes deben estar organizados de manera que su práctica pastoral sea comunitaria, evangelizadora y misionera. Todos los grupos deben tener tres niveles de organización y enfoque pastoral:

37     **La mesa de servicio.** La mesa de servicio o equipo de liderazgo, generalmente está formada por tres o cuatro jóvenes electos por el grupo para coordinar sus actividades por un período determinado. En muchas ocasiones sigue un modelo de organización civil con jóvenes que ocupan cargos de presidente, vicepresidente, secretario, tesorero y encargados de comités. Otras veces, los puestos de se definen en relación a las funciones de los líderes, tales como: coordinación, animación, finanzas, relaciones públicas y trabajo secretarial.

38     Sea cual fuere la manera como está organizado el equipo de líderes, su liderazgo debe seguir el modelo de Jesús, ayudando a que el grupo tenga una visión clara de su misión y a que los jóvenes maduren en su vida cristiana y participen más activamente en la iglesia. Para cumplir bien estas funciones, es importante que los jóvenes se capaciten de manera que puedan ejercer un liderazgo cristiano eficaz.

39     **El grupo parroquial.** El grupo parroquial está formado por todos los jóvenes que asisten al grupo con regularidad y que se sienten miembros de él. Estos jóvenes necesitan ser atendidos en sus propias necesidades pastorales, pero también deben tener un espíritu misionero y de servicio hacia el resto de los jóvenes en la parroquia.

40     **Los jóvenes de la parroquia.** La gente joven de la parroquia constituye el grupo más numeroso. Generalmente, por cada joven que participa en el grupo parroquial hay cientos de jóvenes que viven al margen de la vida eclesial. Muchos de ellos requieren una evangelización inicial y la mayoría tienen que ser invitados y acompañados personalmente para que se animen a participar en la iglesia. A estos jóvenes debería estar dirigida una buena proporción de las actividades pastorales del grupo.

## Movimientos apostólicos

41     Los movimientos apostólicos juveniles son organizaciones eclesiales con una estructura bien articulada que les permite servir a un grupo numeroso de jóvenes y que les da estabilidad. Estos movimientos tienen como meta la evangelización de jóvenes mediante una o más experiencias intensas de iglesia o de oración. La mayoría de los movimientos también se dedica a formar liderazgo juvenil.

42   En general, el potencial evangelizador de los movimientos apostólicos es mayor que el de los grupos parroquiales, debido a que la parroquia suele ser más fría, no tiene liderazgo adulto bien capacitado para la pastoral juvenil, deja a los jóvenes al margen de sus estructuras o los rechaza abiertamente. Además, la naturaleza y cualidades propias de los movimientos suelen atraer fuertemente a los jóvenes latinos.

### Características de los movimientos apostólicos

43   Los movimientos apostólicos suelen ofrecer a los jóvenes un ambiente donde encuentran la aceptación, cariño, seguridad, relaciones interpersonales y comprensión que no les brinda la sociedad y que, frecuentemente, tampoco encuentran en la parroquia. En el contexto actual de choque cultural, relativismo de valores y pluralidad de propuestas religiosas, los movimientos ofrecen una alternativa válida, atrayente y motivadora para la juventud hispana. Además, los jóvenes que participan en un movimiento apostólico, sienten que a través del movimiento, la iglesia *los busca* para darles una vida nueva y que *los necesita* para que lleven a Cristo a otros jóvenes.

44   La eficacia de los movimientos apostólicos descansa en su organización y mística. En general, los movimientos favorecen el desarrollo cristiano de los jóvenes, pues ofrecen tres niveles importantes de participación:

45   **Experiencia fuerte de evangelización.** Miles de jóvenes hispanos se encuentran con Jesús de manera profunda y significativa, en retiros o congresos organizados por los movimientos. Estas experiencias tienen un impacto muy fuerte en la vida de los jóvenes, especialmente en quienes han recibido una evangelización limitada, no han tenido una buena experiencia de iglesia o han dejado la iglesia por completo. Por eso, cada año muchos jóvenes inician su proceso de participación activa en la iglesia a través de los movimientos apostólicos.

46   **Crecimiento humano y cristiano.** Quien continúa participando en el movimiento después de haber tenido esta experiencia fuerte de evangelización, frecuentemente encuentra ahí la oportunidad para integrarse en un grupo de jóvenes, descubrir el sentido de comunidad cristiana y contar con dirección y apoyo para profundizar en su fe.

47     **Formación de liderazgo.** La identificación, formación y apoyo a los líderes ocupa un lugar muy importante en todo movimiento. Algunos movimientos tratan de dar una formación integral a sus líderes; otros se enfocan sólo en la espiritualidad y actividades propias del movimiento.

48     La mística de un movimiento apostólico está dada por una serie de cualidades que le dan cohesión y coherencia, y que generan en él un dinamismo y crecimiento continuo. Esta mística se expresa a través de:

- una metodología activa de evangelización e invitación;
- la creación de un sentido fuerte de pertenencia al movimiento y, como miembro de éste, de pertenencia a la iglesia;
- una espiritualidad atrayente para los jóvenes;
- procesos bien definidos para motivar e interesar a los jóvenes como evangelizadores;
- asesores adultos que mantienen el espíritu del movimiento y que dan seguridad y dirección a los jóvenes;
- escuelas y programas de formación para sus líderes;
- experiencias fuertes de evangelización, mediante retiros intensivos con grupos limitados o a través de congresos masivos de jóvenes;
- estructuras que van más allá de los límites geográficos de una parroquia, y que proveen relaciones a nivel diocesano, nacional e incluso internacional;
- procesos, proyectos y experiencias que favorecen el crecimiento cristiano de los líderes, que ofrecen apoyo mutuo entre jóvenes de diversas localidades y que crean un sentido amplio de iglesia.

49     Desafortunadamente, las mismas características que hacen que un movimiento apostólico sea tan atrayente y favorezca una experiencia de comunidad cristiana, también pueden convertir al movimiento en casi una secta dentro de la iglesia. Esto sucede cuando los jóvenes se encierran en el movimiento; ignoran o no respetan otras experiencias de iglesia; se preocupan por ganar adeptos para el movimiento en lugar de evangelizar; realizan una labor proselitista con jóvenes de los grupos parroquiales o de otros movimientos, y no quieren trabajar en espíritu de pastoral de conjunto.

### Evangelización eficaz en un movimiento apostólico

50    El éxito de la acción evangelizadora de los movimientos apostólicos, radica en el seguimiento que se dé a las experiencias fuertes de evangelización. Este seguimiento puede darse a través de "células" o pequeñas comunidades dentro del propio movimiento o a través de la acción de los grupos parroquiales. La eficacia de la acción pastoral del movimiento se debilita cuando faltan procesos de evangelización continua, y los líderes se dedican exclusivamente a proporcionar experiencias de evangelización fuertes, pero de poca duración. Este enfoque limitado aumenta la tendencia de los movimientos a abandonar a los jóvenes que no tienen vocación y capacidad de liderazgo; estos jóvenes generalmente terminan frustrados. Además, el movimiento pierde su potencial para evangelizar la cultura y las estructuras sociales.

51    Es necesario que la evangelización promovida por los movimientos anime a los jóvenes a cumplir con sus responsabilidades sociales, eclesiales y políticas. De esta manera, evitarán que los movimientos sean usados por los jóvenes para huir de la realidad y lograran que sean promotores de una fe activa, encarnada en el contexto sociocultural de los jóvenes. Además, es importante que los líderes de los movimientos tengan una reflexión teológico-pastoral al menos cada tres años. Esta reflexión periódica es necesaria para actualizar su comprensión de la realidad; profundizar su conocimiento de Jesús y de la iglesia, y revisar sus procesos, enfoques y contenidos de evangelización.

52    Es conveniente que los encargados diocesanos y parroquiales de la pastoral juvenil y los líderes de los movimientos apostólicos, se reúnan con cierta regularidad, para intercambiar ideas y promover una coordinación pastoral. Juntos pueden analizar las necesidades pastorales de los jóvenes y buscar maneras de apoyarse y complementarse en su tarea evangelizadora.

## Pastorales especializadas

53    La pastoral juvenil debe responder a los desafíos de los jóvenes hispanos en los diversos ambientes en que viven. Esta necesidad para contextualizar o responder a necesidades específicas, genera una serie de pastorales especializadas, entre las que destacan: la pastoral con estudiantes, la pastoral campesina y la pastoral con jóvenes en situaciones críticas.

### Pastoral con estudiantes

54     La pastoral con estudiantes se realiza en tres tipos de ámbitos: secundarias católicas; *colleges* y universidades católicas, y los *Newman Centers* (centros de pastoral para jóvenes universitarios) en *colleges* y universidades públicas. Los estudiantes de secundaria que desean atención pastoral, la buscan en sus parroquias.

55     La pastoral en las secundarias y universidades católicas tiene su propia autonomía. Estas instituciones tienen un papel especial en la evangelización integral del joven, porque pueden relacionarla mejor con su formación humana y social. Además, cuentan con muchos medios para acompañar a los jóvenes en su proceso de madurez, en su relación con Cristo, en su experiencia como iglesia evange-lizadora y promotora de una cultura dirigida por los valores del Reino de Dios.

56     Las escuelas católicas tienen una responsabilidad especial con sus estudiantes hispanos. De acuerdo a la *National Catholic Educa-tional Association* (NCEA) (Asociación Nacional de Educación Católica), las escuelas católicas deben educar con un enfoque mul-ticultural y no asimilatorio, que respete y promueva la cultura e identidad hispana; deben ser sensibles a la idiosincrasia y a los valo-res hispanos y no imponer normas y valores que son específicos de la cultura dominante. El personal de las escuelas debe tener una ac-titud que favorezca la inculturación de modo que los jóvenes his-panos relacionen la fe con su cultura y participen en experiencias litúrgicas donde puedan vivir y expresar su fe. La NCEA recomien-da a todos los educadores que traten a los jóvenes hispanos de ma-nera personal y afectiva, y que promuevan el liderazgo hispano en las escuelas y en la iglesia.

57     Además, viendo que el número de hispanos que hay en las es-cuelas católicas es muy pequeño, la NCEA desafía a las escuelas a hacer esfuerzos serios por incrementar su servicio a la juventud his-pana. De esta manera, podrán ayudar a superar las opresiones de-bidas a la desigualdad de oportunidades y a la discriminación racial que sufren los hispanos.

58     Aunque sólo un grupo reducido de jóvenes hispanos llega a la universidad, es importante que las universidades católicas promue-van de manera especial su acceso a la educación académica superi-or. Una vez en la universidad, los jóvenes hispanos deben ser atendidos de acuerdo a su cultura, su religiosidad y sus necesidades.

Asimismo, los *Newman Centers,* que atienden a los estudiantes en los *colleges* y universidades públicas, necesitan hacer un esfuerzo por identificarlos y atenderlos pastoralmente.

59    La pastoral universitaria debe concentrarse en las siguientes tareas:

- ser una presencia evangelizadora que convoca a los estudiantes a vivir su fe como miembros de la iglesia y de la comunidad universitaria;
- promover la vida y la verdad como responsabilidad ética de los estudiantes;
- ofrecer oportunidades para reflexionar sobre la relación de la fe con la ciencia, la cultura, el desarrollo tecnológico, la justicia social y la responsabilidad intelectual;
- promover la integración de los universitarios en los procesos de cambio social, para que den su aporte y solidaridad a organizaciones populares y movimientos sociales y políticos que están de acuerdo con el Evangelio y la doctrina social de la iglesia;
- conscientizar sobre la responsabilidad de luchar para aminorar la distancia entre los intelectuales, los técnicos y el pueblo.

A través de estas actividades, los estudiantes hispanos pueden visualizar su vida profesional como una forma de vivir el amor cristiano. Esta orientación ética debe incluir constantemente una sensibilidad para los problemas sociales, políticos, económicos, culturales y religiosos que enfrentan ellos y otros hispanos.

### Pastoral campesina

60    La pastoral campesina se desarrolla en dos ambientes diferentes, el del campesino establecido y el del campesino migrante. En ambos casos, la evangelización debe acompañar al joven en su crecimiento personal y desarrollo comunitario, enfatizando el valor de su dignidad personal y de su identidad cultural, campesina y católica. Estos aspectos de su identidad son muy importantes en su relación con Jesús y las personas, así como en su conscientización sobre sus derechos y responsabilidades. Sobre estos fundamentos, los jóvenes pueden obtener la seguridad que necesitan para expresar sus pensamientos y sentimientos, y para luchar por una sociedad más justa.

61    La separación por edades suele ser menor entre los campesinos que en las zonas urbanas porque adolescentes, jóvenes y adultos

comparten el mismo trabajo. Esta experiencia común en el trabajo, puede facilitar el compartir la fe en grupos intergeneracionales, pero no debe impedir que los jóvenes se reúnan solos para reflexionar en temas de especial relevancia para su edad y nivel de madurez. Las siguientes temáticas son especialmente importantes para los jóvenes campesinos:

- la experiencia de la obra divina de la creación y de su papel como cocreadores al cuidar la tierra, sembrar y cosechar;
- las consecuencias de la industrialización: la especialización de las actividades campesinas; los efectos nocivos de los pesticidas; el rompimiento del equilibrio ecológico, y la ruptura de la relación directa del campesino con la tierra y las plantas;
- la falta de seguridad en sí mismos y el sentimiento de aislamiento que existe en los campesinos migrantes y en comunidades pequeñas apartadas unas de otras;
- el sentimiento de impotencia ante las condiciones injustas en el trabajo y el abuso de los patrones o contratistas;
- la necesidad de desarrollar un sentido de solidaridad con los jóvenes migrantes que llegan a un área determinada en cierta temporada agrícola, y con el resto del campesinado en el país.

62     La pastoral con los jóvenes campesinos migrantes presenta particularidades que no pueden ser olvidadas. Un gran número de muchachos migra entre México y Estados Unidos cada temporada agrícola y otros muchos jóvenes se mantienen en continua migración dentro de Estados Unidos, siguiendo el ciclo agrícola en las diversas regiones. Por esta razón, los jóvenes experimentan una gran inestabilidad. La inseguridad en su vida familiar, económica, laboral y de vivienda, que esto ocasiona, afecta fuertemente su vida.

63     Los jóvenes campesinos migrantes necesitan proyectos de evangelización en los campos de migración, los ranchos y las poblaciones rurales a las que llegan. Estos esfuerzos deben acomodarse a sus horarios y ser organizados en módulos cortos que correspondan al poco tiempo que pasan los jóvenes en cada lugar.

64     Además de los enfoque sobre los temas mencionados previamente como importantes en toda pastoral campesina, los jóvenes migrantes necesitan lo siguiente:

- la creación de una red de apoyo humano y pastoral que se extienda a lo largo de la ruta migratoria de los campesinos, de preferencia formada por los grupos y comunidades juveniles estables de las parroquias a donde llegan;

- la formación de una comunidad de fe entre ellos mismos, apoyados por los migrantes adultos, de modo que tengan una experiencia de la iglesia peregrina como pueblo de Dios;
- la evangelización a partir de la práctica de religiosidad popular que puede ser mantenida en su caminar como migrantes;
- la toma de conciencia de las consecuencias de su vida como migrantes en su desarrollo personal y en la estabilidad de su vida familiar.

### Pastoral con jóvenes en situaciones críticas

65    La evangelización entre jóvenes hispanos que viven en situación de drogadicción, alcoholismo, violencia pandilleril, delincuencia, promiscuidad sexual, abuso sexual o vagancia callejera, requiere una dedicación especial. Para que esta evangelización sea eficaz, su proceso y enfoque deben responder a sus necesidades específicas. La llegada del Evangelio a la vida de estos jóvenes debería significar literalmente una vida nueva para ellos.

66    En primer lugar, interesa ofrecer a los jóvenes que viven en estos ambientes, espacios comunitarios que les ayuden a no caer en los problemas antes mencionados. En segundo lugar, hay que apoyar a los jóvenes que sufren dolor y desequilibrios por vivir en hogares donde existen estos problemas. Este apoyo puede ayudar a que los jóvenes no sucumban a las presiones destructivas y que, incluso, puedan ser elementos evangelizadores en su familia. En tercer lugar, es necesario atender con especial dedicación a los jóvenes que han caído en conductas autodestructivas. Para cambiar sus vidas, estos jóvenes necesitan una nueva visión que los motive, así como procesos que les permitan reintegrarse productivamente a la sociedad y trabajar para mejorar su mundo.

67    Los jóvenes que viven en situaciones críticas tienen una necesidad especial de afecto y seguridad, que sólo puede ser brindada por personas maduras. La evangelización de multitudes, el grupo juvenil sin asesores adultos y el ministerio entre los mismos jóvenes, no logran vencer los problemas y situaciones que enfrentan estos jóvenes. Además, para superar situaciones críticas, se requiere el trabajo serio y constante de un equipo de personas que luchen activamente por transformar el ambiente, mediante las siguientes acciones:

- dar una atención pastoral directa e individual a las familias de los jóvenes;

- propiciar una acción política fuerte a nivel local;
- promover un buen ambiente, contenido y proceso educativo en las escuelas secundarias;
- ofrecer lugares de trabajo para los jóvenes;
- brindar terapia psicológica y asesoría profesional tanto para jóvenes como para adultos;
- organizar acciones y proyectos de mejoramiento social.

68    La pastoral con jóvenes que confronta situaciones críticas, frecuentemente implica el establecimiento de centros donde los jóvenes puedan encontrar una vida nueva, y el apoyo y la dirección necesarias para convertirse en evangelizadores y agentes de cambio. Los jóvenes que viven en situaciones críticas no pueden realizarse como personas o ser agentes efectivos de cambio, si no tienen horizontes de esperanza que reemplacen su miedo o su evasión de la realidad. Sólo dentro de un contexto de esperanza y acción, los talleres sobre drogas, promiscuidad sexual y violencia, pueden hacer una diferencia. Los talleres pueden elevar el nivel de conciencia de los jóvenes sobre los problemas y ayudarlos a ver éstos desde una perspectiva cristiana. Sin embargo, para superar estos problemas y situaciones críticas, necesitan una práctica supervisada.

## Espacios comunitarios y de crecimiento cristiano

69    Todos los jóvenes cristianos han sido llamados a seguir a Jesús y a vivir de acuerdo al Evangelio, pero no todos han sido llamados a vivir en una pequeña comunidad, a integrarse a un grupo parroquial o a participar en un movimiento apostólico. Por lo tanto, es importante que la iglesia ofrezca a los jóvenes "espacios comunitarios" donde pueden sentirse en casa, crecer como personas, encontrarse con Jesús, socializar en un ambiente cristiano y encontrar apoyo para cumplir su misión. Los espacios comunitarios no son eventos o programas cortos, ni lugares o refugios que aíslan a los muchachos del mundo. Al contrario, proporcionan lugares donde los jóvenes pueden explorar y entretejer los valores del Evangelio en todas las áreas de su vida. Los espacios comunitarios evitan que los jóvenes vean la vida de fe como algo que pertenece exclusivamente a las estructuras eclesiales o a programas religiosos concretos.

70    Los jóvenes exigen coherencia entre lo que la iglesia predica y lo que hace, entre el testimonio de la iglesia y la atención que les brinda. Los jóvenes desean que la iglesia les ofrezca un ambiente

sano donde convivir, los ayude a encontrar el sentido de la vida, los apoye en su formación humana y los oriente para tomar una posición ética ante la complejidad de la vida. Los jóvenes anhelan profundamente que la iglesia les ofrezca un mensaje de salvación frente a las amenazas del mundo y un ambiente donde puedan reflexionar juntos y responder solidariamente a los desafíos que enfrentan. Una iglesia que se preocupa de los jóvenes, les ofrece espacios comunitarios como clubes, programas educativos, convivencias familiares y centros de jóvenes, que les proporcionan un enfoque integral para la vivencia de su fe.

### Clubes de jóvenes

71 La ocupación adecuada del tiempo libre por los jóvenes, siempre da buenos frutos y constituye una forma de educación para la vida adulta. Desafortunadamente, miles de jóvenes no saben cómo pasar su tiempo libre de manera que de frutos, ni tienen lugares adecuados para hacerlo. Por eso, los clubes juveniles —sobre todo en los barrios pobres y en los pueblos pequeños— atraen mucho a los jóvenes. Estos clubes les ofrecen oportunidades para socializar y organizar actividades a su alcance económico. Tres tipos de clubes destacan por su importancia:

- **Los clubes sociales,** que ofrecen oportunidades de recreación sana; un ambiente donde los jóvenes pueden hacer buenas amistades y dialogar sobre sus ideales, y medios para organizar fiestas, días de campo y excursiones culturales o turísticas.
- **Los clubes artísticos,** que favorecen el desarrollo de los dones que tienen los jóvenes para la poesía, el drama, la música, la danza, la pintura o el canto.
- **Los clubes deportivos,** que ofrecen oportunidades recreativas donde los jóvenes pueden jugar en un ambiente de compañerismo y en donde pueden verse y divertirse viendo jugar.

72 Los clubes juveniles son excelentes medios para reforzar la identidad y los valores cristianos de los muchachos. Pero, es importante no reducir la pastoral a establecer clubes, ni usarlos sólo como medios para recaudar dinero.

### Convivencias familiares

73 La comunicación y la comprensión entre padres e hijos es muy importante para el desarrollo de los jóvenes. La pastoral juvenil

puede facilitar ambas, proveyendo diversos tipos de convivencias familiares donde se dialogue sobre temas de interés común, tales como:

- los aspectos relacionados con el desarrollo del joven y sus dinámicas sicológicas, emocionales, sociales y religiosas;
- las tensiones culturales que afectan a la familia, especialmente a los jóvenes, incluyendo el conflicto entre la cultura latina y la cultura dominante en Estados Unidos;
- la formación de los valores en medio de las tensiones culturales y mensajes conflictivos que reciben de la sociedad;
- el paso que los padres necesitan dar, de ser educadores de niños a ser amigos y acompañantes de adolescentes y jóvenes.

74    Estas convivencias intergeneracionales tienen que ser planificadas cuidadosamente y coordinadas por personas bien capacitadas. Entre los modelos que han demostrado ser efectivos en la comunidad hispana, destacan:

75    **Los foros.** En este modelo, los padres de familia y sus hijos se reúnen en un lugar que cuenta con un salón grande y varios cuartos pequeños. Los talleres en modelo de foros, típicamente incluyen siete pasos:

1. bienvenida y dinámicas para romper el hielo, en las que participan padres e hijos;
2. foros independientes para los padres y para los jóvenes, pero reflexionando sobre el mismo tema;
3. intercambio de las conclusiones de cada grupo;
4. identificación de las similitudes y diferencias en las conclusiones de ambos grupos;
5. diálogo entre los dos grupos sobre las diferencias, explicando sus razones, *sin* discutir acerca de ellas;
6. reflexión independiente en cada grupo sobre la posición del otro grupo, iluminados por la perspectiva que adquirieron durante el diálogo;
7. celebración de la jornada con una liturgia y una convivencia social.

76    **Las mesas redondas.** Estas se forman con doce a dieciséis personas cada una, procurando equilibrar el número de jóvenes y padres de familia, de hombres y mujeres. Todas las mesas redondas dialogan sobre el mismo tema. Conviene que los jóvenes y sus pa-

dres participen en grupos diferentes, para que nadie se sienta inhibido de hablar con franqueza y para que ambas generaciones reciban la ideas de la otra sin prejuicios. Después de la sesión en mesa redonda, se motiva a que los padres hablen con sus hijos en privado sobre el tema reflexionado. De ninguna manera deben crearse discusiones de tono autoritario, rebelde, acusador o moralizante, que no ayudan a mejorar la comunicación ni la comprensión mutua.

77 **Las reuniones familiares.** Los padres y sus hijos son reunidos *como familia,* para que dialoguen entre ellos. Los miembros de la familia conversan sobre uno o más temas presentados por un moderador, que generalmente participa en la conversación familiar sólo cuando hay preguntas específicas o existen discusiones conflictivas. De otra manera, el moderador sólo escucha la conversación y ofrece material para que la familia continúe reflexionando o trabajando de manera apropiada. Este modelo únicamente funciona con familias que están acostumbradas al diálogo; su objetivo es profundizar la relación y el diálogo que ya existe entre padres e hijos.

78 Además, la experiencia ha mostrado muchos frutos cuando se organizan paseos familiares y celebraciones tradicionales litúrgicas y culturales, las cuales favorecen las relaciones familiares, sobre todo si son organizadas por los jóvenes. También es importante invitar de manera especial a los jóvenes a participar en congresos, peregrinaciones, procesiones, misiones, proyectos de servicio y otras actividades organizadas por los adultos. Aunque en ocasiones es difícil motivarlos para que participen, cuando lo hacen, llenan de alegría estos eventos y tienen experiencias que refuerzan su fe y amplían sus horizontes.

### Centros juveniles o casas del joven

79 Los centros juveniles son casas abiertas donde los jóvenes encuentran un ambiente constante de esparcimiento sano, y a personas dispuestas a animarlos, apoyarlos, orientarlos y a dialogar con ellos. Estos centros son lugares donde todo joven que busca a Jesús se puede sentir en casa, y donde se organizan proyectos de formación humana, evangelización, catequesis y capacitación ministerial. Ahí se reúnen distintos grupos y comunidades juveniles para convivir, formarse como cristianos y celebrar juntos su fe.

80 Las casas del joven son signo visible y eficaz de esperanza cristiana para los jóvenes. Su eficacia depende de que los agentes de

pastoral y asesores adultos faciliten que los jóvenes formen comunidad, tengan una experiencia de iglesia y sean ellos quienes planifiquen, organicen y dirijan las actividades del centro, tales como: convivencias de jóvenes, diálogos intergeneracionales, programas de formación, liturgias juveniles, esfuerzos misioneros, proyectos de acción social o política, asesoría individual y orientación pastoral.

## Pequeñas comunidades de jóvenes: un modelo de acción pastoral

81    Jesús, al iniciar su ministerio, empezó por reunir una pequeña comunidad de seguidores, a quienes fue inspirando y formando para que cuando él se fuera, continuara su misión. Aunque Jesús predicó a las multitudes y desafió a todo el pueblo, puso especial interés en formar a sus discípulos en un estilo de vida nuevo. El mismo Jesús nunca se independizó de su comunidad, salía a proclamar la Buena Nueva por los caminos y las plazas, pero siempre regresaba a su pequeña comunidad. Cuando Jesús se apareció, después de resucitar, lo hizo a sus discípulos de la pequeña comunidad: a las mujeres en el sepulcro, a los discípulos de Emaús, a los apóstoles reunidos en el cenáculo o pescando a la orilla del lago. Este hecho es muy significativo, Jesús se revelaba resucitado a su pequeña comunidad para fortificar su fe y mandarla a continuar su misión de implantar el reinado de Dios.

82    Los discípulos se dedicaron a predicar el Evangelio y a formar pequeñas comunidades con los nuevos seguidores de Jesús. Este fue el primer modelo de iglesia que apareció hace cerca de dos mil años. No eran comunidades dedicadas solamente a que sus miembros se sintieran bien al estar juntos, sino que estaban al servicio de los demás. Hacían el bien a otras personas; presentaban a Jesús a quienes no lo conocían; instruían a los nuevos discípulos, y daban a conocer una nueva visión de las personas y del mundo que reflejaba las enseñanzas de Jesús. Cuando se formaron estas primeras comunidades, se comprometieron con las enseñanzas de los apóstoles, la celebración de la Eucaristía, la oración común y la continuación de la misión de Jesús.

83    A lo largo de la historia de la iglesia, siempre ha habido esfuerzos por crear pequeñas comunidades y vivir según el modelo de

Jesús. Después del Concilio Vaticano Segundo, estos esfuerzos tomaron un nuevo ímpetu. En muchos lugares, la iglesia ha estado tratando de tener como base de su organización y de su vida eclesial, pequeñas comunidades que sigan el ejemplo de Jesús.

84    En Estados Unidos, cada día aumenta el número de pequeñas comunidades eclesiales. Dado que las pequeñas comunidades son un modelo de iglesia al estilo del propuesto por Jesús y al potencial que tienen de brindar a los católicos el apoyo que necesitan para vivir su fe y cumplir con su misión de cristianos en el mundo, la comunidad hispana ha optado por tratar de hacer realidad este modelo de iglesia. El *Plan pastoral nacional* señala que las pequeñas comunidades son un lugar privilegiado para la evangelización de los hispanos y una fuente de renovación para la comunidad eclesial, tanto a nivel parroquial como diocesano. De ahí que el modelo Profetas de Esperanza proponga la formación de pequeñas comunidades de jóvenes y promueva la evangelización de la juventud hispana a través de ellas.

## Elementos constitutivos de una pequeña comunidad

85    Las pequeñas comunidades eclesiales tienen como meta facilitar que sus miembros vivan el Evangelio y lleven la Buena Nueva a los demás, con el mismo espíritu de las primeras comunidades cristianas. Para alcanzar esta meta, tratan de mantener un balance entre las diferentes prácticas que corresponden a una comunidad de discípulos de Jesús. Estas prácticas son las siguientes:

- **compartir la vida,** con sus altibajos, sus inquietudes y alegrías, sus preocupaciones y sus éxitos, de manera que los miembros de la comunidad se acepten, se cuiden y se amen como hijos e hijas de Dios;
- **orar juntos,** con oraciones espontáneas o estructuradas de petición, agradecimiento, alabanza y perdón, para culminar en la acción de gracias por excelencia: la Eucaristía;
- **compartir la fe,** reflexionando juntos sobre las Escrituras y edificándose mutuamente mediante el relato de sus experiencias de la acción de Dios en su historia personal y como pueblo de fe;
- **evangelizar y servir a los demás,** no sólo al interior de la comunidad sino, sobre todo, dando testimonio de vida cristiana en los ambientes naturales donde se desarrolla la vida diaria y realizando esfuerzos misioneros concretos para llevar a Jesús a personas que no lo han encontrado o que se han alejado de él;

- **profundizar en la fe,** mediante el estudio de las Escrituras y las enseñanzas de la iglesia;
- **relacionar la fe y la vida,** tratando de descubrir la presencia o la ausencia de Dios en el mundo de lo social, económico, cultural y político, con el fin de identificar los signos de los tiempos mediante los cuáles Dios está llamando a una conversión personal y a la transformación del orden temporal para que reinen el amor, la justicia y la paz.

86    El conjunto de estas prácticas, realizadas en la vida diaria y no sólo en las reuniones, constituye la vida de una auténtica pequeña comunidad eclesial. Sin embargo, no todas las comunidades siguen el mismo patrón; cada pequeña comunidad puede elegir el aspecto o aspectos que desea enfatizar, según la vocación y necesidades de sus miembros. Algunas pequeñas comunidades acentúan la oración, la evangelización misionera, el estudio o la reflexión bíblica. Otras nacen o giran alrededor de un ministerio común, de la necesidad de tener un grupo de apoyo o de su interés en la formación cristiana para la acción.

87    Una parroquia debe ser una comunidad formada de muchas pequeñas comunidades de adultos, intergeneracionales y de jóvenes de distintas edades. Una pequeña comunidad madura —sea intergeneracional, de adultos o de jóvenes— se identifica en base a la manera como piensa y actúa. Se sabe que una pequeña comunidad ha alcanzado su etapa de madurez, cuando sus miembros:

- tienen una relación profunda de solidaridad, ayuda mutua y convivencia;
- saben que todos participan por igual en una empresa común y una aventura valiosa, en la que todos comparten la misma misión y el mismo nivel de compromiso;
- están conscientes de que la energía para cumplir con su misión como pequeña comunidad, nace de su espíritu de personalización y comunión, pluralismo y unidad, crecimiento en corresponsabilidad, sentido de pertenencia al grupo y afirmación de la propia identidad y valor;
- están bien enraizados en la realidad; confrontan los problemas y desafíos que encuentran en sus esfuerzos para extender el Reino de Dios; realizan acciones transformadoras en las diferentes dimensiones de su vida personal y social, y establecen prioridades para una acción consistente con el ideal cristiano;

- actúan con una estructura mínima y una vivencia máxima, aprovechando los dones de *todos* los miembros, desarrollando sus talentos y apoyándose unos a otros en sus ministerios.

## Pequeñas comunidades de jóvenes

88 Las pequeñas comunidades se han multiplicado entre los hispanos en Estados Unidos. Hay jóvenes que participan en comunidades intergeneracionales y han empezado a aparecer comunidades de adolescentes y de jóvenes. La formación de pequeñas comunidades de jóvenes es muy importante, aunque la mayoría de éstas son, por naturaleza, intergeneracionales. Los jóvenes disfrutan el espíritu de estas comunidades en las cuales pueden vivir y fortalecer su fe de acuerdo a su edad y circunstancias.

89 La función principal de las pequeñas comunidades es nutrir la vida de fe de los jóvenes y orientarlos para que sean sal, luz y levadura en el mundo en que viven, convirtiéndose en signo de la presencia del Reino de Dios en el ambiente juvenil. Las pequeñas comunidades de jóvenes son grupos estables, en los que los muchachos y las muchachas pueden tener relaciones interpersonales profundas y donde cada uno se siente responsable por el bienestar de los demás. Los miembros de una pequeña comunidad no reducen su relación como iglesia a las reuniones, sino que comparten su vida diaria con espíritu cristiano y se apoyan mutuamente para ser fieles seguidores de Jesús. Las comunidades están abiertas a nuevos miembros que buscan una vida en comunidad, un encuentro con Dios en la oración, ayuda para reflexionar sobre su vida y apoyo para cumplir su misión.

90 Existen comunidades de preadolescentes, adolescentes y jóvenes que responden a las características y necesidades específicas del proceso de desarrollo en cada etapa. Estas comunidades se centran en Jesús y su proyecto del Reino, con la intención de que la gente joven sea misionera en su propio ambiente. Las pequeñas comunidades presentan un modelo de ministerio pastoral juvenil.

91 Las parroquias que han tenido este modelo por años, cuentan con comunidades de jóvenes que fueron formadas cuando eran preadolescentes o adolescentes. En estos casos, las comunidades de jóvenes mayores de veinte años, poseen muchas de las características de una comunidad de adultos y, cuando los jóvenes se casan, suelen formar comunidades de matrimonios jóvenes o incorporarse a comunidades de adultos ya establecidas.

92    Es vital que las pequeñas comunidades de jóvenes se relacionen entre sí y con comunidades de personas de otras edades, para edificarse mutuamente y ser un modelo de vida cristiana y eclesial. En las pequeñas comunidades que enfatizan la interacción entre las generaciones, los jóvenes enriquecen a toda la comunidad con su perspectiva y espontaneidad, amplían su propia visión y facilitan su proceso de madurez en la fe. Además, los jóvenes de las pequeñas comunidades deben reunirse y compartir sus experiencias de iglesia con gente joven que participa en grupos parroquiales y movimientos apostólicos. Los retiros, convivencias, encuentros de fin de semana y proyectos comunes, son medios apropiados para este encuentro.

## Aspectos formales e informales en la vida de una pequeña comunidad

93    La vida de una pequeña comunidad de jóvenes es muy rica y vigorosa. En ella se dan múltiples dinámicas y oportunidades para crecer como cristianos, al participar activamente en la misión de la iglesia mediante su inserción en la vida del mundo. Para que una comunidad dé los mejores frutos posibles, debe incluir oportunidades estructuradas de formación y acción pastoral y fomentar una práctica cristiana constante en la vida de sus miembros.

94    Los aspectos formales o estructurados de la vida de una pequeña comunidad, incluyen los siguientes:
- la reflexión sobre la realidad de la vida a la luz del Evangelio;
- el estudio y la profundización en las Escrituras, sobre todo del Nuevo Testamento;
- la participación en oportunidades de formación humana y moral;
- el estudio de la tradición de la iglesia;
- la reflexión sobre el significado de la vida sacramental;
- la planificación, implementación y evaluación de acciones pastorales comunes a toda la comunidad.

95    Los aspectos informales o más espontáneos de la vida de una pequeña comunidad, incluyen los siguientes:
- la oración y el crecimiento espiritual;
- el discernimiento de la vocación personal, especialmente en su dimensión comunitaria;
- la búsqueda de la voluntad de Dios en la vida, sobretodo, en sus encrucijadas y desafíos;

- la comunicación, las relaciones sociales y el apoyo mutuo entre sus miembros;
- la fortificación de la fe mediante la edificación mutua con el testimonio de vida y el compartir las experiencias religiosas y apostólicas;
- el desarrollo de los dones y habilidades necesarias para mantener la vida de la comunidad y formarse como líderes cristianos.

## Carácter eclesial de las pequeñas comunidades

96 Las pequeñas comunidades pueden proporcionar a los jóvenes una experiencia de iglesia más completa que los grupos parroquiales y los movimientos apostólicos, porque siguen más de cerca el modelo de una comunidad de discípulos. Además, se ven a sí mismas como una célula de la iglesia universal y se mantienen enfocadas en la misión de la iglesia tanto en su vida informal como cuando están realizando acciones o proyectos concretos. Las pequeñas comunidades de jóvenes son un signo de esperanza para el nivel parroquial y diocesano de iglesia, en la medida en que mantienen su carácter eclesial y promueven un auténtico sentido de pertenencia a la iglesia, a través de las siguientes acciones:

- una comunión íntima con Dios y una unión profunda con sus hermanos y hermanas de la comunidad y con toda la iglesia;
- una educación progresiva en la fe que responda a las interrogantes y preocupaciones de la vida diaria, y mantenga vivo el espíritu del Evangelio;
- una clara identidad católica, lograda mediante el estudio y reflexión en la fe, la comunión con la iglesia, la participación en la Eucaristía, la colaboración en ministerios eclesiales y la participación en la acción pastoral en la parroquia o en la diócesis;
- una unión profunda entre la fe y la vida, lograda al analizar y juzgar la vida críticamente a la luz del Evangelio; hacer una opción consciente de seguir fielmente a Jesús; mantener la esperanza, aún en medio de las dificultades; descubrir el sentido cristiano de la vida; compartir lo que se tiene con espíritu de fraternidad universal, y tener una solidaridad especial con los pobres y oprimidos;
- la unidad en el espíritu, que anima a cada miembro y a la comunidad a la acción, sostiene la vida de la comunidad y la ayuda a madurar, colaborando en la formación de otras pequeñas comunidades;

- una participación activa en la misión evangelizadora de la iglesia, animadas por un espíritu misionero fuerte y sincero, las enseñanzas sociales de la iglesia y un compromiso serio de ser presencia y agente de cambio en la sociedad.

## Pastoral juvenil en pequeñas comunidades

97     En el capítulo seis se reflexionó sobre el reto que representan las parroquias de tipo pasivo —enfocadas a proveer servicios a quienes van a ella— y sobre el ideal de tener una parroquia misionera. Las pequeñas comunidades de jóvenes pueden ser un instrumento eficaz para lograr la transición de un modelo a otro, sea formando pequeñas comunidades desde que empieza el ministerio con los jóvenes hispanos en una parroquia o apoyando a los jóvenes del grupo parroquial para que lo transformen en pequeñas comunidades. Cualquiera que sea el punto de partida, la parroquia pasiva necesita cambiar su organización institucional y su enfoque pastoral para que las pequeñas comunidades sean realmente la base de la vida parroquial. El cambio de una estrategia pastoral de tipo pasivo a una pastoral de comunión y participación en pequeñas comunidades, tiene cinco etapas. A continuación se enumeran algunos indicadores de éstas.

### Punto de partida:
### la parroquia pasiva y proveedora

98     A continuación se enuncian dos características de las parroquias que se enfocan sólo en ofrecer servicios a sus miembros activos:

- todas las actividades y responsabilidades se organizan y realizan en base a lo estipulado por ministros empleados de tiempo completo en la parroquia;
- la gente joven es invitada a ayudar al sacerdote y a otros empleados parroquiales en su labor.

### Primera etapa:
### la parroquia forma un consejo pastoral

99     En la primera etapa, la parroquia forma un consejo pastoral para promover la participación de los feligreses en las decisiones de la parroquia:

- se forma un consejo pastoral, con o sin representación de gente joven. Este consejo tiene una influencia decisiva en las actividades parroquiales;
- los sacerdotes y demás empleados de tiempo completo discuten los asuntos de la parroquia con el consejo pastoral;
- se instruye al consejo parroquial sobre sus responsabilidades como grupo consejero;
- se invita a toda la congregación a elegir a los miembros del consejo parroquial, sin embargo a veces no se toma en cuenta a los jóvenes.

### Segunda etapa:
### la parroquia despierta

100     En la segunda etapa, los feligreses empiezan a tomar un papel más importante en la vida de la parroquia:

- hay más feligreses —generalmente adultos mayores— participando activamente en las responsabilidades de la parroquia, pero aún suelen ser vistos como ayudantes del sacerdote y del personal parroquial;
- varias personas tratan de conscientizar a los miembros de la parroquia sobre la misión del laico en la iglesia;
- se visitan los hogares para invitar a la gente a participar en las actividades de la iglesia.

### Tercera etapa:
### los miembros de la parroquia empiezan a asumir
### compromisos

101     En la tercera etapa, los feligreses empiezan a asumir su compromiso bautismal:

- varios grupos de personas se comprometen con responsabilidades de la parroquia, más allá de los edificios parroquiales, como catequesis en las casas, cursos de formación prematrimonial y encuentros matrimoniales;
- los jóvenes organizan un comité de pastoral juvenil y empiezan a desarrollar actividades evangelizadoras;
- se forman grupos de estudio bíblico en las casas;
- nace el ministerio de bienvenida a nuevos feligreses y se visita más a los enfermos, los ancianos y los presos;
- se empieza un programa de catecumenado para quienes se quieren convertir a la Iglesia Católica;

* se ofrece entrenamiento para los ministros de la comunidad, sobre todo para la liturgia, la catequesis y la dirección de círculos bíblicos.

### Cuarta etapa:
### formación de pequeñas comunidades

102    En la cuarta etapa, los feligreses de diversas edades deciden formar pequeñas comunidades de fe:

* los cristianos de un barrio se reúnen periódicamente en alguna casa para compartir la Biblia, orar y reflexionar sobre su vida;
* los padres de familia forman comunidades que los ayudan a educar en la fe a sus hijos;
* los jóvenes forman pequeñas comunidades según sus edades y se preocupan por ser agentes de cambio en su medio ambiente, y por presentar a Jesús a otros jóvenes del barrio;
* los miembros de las comunidades y las comunidades mismas empiezan a participar en actividades civiles y políticas que promueven la justicia social y un mundo mejor;
* las comunidades se reúnen el domingo para celebrar la Eucaristía, procurando que los nuevos miembros participen en los ministerios litúrgicos.

### Quinta etapa:
### la acción de las pequeñas comunidades transforma el mundo

103    En la quinta etapa, las pequeñas comunidades trabajan activamente para transformar el mundo:

* las pequeñas comunidades se unen para mejorar las condiciones de vida de la gente mediante acciones concretas a nivel local como: combatir injusticias, mejorar las escuelas, abolir la violencia, atender a los adolescentes y realizar acciones políticas a niveles más amplios, como la lucha por leyes y sistemas socioeconómicos más justos;
* las pequeñas comunidades envían representantes al consejo parroquia, que trata de ayudar a que todos los miembros de la comunidad parroquial cumplan su misión como cristianos en el mundo y la iglesia;
* las comunidades de jóvenes son reconocidas y valoradas al igual que las comunidades de adultos o intergeneracionales; como resultado, la parroquia se vuelve más vibrante y vigorosa;

- la parroquia se responsabiliza de su misión evangelizadora y de incorporar en pequeñas comunidades a los nuevos católicos y a personas que han regresado a la iglesia;
- se organizan oportunidades de formación humana y religiosa, crecimiento espiritual y reflexión teológico-pastoral para los miembros de las pequeñas comunidades;
- las comunidades se responsabilizan de que la parroquia tenga los recursos necesarios para cumplir sus funciones.

104    Los obispos de Estados Unidos, en su carta pastoral *La presencia hispana: Esperanza y compromiso* señalan lo siguiente:

> De las aportaciones que los hispanos han hecho a la Iglesia en las Américas una de las más importantes es la formación de las comunidades eclesiales de base. La pequeña comunidad apareció en escena como un rayo de esperanza para afrontar situaciones inhumanas que pueden destruir moralmente a las personas y debilitar su fe. . . . Puesto que estas comunidades de base han demostrado ser un beneficio para la Iglesia (EN, 58), recomendamos encarecidamente su desarrollo.[1]

# ❧ Reflexión Final ❧

## Un nuevo amanecer en la pastoral juvenil hispana

1   El capítulo 21 del evangelio de San Juan relata la tercera aparición de Jesús a sus discípulos después de su resurrección. En lenguaje simbólico, Juan habla del modelo de iglesia y de liderazgo cristiano que instituyó Jesús. La reflexión sobre este pasaje del evangelio tiene mucho que decir a las personas involucradas en la pastoral juvenil.

## Liderazgo al estilo de Jesús

2   Un día, relata el evangelio de San Juan, Pedro y algunos de sus compañeros a quienes Jesús había llamado a ser sus discípulos —pescadores de gente— estaban reunidos en la playa. Pedro dijo a los otros discípulos: "Voy a pescar". Los discípulos, siguieron a Pedro, quien era el líder del grupo, y le contestaron "Nosotros vamos también contigo". A pesar de que Jesús resucitado se había aparecido ya dos veces a sus discípulos, aún no se habían dedicado a ser pescadores para el Reino de Dios, sino que habían regresado a su antiguo oficio de pescadores de peces.

3   Los discípulos, quienes llegarían a ser los pilares de la iglesia, se subieron a la barca, que simboliza la iglesia. Era de noche y faltaba la luz de la fe. Los discípulos trabajaron muchas horas pero no pescaron nada. Sin Jesús, su iglesia y sus esfuerzos eran estériles. En la barca había cansancio y frustración. Entonces, al amanecer, sucedió algo insólito.

> Jesús se presentó en la orilla. Pero los discípulos no podían saber que era él. Jesús les dijo: "Muchachos, ¿tienen algo de comer?" Le contestaron: "Nada". Entonces Jesús les dijo: "Echen la red a la derecha y encontrarán pesca".
>
> Echaron la red y se les hicieron pocas las fuerzas para recoger la red, tan grande era la cantidad de peces. (Juan 21, 4–6)

4    Este grupo de gente, conocedora y paciente, había trabajado mucho tiempo, pero en vano. Ahora había tenido éxito gracias al consejo de un hombre que les había gritado desde la orilla y a quien no habían reconocido ¿Por qué le hicieron caso? El desconocido se había interesado por ellos, había iniciado el diálogo preguntándoles por el fruto de su labor y los había tratado como amigos. Ellos, por su parte, fueron sinceros y le dieron a conocer su fracaso. Ante esto, el desconocido se hizo solidario con ellos y les indicó que, para tener éxito, necesitaban cambiar la dirección en sus esfuerzos. Quizá sin mucho ánimo y con dudas, decidieron hacerle caso porque, por un lado, se dieron cuenta de que su sugerencia era desinteresada y que sabía lo que decía y, por otro, no habían tenido éxito en sus esfuerzos.

5    Como líderes en la pastoral juvenil hispana hay que preguntarse qué enseña este pasaje sobre nuestro estilo de liderazgo:
• ¿Qué pasa cuando se pierde de vista la misión como pescadores de gente y, en cambio, se busca retribución económica o prestigio?
• Como líderes, ¿hay que considerar otras opciones en la acción pastoral? ¿escuchar el consejo de otra gente?
• ¿Se está echando la red donde vive la mayoría de los jóvenes?
• ¿Se realiza un liderazgo centrado en nosotros o se facilita la misión pastoral de los jóvenes?
• ¿Se muestra un interés sincero en las experiencias pastorales de los jóvenes? ¿se valoran realmente sus esfuerzos?
• ¿Qué motiva la asesoría a los jóvenes sobre cómo pueden cumplir con su misión y hacer una buena labor pastoral?

## Discipulado al estilo de los primeros seguidores

6    Cuando el apóstol Juan vio la gran pesca que hicieron, exclamó: "¡Es el Señor!". Los discípulos habían visto una nueva luz dada a ellos por el Maestro, aunque no lo habían reconocido. Fue el fruto de su tarea el que hizo que Juan descubriera a Jesús en aquel desconocido, y fue la exclamación de Juan la que hizo que el resto de los discípulos se dieran cuenta de que Jesús estaba presente.

7    Al comienzo, la barca llena de discípulos —simbolizando la iglesia— estaba pasando una etapa de oscuridad. Al experimentar la ausencia de Jesús, los discípulos habían regresado a sus ocupaciones normales y estaban desanimados por la esterilidad de su trabajo.

8     El haber hecho caso a Jesús cambió todo el panorama. Los frutos de su trabajo llenaron de esperanza y optimismo a los discípulos y les dieron un nuevo anhelo de encontrarse con Jesús otra vez. Pedro, literalmente, no pudo aguantarse; se olvidó de los peces; saltó de la barca, y se fue a donde estaba el Maestro. Los otros discípulos, llevaron la barca a la orilla y también fueron al encuentro de Jesús. Gracias a la exclamación de Juan, Pedro dirigió a los otros discípulos a Jesús.

9     Como discípulos de Jesús hay que preguntarse qué nos dice este pasaje sobre la habilidad para seguir, reconocer y responder a Jesús de manera desinteresada:

- ¿Reconocemos a Jesús cuando otras personas nos lo muestran?
- ¿Encontramos nuevas fuerzas y motivación al ver los frutos de nuestro trabajo?
- Cuando descubrimos la presencia de Jesús, ¿la comunicamos a los demás?
- ¿Con qué frecuencia queremos hacer nuestra labor contando sólo con nuestras propias fuerzas?
- ¿Sabemos reconocer la voz de Jesús cuando nos pide que cambiemos la dirección de nuestra vida y de nuestro ministerio?
- ¿Dedicamos tiempo para ir al encuentro de Jesús y compartir con él nuestros anhelos, frustraciones y éxitos?

## Compañerismo y comunidad en la iglesia al estilo de Jesús

10     Cuando los discípulos llegaron a la playa, encontraron un fuego encendido y pescado y pan sobre las brasas. Jesús estaba ahí, preparando el desayuno,

> Jesús les dijo: "Traigan de los pescados que acaban de sacar". Simón Pedro subió a la barca y sacó la red llena con ciento cincuenta y tres pescados grandes. Con todo, no se rompió la red.
>
> Jesús les dijo: "Vengan a desayunar". Ninguno de los discípulos se atrevió a hacerle la pregunta: "¿Quién eres tú?", porque comprendían que era el Señor. Jesús se acercó a ellos, tomó el pan y se lo repartió. Lo mismo hizo con los pescados. (Juan 21, 10–13)

11      Jesús no estaba esperando a sus discípulos con los instrumentos típicos de un administrador o un maestro (libros, manuales técnicos o esquemas de organización). Los esperaba con otro tipo de utensilios, las herramientas de un servidor que da vida (brasas, pan y pescado). ¿Qué lección estaba dando Jesús a sus discípulos? Quizás a más de uno se le habrá ocurrido que esta escena es algo inútil. ¿Por qué perder el tiempo cocinando? ¿por qué no aprovechó Jesús la ocasión para explicar a Pedro y a los otros discípulos cómo administrar la iglesia, llevar a cabo un concilio, organizar un comité, determinar normas, defender la fe o resolver los problemas doctrinales que tendrían que enfrentar?

12      Jesús no perdía el tiempo. Estaba demostrando a sus seguidores el tipo de iglesia que quería que fueran, una comunidad donde cada persona comparte lo que tiene. En el compartir la misión y el alimento están las fuerzas que unen a la comunidad.

13      Antes, en el Evangelio de Juan, Jesús había proclamado:

> "Yo soy el *pan* vivo *bajado del cielo;* el que coma de este *pan* vivirá para siempre. El *pan* que yo daré es mi *carne,* y la daré para vida del mundo". (6, 51)

Los discípulos habían escuchado, creído y reconocido a Jesús como el Mesías; habían caminado, acogido su visión y compartido el pan con él. Después de la muerte y resurrección de Jesús, los discípulos no pudieron verlo ni convivir con él como antes. Tuvieron que descubrir y relacionarse con Jesús resucitado, a quien reconocieron por la fe y por los frutos de su trabajo en el cual habían colaborado. En esa ocasión, Jesús salió al encuentro de sus discípulos bajo las apariencias de un desconocido madrugador que encontraron en la playa, que les dijo cómo pescar y que les ofreció pan.

14      Los 153 pescados tienen un significado especial; simbolizan las 153 naciones conocidas por los judíos en aquellos tiempos. La red llena de peces representaba a todas las naciones del mundo, ya que todas pertenecen a Dios.

15      Como miembros de la comunidad eclesial, hay que preguntarnos qué mensaje da este pasaje acerca del compañerismo y la hospitalidad que mostramos a Jesús, en todas las formas como se aparece:

- ¿Cómo sale Jesús a nuestro encuentro hoy en día?
- ¿Reconocemos a Jesús en el pan eucarístico?
- ¿Reconocemos a Jesús en aquellas personas desconocidas que hallamos en el camino de la vida?

- ¿Con qué actitudes y espíritu misionero nos relacionamos con jóvenes de otras culturas?
- ¿Las necesidades de nuestro propio pueblo nos hacen perder la dimensión universal de la Iglesia?

## Proyecto pastoral al estilo de Jesús

16   Jesús y sus discípulos habían compartido el desayuno y dialogado un rato. Seguramente, los discípulos se sintieron, al mismo tiempo, contentos por estar con el Maestro, pero incómodos ante el misterio de Jesús resucitado. En este ambiente, Jesús inició una conversación muy importante con Simón Pedro, en su calidad de líder del resto de los discípulos:

> "Simón, hijo de Juan, ¿me amas más que éstos?" Este contestó: "Sí, Señor, tú sabes que te quiero". Jesús dijo: "Apacienta mis corderos". Y le preguntó por segunda vez: "Simón, hijo de Juan, ¿me amas?" Pedro volvió a contestar: "Sí, Señor, tú sabes que te quiero". Jesús le dijo: "Cuida mis ovejas". Insistió Jesús por tercera vez: "Simón Pedro, hijo de Juan, ¿me quieres?" Pedro se puso triste al ver que Jesús le preguntaba por tercera vez si lo quería. Le contestó: "Señor, tú sabes todo, tú sabes que te quiero". Entonces Jesús le dijo: "Apacienta mis ovejas". (Juan 21, 15–17)

17   Si tuviéramos que entrevistar hoy a un posible candidato al papado, para algún puesto ministerial en la iglesia o para ser coordinador de un grupo eclesial, sin duda se nos ocurrirían un sinnúmero de preguntas. Pero a Jesús sólo le importaba una pregunta: "Simón, hijo de Juan, ¿me amas?" Una vez más, Jesús era original y sorprendente. Hoy serían muchas las personas que pondrían serios obstáculos para que Pedro fuera Papa, después de haber negado a Jesús tres veces, días antes de su muerte. Con la triple pregunta de Jesús a Pedro y la triple afirmación de la misión de Pedro, Jesús indicó a toda la gente que, a pesar de nuestras debilidades, confía en nuestro amor y nos elige para seguir su misión.

18   En su diálogo con Pedro, igual que cuando habló a sus discípulos en la Última Cena, Jesús dejó claro en qué consiste el centro y la fuente de su proyecto: ¿"Me amas? . . . Apacienta mis corderos.

. . . Cuida mis ovejas. . . . Ámense unos a otros como yo los he amado". El amor es el centro de todo proyecto cristiano. Para todo líder cristiano, el amor debe ser lo más importante, la razón de ser y la motivación de su ministerio.

19  Después de afirmar a Pedro por tercera vez en su misión, Jesús le indicó de manera solemne que iba a morir como mueren los profetas: dando gloria a Dios con el testimonio de su fe, maltratado por quienes rechazaron su invitación a una vida nueva. Como Jesús demostró con su vida y como leemos en este capítulo del Evangelio de Juan, la tarea propia del líder cristiano implica cuatro funciones: ser líder, servidor, pastor y profeta.

20  Finalmente, Jesús dijo a Pedro, "Sígueme". Pedro fue con él y Juan los siguió.

> Al verlo Pedro [a Juan], preguntó a Jesús: "¿Y qué va a ser de éste?" Jesús le contestó: "Si yo quiero que permanezca hasta mi vuelta, ¿a ti qué te importa? Tú, sígueme". (Juan 21, 21–22)

Con esta última instrucción, Jesús dio a Pedro, como líder de su iglesia, otra pauta sobre cómo debía llevar a cabo su misión: siguiendo al Maestro en sus enseñanzas y dejando que otros lo sigan según su vocación.

21  Como colaboradores en el proyecto pastoral de Jesús, debemos preguntar qué dice este pasaje sobre las actitudes en nuestro ministerio y cómo realizamos el pastoreo con otras personas:

- ¿Cuáles son las motivaciones trabajo pastoral?
- ¿Estamos conscientes que amar a Jesús supone cuidar de nuestros hermanos y hermanas a imitación de Jesús, el Buen Pastor?
- ¿En qué medida está el liderazgo enfocado en el pastoreo de los jóvenes?
- ¿Qué tan auténticos somos en el testimonio de nuestra fe?
- ¿Con qué valor y dedicación enfrentamos la tarea profética en favor de la juventud latina?
- ¿Seguimos a Jesús, tanto en la vida diaria como en la labor pastoral?
- ¿Cuántas veces nos enfocamos más en revisar lo que otros hacen en lugar de ver la calidad del propio trabajo pastoral?

22  Este relato sobre la iglesia, la misión del líder cristiano y la relación entre los miembros de la comunidad cristiana es un desafío para todos los bautizados, pero especialmente para los líderes jóve-

nes de esta generación, quienes tienen que navegar las aguas de una nueva era. A los líderes cristianos les corresponde redescubrir el modelo de iglesia que Jesús reveló con sus acciones y enseñanzas; analizar bajo la luz de este relato de Juan, el estilo de liderazgo que Jesús quiere en su iglesia, y proponer nuevas alternativas de organización y de maneras de facilitar el seguimiento de Jesús.

## Una mirada al pasado y una mirada al futuro

23 Este libro ha presentado un panorama general sobre la realidad de la juventud latina y una visión global de la pastoral juvenil hispana, vista desde la perspectiva ministerial. La reflexión que acabamos de hacer sobre el Evangelio de Juan, nos ayuda a ver claramente que la acción pastoral se hace amando a Jesús y siguiendo su modelo de pescador y de pastor, echando la red a donde están los jóvenes; cuidándolos como los pastores cuidan a sus ovejas, y sirviéndolos y alimentándolos como discípulos. Sólo con Jesús y con discípulos que sean seguidores y testigos suyos, se mantiene viva la experiencia del reinado de Dios y la esperanza de extenderlo por el mundo.

24 En el segundo volumen de Profetas de Esperanza hablamos del desarrollo personal y de la formación humana de los jóvenes. También presentamos a Jesús como hermano, salvador y profeta del Reino. Esta presentación nos permite conocer y comunicar mejor la persona de Jesús, un ser fascinante y misterioso que después de dos milenios de haberse encarnado en la historia de la humanidad, aún es Buena Nueva y todavía es capaz de inspirar grandes hazañas y sacrificios. Conociendo a Jesús, el hombre que nos desafía a amar sin condiciones y a superar las fronteras de raza, edad, sexo y habilidades, podrán los jóvenes experimentar a Dios, quien les ofrece la resurrección y la vida para siempre. Así encontrarán en Jesús el camino, la verdad y la vida; hallarán el sentido más profundo de su existencia, y se prepararán para ejercer liderazgo en la sociedad y en la iglesia. El resto del segundo volumen se enfoca en el proceso de evangelización y los pasos concretos para ofrecer a los jóvenes hispanos una evangelización integral.

25 Juntos, los dos volúmenes de Profetas de Esperanza ayudarán a llevar a cabo la Nueva Evangelización, que responde a los desafíos y preguntas que enfrentan los jóvenes hoy en día. Como especificaron

los obispos latinoamericanos en su Cuarta Conferencia General del Episcopado Latinoamericano, en Santo Domingo:

> La Nueva Evangelización es algo operativo, dinámico. Es ante todo una llamada a la conversión (cf. Juan Pablo II, Discurso inaugural, 1) y a la esperanza, que se apoya en las promesas de Dios y que tiene como certeza inquebrantable la Resurrección de Cristo, primer anuncio y raíz de toda evangelizacion, fundamento de toda promoción humana, principio de toda auténtica cultura cristiana.[1]

# ❧ Notas y Recursos ❧

## Capítulo 1:
## Los Jóvenes Hispanos y su Proceso de Madurez

### Notas

**Epígrafe:** Juan Pablo II, "Santa Misa con los jóvenes", *Segunda visita pastoral a México* (México, DF: Conferencia del Episcopado Mexicano [CEM], 1990), no. 170.

1. Pablo VI, "Sobre la alegría cristiana", United States Catholic Conference (USCC), *Visión para el ministerio con jóvenes* (Washington, DC: USCC, 1986), p. 26.

2. Secretariat for Hispanic Affairs, USCC *Prophetic Voices: El documento del proceso del III Encuentro Nacional Hispano de Pastoral* (Washington, DC: USCC, 1986), p. 12.

3. Consejo Episcopal Latinoamericano (CELAM), III Conferencia General del Episcopado Latinoamericano, *Puebla: La evangelización en el presente y en el futuro de América Latina* (México, DF: Librería Parroquial, 1979), nos. 1168–1169.

4. CELAM, IV Conferencia General del Episcopado Latinoamericano, *Santo Domingo, 1992* (México, DF: Ediciones Dabar, 1992), nos. 114–115.

### Otros recursos

Bagley, Ron, ed. *Young Adult Ministry: A Book of Readings*. Naugatuck, CT: Youth Ministry Resource Network, Center for Youth Ministry Development, 1987.

Fromm, Erich. *The Art of Loving*. New York: Harper and Row, 1956.

Galilea, Segundo. *El alba de nuestra espiritualidad*. Madrid, España: Narcea, 1986.

———. *El camino de la espiritualidad*. Bogotá, Colombia: Ediciones Paulinas, 1987.

———. *La inserción en la vida de Jesús y en la misión*. Bogotá, Colombia: Ediciones Paulinas, 1989.

Instituto Internacional de Teología a Distancia (IITD). *Los jóvenes. Curso de formación catequética.* Madrid, España: IITD, 1984.

Juan Pablo II. *Familiaris Consortio.* México, DF: Ediciones Paulinas, 1982.

Mejía, Alejandro. *El misterio de la existencia.* 3a. ed. México, DF: Editorial Progreso, 1989.

Sánchez García, Urbano. *La opción del cristiano.* Vol. 3. Colección Síntesis. Madrid, España: Sociedad de Educación Atenas, 1986.

Shelton, Charles M. *Adolescent Spirituality: Pastoral Ministry for High School and College Youth.* Chicago: Loyola University Press, 1983.

USCC. *Human Sexuality: A Catholic Perspective for Education and Lifelong Learning.* Washington, DC: USCC, 1991.

———. *The Sexual Challenge: Growing Up Christian.* Washington, DC: USCC, 1990.

Vidal, Marciano. *Moral fundamental,* 6a. ed., *Vol. 1 de Moral de actitudes.* Madrid, España: Covarrubias, 1990.

———. *Moral de la persona,* 6a. ed., *Vol. 2 de Moral de actitudes.* Madrid, España: Covarrubias, 1990.

Whitehead, Evelyn Eaton, and James D. Whitehead. *A Sense of Sexuality.* New York: Doubleday, 1989.

# Capítulo 2:
# Las Relaciones Humanas del Joven Hispano

## Notas

**Epígrafe:** CELAM, *Pastoral juvenil: Sí a la civilización del amor.* 2a. ed. (México, DF: CEM, Comisión Episcopal Mexicana de Pastoral Juvenil, 1989), p. 97.

1. NCCB, *La presencia hispana: Esperanza y compromiso* (Washington, DC: USCC, 1984), p. 60.

2. Frank and Renee Schick, *Statistical Handbook on U.S. Hispanics* (Phoenix, AZ: Oryx Press, 1991), p. 197.

3. U.S. Bureau of the Census, *The Hispanic Population in the United States: March 1991* (Washington, DC: U.S. Government Printing Office, 1991), p. 18.

4. Mary Rose McGeady, "Disconnected Kids: An American Tragedy", *America* (15 June 1991), no. 164, p. 642.

5. Joy G. Dryfoos, *Adolescents at Risk: Prevalence and Prevention* (New York: Oxford University Press, 1990), pp. 54–57.

6. Robert Fiala and Gary LaFree, "Cross-National Determinants of Child Homicide", *American Sociological Review* (June 1988), no. 53, p. 433.

7. Robert E. Emery, "Family Violence", *American Psychologist* (February 1989), no. 44, p. 321.

8. Dryfoos, *Adolescents at Risk,* pp. 22–23.

9. Gelasia Márquez, "Educating in Love: Toward Sex Education Within Family Structure, 1984–1988", Office of Catholic Education, Diocese of Brooklyn, manuscrito, pp. 10–11.

10. Juan Pablo II, *Familiaris Consortio* (México, DF: Ediciones Paulinas, 1982), no. 51.

## Otros recursos

Boff, Leonardo. *El rostro materno de Dios: Ensayo interdisciplinar sobre lo femenino y sus formas religiosas.* 5a. ed. España: Ediciones Paulinas, 1985.

CEM. *Directorio nacional de pastoral familiar.* 2a. ed. México DF: CEM, 1989.

Márquez, Gelasia. "One Response to the United States Bishops' Pastoral Letter on Hispanic Ministry: The Hispanic Family Ministry." Family Life Ministry for the Hispanic Community, Diocese of Brooklyn, 1985, manuscrito.

———. "Who Am I? The Identity Disorder and Its Importance as a Diagnostic Category Within the Hispanic Community." Fordham University, s.f., manuscrito.

Ortega, Ray. "Amor en el principio: un movimiento juvenil para novios", *Construyendo nuestra esperanza.* (Verano 1993), no. 6, pp. 1–4.

Sexualidad humana, módulo IV. México DF: Centro Juvenil de Promoción Integral, s.f.

USCC. *Human Sexuality: A Catholic Perspective for Education and Lifelong Learning.* Washington, DC: USCC, 1991.

Urrabazo, Gloria. *Hispanic Families.* San Antonio, TX: Mexican American Cultural Center, 1989.

Urrabazo, Rosendo. *Machismo: Mexican American Male Self-Concept.* San Antonio, TX: Mexican American Cultural Center, 1985.

## Capítulo 3:
## La Juventud Hispana y su Cultura

### Notas

Epígrafe: Pablo VI, *Evangelii Nuntiandi* (México, DF: Ediciones Paulinas, 1976), no. 20.

1. Secretariat for Hispanic Affairs, USCC, *Prophetic Voices: El
documento del proceso del III Encuentro Nacional Hispano de Pastoral*
(Washington, DC: USCC, 1986), p. 17.

2. Daughters of St. Paul, comps., *John Paul II in America*
(Boston: St. Paul Books and Media, 1987), pp. 156–157.

### Otros recursos

Arbuckle, Gerald A. *Earthing the Gospel: An Inculturation Handbook
for Pastoral Workers.* Maryknoll, NY: Orbis Books, 1990.

Beals, Ralph L., and Harry Hoijer. *An Introduction to Anthropology.*
3d ed. New York: Macmillan, 1965.

Deck, Allan F. *The Second Wave.* Mahwah, NJ: Paulist Press, 1989.

Ekstrom, Reynolds R. *Access Guide to Pop Culture.* New Rochelle,
NY: Salesian Society/Don Bosco Multimedia, 1989.

IITD. *Los jóvenes.* Curso de formación catequética. Madrid, España:
IITD, 1984.

McDonald, William. "Reports on the Investigation on the Pastoral
Needs of Hispanic Youth". Investigación conducida por Saint
Mary's Press, Winona, MN, 1987, manuscrito.

Southeast Regional Office for Hispanic Affairs (SEPI). *Joven inmi-
grante . . . deja tu huella.* Miami: SEPI, 1991.

———. *Joven siembra y evangeliza la cultura.* Miami: SEPI, 1992.

Warren, Michael. *Youth, Gospel, Liberation.* San Francisco: Harper
and Row, 1989.

## Capítulo 4:
## Papel de la Juventud Hispana
## en la Transformación de la Sociedad

### Notas

Epígrafe: Roberto F. Sánchez, "Evangelization", Secretariat for
Hispanic Affairs, USCC, *Proceedings of the II Encuentro Nacional
Hispano de Pastoral* (Washington, DC: USCC, 1978), p. 14.

1. USCC, *Brothers and Sisters to Us: U.S. Bishops' Pastoral Letter on Racism in Our Day* (Washington, DC: USCC, 1979), p. 10.

2. José Luis Rubio Cordón, "Iberoamérica, en la polarización internacional riqueza/pobreza", *Vida Nueva* (mayo 4, 1991) no. 1.788, pp. 23–30.

3. CELAM, Segunda Conferencia General del Episcopado Latinoamericano, *Medellín: La Iglesia en la actual transformación de América Latina a la luz del Concilio,* 4a. ed. (Bogotá, Colombia: CELAM, 1968), cap. 2, no. 16.

4. NCCB, *Justicia económica para todos* (Washington, DC: USCC, 1986), no. 16.

5. Secretariat for Hispanic Affairs, USCC, *Prophetic Voices: El documento del proceso del III Encuentro Nacional Hispano de Pastoral* (Washington, DC: USCC, 1986), p. 12.

6. Juan Pablo II, *Christifideles Laici* (México, DF: Librería Parroquial de Clavería, 1988), no. 42.

## Otros recursos

Arbuckle, Gerald A. *Earthing the Gospel: An Inculturation Handbook for Pastoral Workers.* Maryknoll, NY: Orbis Books, 1990.

Branch, Edward. "Racism in Our Day", *Proceedings of the First National Youth Congress,* ed. Anita Marie Fusco. Washington, DC: National Federation for Catholic Youth Ministry (NFCYM), 1992.

Hayes-Bautista, David E., Werner O. Schink, and Jorge Chapa. *The Burden of Support: Young Latinos in an Aging Society.* Stanford, CA: Stanford University Press, 1988.

The Hispanic Policy Development Project. *Closing the Gap for U.S. Hispanic Youth: Public/Private Strategies.* Washington, DC, 1988.

Juan Pablo II. *Centesimus Annus.* México, DF: Librería Parroquial de Clavería, 1991.

———. "To Build Peace, Respect Minorities", *Origins* (29 December 1988), no. 18, pp. 467–469.

NCCB. *The Challenge of Peace: God's Promise and Our Response.* Washington, DC: USCC, 1983.

National Hispanic Leadership Conference (NHLC). *Hispanic Issues Are America's Issues.* Washington, DC: NHLC, 1988.

SEPI. *Joven, comunícate y grita la verdad!* Miami: SEPI, 1990.

———. *Joven hispano: Voz profética.* Miami: SEPI, 1991.

USCC. *Political Responsibility: Revitalizing American Democracy.*
Washington, DC: USCC, 1991.

Warren, Michael. *Youth, Gospel, Liberation.* San Francisco: Harper
and Row, 1989.

## Capítulo 5:
## La Realidad Religiosa de la Juventud Hispana

### Notas

Epígrafe: NCCB, *La presencia hispana: Esperanza y compromiso* (Washington, DC: USCC, 1984), p. 59.

1. CELAM, III Conferencia General del Episcopado Latinoamericano, *Puebla: La evangelización en el presente y en el futuro de América Latina* (México, DF: Librería Parroquial, 1979), nos. 305–315.

2. Juan Pablo II, "Mensaje a los jóvenes y a las jóvenes del mundo con ocasión de la VIII jornada mundial de la juventud 1993", *A Year of Preparation: World Youth Day '93 Resource Manual* (Washington, DC: USCC, 1992), no. 3.

### Otros recursos

Archdiocese of Los Angeles, Office of Religious Education. *Recursos para el proceso de preparación para la confirmación 1992.* Los Angeles: Office of Religious Education, Archdiocese of Los Angeles, 1992.

*The Bishops Speak with the Virgin: A Pastoral Letter of the Hispanic Bishops of the U.S.* Maryknoll, NY: Maryknoll, 1981.

Boff, Leonardo. *El rostro materno de Dios: Ensayo interdisciplinar sobre lo femenino y sus formas religiosas.* 5a. ed. España: Ediciones Paulinas, 1985.

———. *New Evangelization: Good News to the Poor.* Maryknoll, NY: Orbis Books, 1991.

Candelaria, Michael R. *Popular Religion and Liberation: The Dilemma of Liberation Theology.* Albany, NY: State University of New York Press, 1990.

Cervantes, Carmen María. "Raíces y alas de la evangelización de la juventud latina", *Construyendo nuestra esperanza* (Verano 1992), no. 5, pp. 1–10.

Codina, Víctor. "Sacramentales, sacramentos de los pobres", *La revista latinoamericana de teología*. Cochambamba, Bolivia: Universidad Católica Boliviana, s.f.

CELAM, Segunda Conferencia General del Episcopado Latinoamericano, *Medellín: La Iglesia en la actual transformación de América Latina a la luz del Concilio*, 4a. ed. Bogotá, Colombia: CELAM, 1968.

———. *Pastoral juvenil: Sí a la civilización del amor*. 2a. ed. México, DF: CEM, Comisión Episcopal Mexicana de Pastoral Juvenil, 1989.

———. IV Conferencia General del Episcopado Latinoamericano, *Santo Domingo, 1992* . México, DF: Ediciones Dabar, 1992.

Consejo Editorial de Saint Mary's Press, Proyecto de Pastoral Juvenil Hispana. "Reunión de consulta: un paso más hacia adelante", *Construyendo nuestra esperanza* (enero 1989), no. 2, pp. 2–4.

Deck, Allan F. "Fundamentalism and the Hispanic Catholic", *America* (26 January 1985), pp. 64–66.

———. "Proselytism and Hispanic Catholics: How Long Can We Cry Wolf?", *America* (10 December 1988), no. 159, pp. 485–490.

———. *The Second Wave*. Mahwah, NJ: Paulist Press, 1989.

Díaz-Vilar, Juan. *Las sectas: Un desafío a la pastoral*. New York: Northeast Catholic Pastoral Center for Hispanics, 1985.

Elizondo, Virgilio. *Christianity and Culture: An Introduction to Pastoral Theology and Ministry for the Bicultural Community*. Huntington, IN: Our Sunday Visitor, 1975.

———. *Galilean Journey: The Mexican-American Promise*. Maryknoll, NY: Orbis Books, 1983.

———. *Mestizaje: The Dialect of Cultural Birth and the Gospel*. Paris: Institute Catholique de Paris, 1978.

Estrada, Juan A. *La transformación de la religiosidad popular*. Salamanca, España: Ediciones Sígueme, 1986.

Fourez, Gérard. *Sacramentos y vida del hombre*. Santander, España: Sal Terrae, 1983.

Galilea, Segundo. *Religiosidad popular y pastoral hispano-americana*. New York: Northeast Catholic Pastoral Center for Hispanics, 1981.

González, Carlos Ignacio. *María evangelizada y evangelizadora*. México, DF: CELAM, 1989.

González Dorado, Antonio. *Nuestra Señora de América*. Bogotá, Colombia: CELAM, 1986.

*A Handbook on Guadalupe: Our Lady Patroness of the Americas*. Kenosha, WI: Franciscan Marytown Press, 1974.

Huitrado-Rizo, Juan José. "The Expression of a People Coming to Life", *New Theology Review* (3 November 1990), pp. 43–55.

Juan Pablo II. "Santa Misa con los jóvenes", *Segunda visita pastoral a México*. México, DF: CEM, 1990.

McDonald, William. "Reports on the Investigation on the Pastoral Needs of Hispanic Youth". Investigación conducida por Saint Mary's Press, Winona, MN, 1987, manuscrito.

NCCB. *Plan pastoral nacional para el ministerio hispano*. Washington, DC: USCC, 1988.

Romero, C. Gilbert. *Hispanic Devotional Piety: Tracing the Biblical Roots*. Maryknoll, NY: Orbis Books, 1991.

Secretariat for Hispanic Affairs, USCC. *Proceedings of the II Encuentro Nacional Hispano de Pastoral*. Washington, DC: USCC, 1978.

Sosa, Juan J. "Religiosidad popular y sincretismo religioso: santería y espiritismo". *Documentaciones Sureste* (marzo 1983), no. 4, pp.14–26.

USCC. *Prophetic Voices: El documento del proceso del III Encuentro Nacional Hispano de Pastoral*. Washington, DC: USCC, 1986.

# Capítulo 6:
# La Misión Evangelizadora de la Iglesia

## Notas

Epígrafe: NCCB, *Herencia y esperanza: Evangelización en los Estados Unidos* (Washington, DC: USCC, 1991), p. 43.

1. Ibid., p. 47.

2. Secretariat for Hispanic Affairs, USCC, *Proceedings of the II Encuentro Nacional Hispano de Pastoral* (Washington, DC: Secretariat for Hispanic Affairs, USCC, 1978), p. 28.

3. Ken Davis, "El esfuerzo por la justicia no tiene ni principio ni fin", *Voz Catequética* (enero 1991), no. 3, p. 9.

4. Ibid., p. 5

5. CELAM, IV Conferencia General del Episcopado Latinoamericano, *Santo Domingo,* 1992 (México, DF: Ediciones Dabar, 1992), no. 10.

6. Ibid., no. 302.

7. Paulo VI, *Evangelii Nuntiandi* (México, DF: Ediciones Paulinas, 1976), no. 22.

8. NCCB, *Justicia económica para todos* (Washington, DC: USCC, 1986), no. 88.

9. *The Bishops Speak with the Virgin: A Pastoral Letter of the Hispanic Bishops of the U.S.* (Maryknoll, NY: Maryknoll, 1981), p. 19.

10. David Byers, ed., *The Parish in Transition: Proceedings of a Conference on the American Catholic Parish* (Washington, DC: USCC, 1985), p. 3.

11. USCC, *Prophetic Voices: El documento del proceso del III Encuentro Nacional Hispano de Pastoral* (Washington, DC: USCC, 1986), p. 11.

12. Ibid., p. 7.

13. Juan Pablo II, *Christifideles Laici* (México, DF: Librería Parroquial de Clavería), no. 27.

14. Juan Pablo II, *Redemptoris Missio* (México, DF: Ediciones Paulinas, (1992), no. 49.

15. NCCB, *Plan pastoral nacional para el ministerio hispano* (Washington, DC: USCC, 1987), p. 44.

16. USCC, *Prophetic Voices,* pp. 17–18.

17. Juan Pablo II, *Christifideles Laici,* no. 46.

18. Pablo VI, "Octagesima Adveniens", Heriberto Jacobo M. *Doctrina Social de la Iglesia.* México, DF: Ediciones Paulinas, 1991, no. 23.

19. Juan Pablo II, *Christifideles Laici,* no. 20.

20. NCCB, *Plan pastoral nacional para el ministerio hispano,* no. 20.

## Otros recursos

Castex, Pedro. "El pueblo hispano y la pastoral juvenil", *Construyendo nuestra esperanza* (Primavera 1991), no. 4, pp. 8–12.

Cervantes, Carmen María. "Raíces y alas de la evangelización de la juventud", *Construyendo nuestra esperanza* (Verano 1992), no. 5, pp. 8–9.

Deck, Allan F. "Window of Opportunity: The Plan for Hispanic Ministry", *Origins* (17 August 1989), no. 19, p. 199.

Díaz-Vilar, Juan. *Parroquia comunidad misionera.* New York: Northeast Catholic Pastoral Center for Hispanics, 1983.

Fourez, Gérard. *Sacramentos y vida del hombre.* Santander, España: Sal Terrae, 1983.

Galilea, Segundo, y Juan Díaz-Vilar. *Servir como Jesús.* 2a. ed. New York: Northeast Catholic Pastoral Center for Hispanics, 1986.

Juan Pablo II. *Centesimus Annus.* México, DF: Librería Parroquial de Clavería, 1991.

———. *Laborem Excercens.* México, DF: Ediciones Paulinas, 1981.

———. *Sollicitudo Rei Socialis.* México, DF: Librería Parroquial de Clavería, 1987.

Juan XXIII. *Mater et Magistra.* México, DF: Ediciones Paulinas, 1967.

———. *Pacem in Terris,* Heriberto Jacobo M. *Doctrina Social de la Iglesia.* México, DF: Ediciones Paulinas, 1991.

Leon XIII. *Rerum Novarum.* México, DF: Ediciones Paulinas, 1967.

Paulo VI. *Octagesima Adveniens.* México, DF: Ediciones Paulinas, 1971.

———. *Populorum Progressio.* México, DF: Ediciones Paulinas, 1967.

Pío XI. *Quadragesimo Anno.* México, DF: Ediciones Paulinas, 1963.

Synod of Bishops, Second General Assembly. *Justice in the World.* Washington, DC: USCC, 1972.

# Capítulo 7:
# El Caminar de la Pastoral Juvenil Hispana

## Notas

**Epígrafe:** Secretariat for Hispanic Affairs, USCC, *Prophetic Voices: El documento del proceso del III Encuentro Nacional Hispano de Pastoral* (Washington, DC: USCC, 1986), p. 17.

1. Secretariat for Hispanic Affairs, USCC, *Proceedings of the II Encuentro Nacional Hispano de Pastoral* (Washington, DC: USCC, 1978), p. 31.

2. Ibid., p. 29.

3. Amelia M. Muñoz, "Hispanic Youth/Young Adult Evangelization Project: Final Report" (Secretariat for Hispanic Affairs, USCC, Washington, DC, 1984, fotocopia).

4. Comité Nacional Hispano de Pastoral Juvenil, Memo to Archbishop Robert F. Sánchez, 5 April 1984 (Secretariat for Hispanic Affairs, USCC, Washington, DC, memorandum en archivo).

5. USCC, *Prophetic Voices*, p. 6.

6. Carmen María Cervantes, "Encuesta sobre la pastoral juvenil hispana en los Estados Unidos", *Construyendo nuestra esperanza* (Invierno 1991), no. 4, pp. 7–9.

7. CELAM, III Conferencia General del Episcopado Latinoamericano, *Puebla: La evangelización en el presente y en el futuro de América Latina* (México, DF: Librería Parroquial, 1979), no. 1166.

8. Paulo VI, *Evangelii Nuntiandi* (México, DF: Ediciones Paulinas, 1976), no. 14.

9. Ibid., no. 76.

10. Consejo Editorial de Saint Mary's Press, Proyecto de Pastoral Juvenil Hispana, "Reunión de consulta: un paso más hacia adelante", *Construyendo nuestra esperanza* (enero 1989), no. 2, p. 3.

## Otros recursos

Arroyo, Antonio M. Stevens. *Prophets Denied Honor: An Anthology on the Hispanic Church of the United States.* Maryknoll, NY: Orbis Books, 1980.

Bagley, Ron, ed. *Young Adult Ministry: A Book of Readings.* Naugatuck, CT: Youth Ministry Resource Network, Center for Youth Ministry Development, 1987.

CELAM. *La Iglesia en la actual transformación de América Latina a la luz del Concilio.* 4a. ed. Bogotá, Colombia: CELAM, 1970.

Davis, Kenneth. "U.S. Hispanic Catholics: Trends and Recent Works", *Review for Religious* (Saint Louis, MO) (March–April 1991), pp. 290–297.

Mexican American Cultural Center. *Fronteras: A History of the Latin American Church in the USA Since 1513.* San Antonio, TX: Mexican American Cultural Center, 1983.

NCCB. *La presencia hispana: Esperanza y compromiso.* Washington, DC: USCC, 1984.

National Federation for Catholic Youth Ministry (NFCYM). *El reto de la catequesis de adolescentes: Madurez en la fe.* Washington, DC: NFCYM, 1986.

———. *Normas basadas en la aptitud para los coordinadores de la pastoral juvenil de la NFCYM.* Washington, DC: NFCYM, 1990.

Office of Pastoral Research. *Church-Related Hispanic Youth in New York: An Exploratory Study.* New York: Office of Pastoral Research, 1983.

U.S. Catholic Historian. *Hispanic Catholics: Historical Explorations and Cultural Analysis.* Hanover, PA: U.S. Catholic Historical Society, 1989.

Warren, Michael, ed. *Readings and Resources in Youth Ministry.* Winona, MN: Saint Mary's Press, 1987.

# Capítulo 8:
# Modelos de Organización en la Pastoral Juvenil Hispana

## Notas

Epígrafe: Juan Pablo II, *Christifideles Laici* (México, DF: Librería Parroquial de Clavería), no. 46.

1. NCCB, *La presencia hispana: Esperanza y compromiso* (Washington, DC: USCC, 1984), pp. 66–67.

## Otros recursos

Ahumada, José E. "Inculturation Challenges Religious Education: Toward Faith Formation Programs Serving the Evangelization of Cultures." Master's thesis, Jesuit School of Theology, Berkeley, CA, 1991.

Archdiocese of Los Angeles, Office of Religious Education. *Recursos para el proceso de preparación para la confirmación 1992.* Los Angeles: Office of Religious Education, Archdiocese of Los Angeles, 1992.

Bagley, Ron, ed. *Young Adult Ministry: A Book of Readings.* Naugatuck, CT: Youth Ministry Resource Network, Center for Youth Ministry Development, 1987.

Bestard Comas, Joan. *El consejo pastoral parroquial: Cómo dinamizar una parroquia*. Madrid, España: Promoción Popular Cristiana, 1989.

Boff, Leonardo. *Eclesiogénesis: Las comunidades de base reinventan la iglesia*. Santander, España: Editorial Sal Terrae, 1980.

Bravo Pérez, Benjamín. *Cómo revitalizar la parroquia*. México, DF: Parroquia de Sta. Ma. Magdalena, 1985.

————. *Preparación a los procesos de conversión: Precatecumenado*. 10a. ed. México, DF: Parroquia de Sta. Ma. Magdalena, 1992.

Centro Nacional Salesiano de Pastoral Juvenil. *El acompañamiento espiritual de los jóvenes*. Madrid, España: Editorial CCS, 1985.

————. *La animación, opción pedagógica y evangelizadora*. Madrid, España: Editorial CCS, 1990.

————. *Catequistas jóvenes*. Madrid, España: Editorial CCS, 1988.

————. *Tiempo de ocio creativo*. Madrid, España: Editorial CCS, 1990.

CELAM. *Pastoral juvenil: Sí a la civilización del amor*. 2a. ed. México, DF: CEM, Comisión Episcopal Mexicana de Pastoral Juvenil, 1989.

Díaz-Vilar, Juan. *Parroquia comunidad misionera*. New York: Northeast Catholic Pastoral Center for Hispanics, 1983.

Ekstrom, Reynolds R, and John Roberto. *Access Guide to Evangelization*. New Rochelle, NY: Salesian Society/Don Bosco Multimedia, 1989.

Equipo de Consiliarios CVX Berchmans. *La iglesia: Catecumenado para universitarios—2*. Santander, España: Editorial Sal Terrae, 1983.

Johnson, Jeffrey. "Young Life Ministry: Room for Catholic Lay Ministers," *Readings and Resources for Youth Ministry*, ed. Michael Warren. Winona, MN: Saint Mary's Press, 1987.

McDonald, William. "Reports on the Investigation on the Pastoral Needs of Hispanic Youth." Investigación conducida por Saint Mary's Press, Winona, MN, 1987, manuscrito.

Movilla, Secundino. *Catecumenando juvenil de confirmación*. 2a. ed. Madrid, España: Editorial CCS, 1985.

NCCB. *The Parish in Transition*. Washington, DC: USCC, 1985.

Pablo, Valentín de. *Juventud, iglesia y comunidad*. Madrid, España: Promoción Popular Cristiana, 1985.

Sánchez García, Urbano. *La opción del cristiano.* Vol. 3. Colección Síntesis. Madrid, España: Sociedad de Educación Atenas, 1986.

Saravia, Javier. *Comunidades en camino.* México, DF: Centro de Reflexión Teológica, 1989.

Schineller, Peter. *National Survey on Hispanic Ministry.* Washington, DC: USCC, 1990.

Secretariat for Hispanic Affairs, USCC. *Proceedings of the II Encuentro Nacional Hispano de Pastoral.* Washington, DC: USCC, 1978.

USCC. *Prophetic Voices: El documento del proceso del III Encuentro Nacional Hispano de Pastoral.* Washington, DC: USCC, 1986.

———. *Visión para el ministerio con jóvenes.* Washington, DC: USCC, 1986.

"Vatican Report on Sects, Cults and New Religious Movements," *Origins* (22 May 1986), no. 16, pp. 1–10.

Vecchi, Juan E. *Ambientes para la pastoral juvenil.* Madrid, España: Editorial CCS, 1991.

———. *Un proyecto de pastoral juvenil en la Iglesia de hoy.* Madrid, España: Editorial CCS, 1990.

———, y José M. Prellezo. *Proyecto educativo pastoral.* Madrid, España: Promoción Popular Cristiana, 1986.

Warren, Michael. *Faith, Culture, and the Worshiping Community.* Mahwah, NJ: Paulist Press, 1989.

———. *Youth, Gospel, Liberation.* San Francisco: Harper and Row, 1989.

———, ed. *Readings and Resources in Youth Ministry.* Winona, MN: Saint Mary's Press, 1987.

———, ed. *Source Book for Modern Catechetics.* Winona, MN: Saint Mary's Press, 1983.

# Reflexión Final

## Notas

1. CELAM, IV Conferencia General del Episcopado Latinoamericano, *Santo Domingo 1992* (México, DF: Ediciones Dabar, 1992), no. 24.

# ❧ Glosario ❧

**Acompañamiento pastoral.** Actividades, actitudes y conductas utilizadas por compañeros, líderes, ministros y agentes de pastoral para orientar, apoyar y motivar a los jóvenes en su jornada cristiana.

**Actitud funcionalista.** Incluye actitudes y conductas que responden de una manera práctica a una situación dada, sin tener como marco de referencia una cosmovisión o un sistema de valores.

**Aculturación.** Proceso que tiene lugar cuando dos o más culturas entran en contacto directo; en él, tanto las personas como las culturas involucradas son transformadas, adaptando o tomando rasgos de la otra cultura, sin perder totalmente la propia cultura. *Ver:* **enculturación, endoculturación, inculturación, socialización.**

**Agentes de cambio.** Personas que, consciente e intencionalmente, llevan un estilo de vida y ejecutan acciones concretas, a fin de producir una transformación específica en la sociedad o en la iglesia.

**Agentes de pastoral.** Personas que, respondiendo a su vocación y como miembros de la comunidad eclesial, tienen un compromiso con la misión de la iglesia en el área pastoral. Los agentes de pastoral juvenil suelen dedicarse exclusivamente a la juventud. *Ver:* **pastoral, pastoral de conjunto, pastoralistas, ministerio.**

**Animación, animadores.** La animación describe el papel y la actitud de un líder en las pequeñas comunidades eclesiales, movimientos apostólicos, grupos juveniles, programas parroquiales y actividades específicas. La animación supone motivar a cada persona y a la comunidad, facilitar la vida de oración de la comunidad, favorecer la hospitalidad y el cuidado mutuo entre los miembros, y apoyar a la comunidad en tiempos difíciles. Este papel se extiende a toda la vida de la comunidad y no está limitado a sus reuniones. Las personas que desempeñan esta función son llamadas animadores y son diferentes de los coordinadores, cuya función es facilitar las reuniones de la comunidad. Los animadores necesitan tener ciertos carismas y un entrenamiento adecuado para realizar su labor.

**Antagonismo.** Oposición substancial o habitual hacia un grupo de personas, un principio, una ideología o una postura política que frecuentemente lleva a la hostilidad entre grupos.

**Antivalores, desvalores.** Conceptos usados en la filosofía latinoamericana y española para identificar valores contrarios a Dios y a la dignidad de la persona humana.

**Antropología, antropológico.** El estudio de los seres humanos, su origen, historia, cultura y características físicas; la dimension social, política y económica de su vida; sus relaciones con el mundo de lo divino, etcétera.

**Asesores.** Cristianos maduros que están dispuestos a servir a los jóvenes con la experiencia de su vida y que desean compartir con ellos su vivencia de fe y asesorarlos en áreas que requieren cierta capacitación pastoral o profesional.

**Autonomía, autónomo.** Capacidad de la persona para asumir la responsabilidad de su vida y darle dirección. La autonomía no implica separación o independencia de la comunidad a la que uno pertenece, sino, dentro de ella, implica el respeto por la autodeterminación, la libertad moral de los demás y una interdependencia responsable.

**Caciquista.** Sistema opresivo, abusivo y tiránico creado por personas en posiciones de poder sobre otras, especialmente en relación a quienes dependen de ellas económica o políticamente. Los estilos de caciquismo más comunes entre los hispanos en Estados Unidos se encuentran entre los capataces en las empresas industriales y los mayordomos en la agricultura.

**Carismas.** Dones del Espíritu Santo dados para el servicio de personas y comunidades, en vista a la formación del Cuerpo de Cristo y la extensión del reinado de Dios.

**Catequesis.** Proceso educativo en el cual se instruye a las personas en la fe cristiana de acuerdo a la tradición católica y se les ayuda a reflexionar sobre su vida a la luz de su fe, de modo que maduren como cristianos, se conviertan en auténticos discípulos de Jesús y vivan el evangelio.

**Catolicismo popular.** Conjunto de creencias y prácticas católicas características de la mayoría de los católicos en una cultura determinada. El catolicismo popular hispano generalmente está influenciado por una perspectiva cultural y religiosa indígena o africana. Casi todas las modalidades de catolicismo popular son complejas y diversas en sus expresiones y presentan diferentes niveles de coherencia con el catolicismo oficial.

**Cliques.** Círculos pequeños, exclusivos y *cerrados* o grupos de personas unidas por intereses, perspectivas o propósitos comunes.

**Codependencia.** Relación poco saludable entre una persona que padece una enfermedad psiquiátrica, dependencia de substancias químicas o problemas de comportamiento y las personas cercanas a ella, llevando a estas últimas a crear mecanismos de defensa para sobrevivir dicha relación disfuncional. *Ver:* **dependencia de sustancias químicas.**

**Compañeros.** Personas que se unen para sostenerse y ayudarse mutuamente, acompañarse en diversas actividades o caminar juntos en algún aspecto de la vida. Los compañeros se diferencían de los amigos en que no forjan necesariamente lazos afectivos fuertes ni comparten todos los aspectos de su vida. Se distinguen de los acompañantes, en que estos últimos generalmente tienen un nivel de madurez más alto y más experiencia que la persona a la que acompañan en su jornada de fe. Los compañeros se caracterizan por su lealtad, comprensión, respeto e interés en el bienestar mutuo.

**Concilios ecuménicos.** Reuniones mundiales oficiales de líderes eclesiásticos. En la Iglesia Católica, reuniones de obispos, convocadas por el Papa, para deliberar y tomar decisiones en materia doctrinal, moral y pastoral, y para dar dirección a la Iglesia. El Segundo Concilio Vaticano (1962-65) señaló el principio de una fuerte etapa de renovación, basada en las Escrituras y en los esfuerzos de relacionar la fe con la cultura actual.

**Conscientización.** Proceso mediante el cual la gente: (a) adquiere una actitud crítica sobre los aspectos culturales, sociales, económicos, políticos y religiosos de su vida y (b) asume el compromiso de cambiar aquello que atenta contra la dignidad de la persona humana.

**Consumismo.** Sistema donde las personas y comunidades son consideradas como instrumentos de producción y objetos de consumo. También, una fuerte tendencia a producir, comprar y tener más.

**Cristología.** Estudio, comprensión e interpretación teológica de Jesús y su misión.

**Cultura moderna.** En sentido estricto, se refiere al período entre los siglos XVIII y XX, cuando la revolución industrial originó un nuevo orden social, económico y político que impactó todos los aspectos de la vida humana, especialmente a través de la ciencia, tecnología, democracia, capitalismo y secularización. En este libro se habla de cultura moderna en un sentido más amplio, refiriéndose al tipo de cultura que tiene incorporados estos elementos como componentes esenciales. *Ver:* **cultura tradicional.**

**Cultura "pop".** Se dice de la cultura general de Estados Unidos cuando se enfatiza que, en lugar de ser una expresión de la vida del pueblo es creada intencionalmente para ser consumida por la gente. La cultura "pop" es promovida básicamente a través del sistema económico y los medios de comunicación masiva, promueve valores que degradan al ser humano y fomenta actitudes materialistas, superficiales y volubles hacia las personas.

**Cultura tradicional.** Se refiere a la cultura de un segmento de la población o de una persona en particular caracterizada por una cosmovisión, valores, formas de producción económica y estilo de socializar típicos de la época previa a la generalización de la cultura moderna en Europa, Norte América y los sectores más desarrollados de otros países. *Ver:* **cultura moderna.**

*Date, dating.* En inglés, significa aceptar una invitación a salir con una persona del otro sexo. Cuando se usa en gerundio *dating,* significa que la pareja está saliendo con cierta frecuencia, pero sin implicar noviazgo.

**Dependencia de substancias químicas.** Enfermedad producida por la intoxicación constante de una persona con sustancias químicas. Tiene como efectos directos el desequilibrio de las funciones mentales, las habilidades psicomotoras y el comportamiento social de la persona. *Ver:* **codependencia.**

**Dinámica cultural.** Patrones de desarrollo y cambio que existen en una cultura, incluyendo las fuerzas que los causan.

**Discernimiento cristiano.** Proceso personal o comunitario de reflexión, desde la perspectiva de la fe, para descubrir la voluntad de

Dios frente a situaciones de la vida que requieren una toma de decisión.

**Dueño de sí mismo.** Definición psicológica de la libertad. Abarca el autoconocimiento, la autoaceptación y la autoposesión, como tres elementos fundamentales para el ejercicio consciente y responsable de la libertad personal.

**Ecumenismo.** Esfuerzos de varias iglesias cristianas para lograr la unidad de todos los cristianos. Desde la perspectiva de estas iglesias, el ecumenismo supone una renovación continua para ser más fieles a su vocación; una conversión del corazón para sanar y evitar divisiones; una oración común por la unidad de todos los cristianos; un diálogo y conocimiento mutuo entre teólogos y miembros de las diferentes iglesias; una colaboración en diferentes áreas de servicio social, y una formación ecuménica de todos los miembros de la iglesia, especialmente de los ministros ordenados.

**Educación integral.** Abarca las dimensiones afectiva, social, intelectual, espiritual y de habilidades a nivel personal, como también las áreas cultural, económica, social, política y religiosa.

**Encuentros Nacionales Hispanos de Pastoral.** Reuniones convocadas oficialmente a nivel nacional por la Conferencia Nacional de Obispos en Estados Unidos. En ellas, los participantes —agentes de pastoral y líderes— se reunieron para dar dirección, coordinación y apoyo al ministerio hispano, después de realizar un proceso de identificación de las necesidades pastorales y una reflexión teológica. Han existido tres Encuentros Nacionales: en 1971, 1976–77, y 1982–85. El Segundo y Tercer Encuentros motivaron una participación activa y una reflexión teológico-pastoral de personas laicas en la base, y la realización de encuentros a nivel diocesano, regional y nacional.

**Enculturación.** Proceso por el cual las personas adquieren su cultura tanto en el hogar como en la sociedad. *Ver:* **aculturación, endoculturación, inculturación, socialización.**

**Endoculturación.** Proceso por el cual las personas adquieren su cultura en el hogar, compartiendo los valores, creencias y tradiciones que son vividos y enseñados en la familia, principalmente por los padres. *Ver:* **aculturación, enculturación, inculturación, socialización.**

**Eutanasia.** Consiste en provocar sin dolor la muerte a un enfermo incurable. También llamada "muerte por misericordia". La eutanasia no es aceptada en la tradición judeo-cristiana.

**Evangelización.** Proceso de conversión continua a través del cual los cristianos hacen un esfuerzo cada vez más profundo para establecer una relación personal y comunitaria con Jesús y un compromiso para vivir el Evangelio y continuar su misión de establecer el Reino de Dios. *Ver:* **nueva evangelización.**

**Existencial.** Hablar de la existencia de una persona es referirse a su vida entera, especialmente en relación a las circunstancias en que vive.

*Foster children.* En Estados Unidos, reciben este nombre los niños y adolescentes que son puestos en custodia legal de personas o instituciones ajenas a su familia, por orden de una autoridad competente.

**Fundamentalista.** Persona que enfatiza la interpretación literal de pasajes o libros de las Escrituras sin considerar el estilo literario, el contexto histórico o la intención de los autores que los escribieron.

**Grupos pseudorreligiosos.** Personas unidas por ciertas creencias y ritos relacionados con la dimensión trascendental de la vida, pero no necesariamente con Dios como fuente y meta de la existencia humana.

**Hedonismo.** Doctrina que afirma que el placer o la felicidad son los bienes o metas más importantes en la vida.

**Heterogéneo.** Dícese de aquello que está formado de diversidad de elementos como en el caso de grupos integrados por personas con diferentes características. *Ver:* **homogéneo.**

**Hispano, latino.** Vocablos usados de manera intercambiable en este libro, para referirse a personas provenientes de los países del Caribe, América Latina y España, donde predomina la lengua española y, también, a sus descendientes en Estados Unidos, hablen español y/o inglés.

**Homogéneo.** Dícese de aquello que está formado por elementos con características similares o de grupos constituidos con personas con características similares. *Ver:* **heterogéneo.**

**Idiosincrasia.** Rasgos psicológicos y culturales integrados en la personalidad y manera de ser de una persona o un grupo étnico en particular.

**Inculturación.** Encarnación del Evangelio en la cultura, al grado que la cultura es modificada y asume el mensaje y la misión de Jesús como su principio orientador principal. *Ver:* **aculturación, enculturación, endoculturación, socialización.**

**Indígenas.** Personas originarias que vivieron en América antes de la llegada de los europeos; también, descendientes de indígenas, sin mestizaje racial ni cultural.

**Integral.** Concepto que enfatiza la totalidad de la persona humana y la interrelación de todas las dimensiones de la persona: física, psicológica, cultural, religiosa, etcétera.

**Líneas proféticas pastorales.** Principios teológico-pastorales acordados en el Tercer Encuentro para señalar la dirección y el espíritu que debe seguir la pastoral hispana en Estados Unidos.

**Marco teológico-pastoral.** Líneas teológicas y pastorales originadas en una visión y comprensión determinada de la iglesia. En esta colección de libros, el marco está basado en la visión de la iglesia en el Segundo Concilio Vaticano y en las líneas pastorales del Plan Nacional Pastoral para el Ministerio Hispano.

**Materialismo.** Teoría que afirma que la materia física es la realidad única o fundamental y que los seres, procesos y fenómenos pueden ser explicados como manifestaciones o resultados exclusivos de la materia. También se refiere a asignar el valor más alto o absoluto al progreso material.

**Mecanismo de defensa.** Reacción emocional o intelectual de una persona hacia un problema para evitar enfrentarlo, especialmente si amenaza sus creencias fundamentales o su manera de ser.

**Mestiza.** En su primera acepción, significa persona nacida de padres de raza diferente. De manera más concreta, se refiere a los hijos de español e indígena.

**Mestizaje.** Proceso de entremezclar dos o más razas o culturas dando como resultado un nuevo pueblo. Usualmente, la cultura latinoamericana se identifica como el "primer mestizaje" y la nueva cultura latino-estadounidense se considera como un "segundo mestizaje".

**Ministerio.** Servicio específico a personas o comunidades en respuesta a la vocación personal y como parte de la comunidad eclesial, que es oficialmente reconocido y patrocinado por una diócesis o parroquia. *Ver:* **agentes de pastoral, pastoral, pastoral de conjunto, pastoralistas, planificación pastoral.**

**Mística.** Conjunto de ideas, actitudes y sentimientos que motivan e iluminan a personas y comunidades en su jornada de fe, inspirando su respuesta a Dios y produciendo una espiritualidad que anima su vida y su ministerio pastoral.

**Nueva evangelización.** Llamada a la conversión y a la esperanza fundamentada en las promesas de Dios y la Resurrección de Cristo —proclamación esencial y la raíz de toda evangelización; base de toda promoción humana y principio de toda auténtica cultura cristiana. También es el esfuerzo para inculturar el Evangelio, dando una respuesta a la nueva situación que enfrentan las personas como resultado de los cambios sociales y culturales de la modernidad.

**Ocultismo.** Creencia en doctrinas y prácticas misteriosas y espiritualistas para explicar y controlar los fenómenos sobrenaturales de la vida.

**Pastoral.** Acción organizada de la iglesia para facilitar y cuidar el crecimiento cristiano de personas y comunidades y para promover su acción misionera con miras a la extensión del reinado de Dios. *Ver:* **agentes de pastoral, ministerio, pastoral de conjunto, pastoralistas, planificación pastoral.**

**Pastoral de conjunto.** Acción de todos los agentes de pastoral, ministros y cristianos comprometidos en sus respectivos ministerios específicos, animada por una visión común y coordinada con un espíritu de comunión y corresponsabilidad. En general, es la coordinación armónica de todos los elementos, ministerios y estructuras de la iglesia local y universal que trabajan por el Reino de Dios.

**Pastoralistas.** Personas con formación profesional, habilidades prácticas y experiencia en el campo de la pastoral, capaces de hacer planificación pastoral, dirigir reflexiones teológico-pastorales y elaborar teorías para el desarrollo del ministerio pastoral.

**Pequeñas comunidades eclesiales.** Manera de ser y vivir como iglesia en la que un grupo pequeño de personas mantiene relaciones interpersonales, comparten su fe con un espíritu constante de oración y servicio, están en unión con otras pequeñas comunidades, participan en la iglesia local, y son presencia y signo de Jesús en el mundo.

**Pequeña comunidad juvenil.** Pequeña comunidad eclesial compuesta en su inmensa mayoría de jóvenes.

**Planificación pastoral.** Organización eficaz de la acción de la iglesia para el cumplimiento de su misión de ser fermento del Reino de Dios en el mundo.

**Positivismo.** Escuela filosófica de pensamiento que se basa en la idea que sólo se puede alcanzar el conocimiento de la verdad mediante una descripción científica y una explicación verificable de datos.

**Praxis.** Palabra latina que significa literalmente práctica o acción. La praxis cristiana supone el llamado de las personas al discipulado y una reflexión crítica frente a su actuar a la luz del Evangelio.

**Proselitismo.** Consiste en tratar de ganar conversos para la propia iglesia o grupo religioso, generalmente mediante un ataque directo y agresivo a la fe de las personas a quienes se quiere convertir. *Ver:* **sectas proselitistas.**

**Realidad.** Concepto integral que engloba la experiencia de vida de la persona, la situación concreta en que vive y la influencia activa que ejercen sobre ella, la educación, la cultura, la economía, la política y la religión.

**Reinado de Dios, Reino de Dios.** La comprensión que tiene Jesús de la primacía de Dios en el corazón, la mente y la acción de las personas; también, la manera en que las relaciones interpersonales y sistemas sociales están guiados por el amor de Dios, la libertad, la justicia y la paz.

**Relativismo moral.** Postura que afirma que las verdades éticas dependen de las preferencias de una persona o grupo, negando la existencia de normas objetivas y generales de conducta, basadas en principios de la moral cristiana.

**Religiosidad.** Concepto amplio que incluye la tendencia natural de la gente hacia lo divino; sus relaciones con Dios y con el mundo de lo sagrado; sus creencias y experiencias religiosas, y el medio ambiente religioso en que viven. *Ver:* **religiosidad popular.**

**Religiosidad popular.** Conjunto de creencias, experiencias y celebraciones religiosas, que forman la conciencia individual y colectiva con la que un pueblo percibe, siente y vive el misterio de Dios. *Ver:* **religiosidad.**

**Santería.** Culto a dioses africanos bajo la apariencia de santos católicos, que resulta, principalmente, de la aculturación religiosa y cultural de los pueblos del Caribe.

**Satanismo.** Obsesión o afinidad con el mal, generalmente expresada en el culto a Satanás, caracterizada por la ridiculización de los ritos cristianos y dirigida a acciones de crueldad extrema.

**Sectas proselitistas.** Grupos religiosos independientes, cuyo credo proclama que sólo ellos alcanzarán la salvación y cuyos métodos para ganar miembros están basados en el proselitismo. *Ver:* **proselitismo.**

**Secularismo.** Creencia que rechaza o es indiferente a la religión; considera la construcción de la historia como responsabilidad única y exclusiva del ser humano, excluyendo la intervención de Dios en ella; es una amenaza a la relación entre fe y cultura, y agudiza el divorcio entre fe y vida. *Ver:* **secularización.**

**Secularización.** Proceso ligado al progreso de la ciencia, la tecnología y la urbanización, que sostiene que las realidades materiales de la naturaleza y la humanidad son en sí mismas "buenas" y que sus leyes deben ser respetadas. Afirma la autonomía de la ciencia y el arte en relación a lo religioso, lleva a un progreso sociocultural y fomenta la universalidad de la cultura. La iglesia ve la secularización como un proceso que presenta nuevos desafíos a la fe y al ministerio pastoral. *Ver:* **secularismo.**

**Signos de los tiempos.** Situaciones que caracterizan la realidad de la vida en un lugar y tiempo determinados y que desafían a los cristianos a discernir la voluntad de Dios y a actuar en consecuencia.

**Sincretismo religioso.** Proceso de fusión entre dos o más sistemas religiosos con el fin de conciliar sus doctrinas, rituales y vivencias de manera coherente con la vida y la cultura del grupo.

**Socialización.** Proceso mediante el cual la persona adquiere su cultura a través de su interacción con la sociedad. *Ver:* **aculturación, endoculturación, enculturación e inculturación.**

**Vudú.** Prácticas religiosas derivadas del culto africano a los antepasados y caracterizadas por la comunicación con espíritus a través de trances y por ritos de apaciguamiento a los dioses.

# ❧ Índice Temático ❧

# ❦ Permisos ❦

Las citas bíblicas, en este libro, están tomadas de la *Biblia para Latinoamérica*, con autorización del editor. Los derechos reservados son de la Sociedad Bíblica Católica Internacional, Roma, © 1972.

Los extractos en las páginas 22, 89, 178, 180, 182, 189 y 195 son de *Prophetic Voices: El documento del proceso del III Encuentro Nacional Hispano de Pastoral* (Washington, DC: United States Catholic Conference [USCC], 1986), páginas 12, 17, 11, 7, 17–18, 17 y 6, respectivamente. Los derechos reservados son de USCC, Inc., Washington, DC 20017, © 1986. Usado con autorización. Para una copia de esta publicación, llamar a 1-800-225-USCC y preguntar por la publicación No. 983-1.

Los extractos en las páginas 44 y 248 están tomados de la IV Conferencia General del Episcopado Latinoamericano, *Santo Domingo 1992* (México, DF: Ediciones Dabar, 1992), números 114–115 y 24. Derechos reservados por Ediciones Dabar S.A. de C.V., © 1992. Usado con autorización.

Los extractos en las páginas 95, 160, 193 y 193 son de *Proceedings of the II Encuentro Nacional Hispano de Pastoral* (Washington, DC: USCC, 1978), páginas 14, 28, 31 y 29, respectivamente. Derechos reservados por el Secretariado para Asuntos Hispanos, USCC, © 1978. Usado con autorización.

El extracto en la página 106 es de la Segunda Conferencia General del Episcopado Latinoamericano, *La Iglesia en la actual transformación de América Latina a la luz del Concilio*, 4a.ed. (Bogotá, Colombia: Consejo Episcopal Latinoamericano [CELAM], 1968), número 16. Derechos reservados por el Secretariado General del CELAM, © 1970. Usado con autorización.

Los extractos en las páginas 106–107 y 174 son de la carta pastoral de la National Conference of Catholic Bishops, *Justicia económica para todos* (Washington, DC: USCC, 1987), números 16 y 88. Derechos reservados por la USCC, © 1987. Usado con autorización. Para una copia de esta publicación, llamar a 1-800-225-USCC y preguntar por la publicación No. 146-6.

Los extractos en las páginas 117, 185 y 207 son de la encíclica de Juan Pablo II, *Christifideles Laici* (México, DF: Librería Parroquial de Clavería, n.d.), números 42, 20 y 46, respectivamente. Derechos reservados por la Librería Parroquial de Clavería, ©. Usado con autorización.

Los extractos en las páginas 181 y 186 son del *Plan pastoral nacional para el ministerio hispano* de la National Conference of Catholic Bishops (Washington, DC: USCC, 1988), página 44 y número 20. Derechos reservados por la USCC, © 1987. Usado con autorización.

❧ Profetas de Esperanza ❧

Volumen 2

# Evangelización de la Juventud Hispana

## Contenido

Puede pedir este segundo volumen a su librería local o directamente a Saint Mary's Press, 702 Terrace Heights, Winona, MN 55987-1320, USA; teléfono 1-800-533-8095.